阅读成就梦想……

Read to Achieve

索罗斯传

（白金珍藏版）

[美] 罗伯特·斯莱特（Robert Slater）◎著
陶娟◎译

Soros
The World's Most Influential Investor

中国人民大学出版社
·北京·

中文版序

在我们这个时代，一本与华尔街投资者乔治·索罗斯有关的书总是很受欢迎。

20世纪90年代中期，在为原版的《索罗斯旋风》（Soros: the Life, Times, and Trading Secrets of the World's Greatest Investor）做调查时，我注意到索罗斯并不仅仅是一位简单的成功投资者，事实上，他远比投资者要复杂得多。索罗斯寻求的是比华尔街更加广阔的天地，他喜欢将自己称为慈善家、人道主义者和哲学家。

索罗斯最大的梦想就是被别人看作知识分子，而不仅仅是一个"富翁"。他开玩笑地说，自己发现赚钱比花钱更容易。

不管索罗斯撰写了多少篇文章或多少部著作，他仍然认为自己从来没能说服别人，把自己看作一个知识分子抑或哲学家。索罗斯白手起家，积聚了巨额财富，于是很多人迫切地想知道他对经济形势的预测，而他则由此赢得了领袖地位，并拥有了更大的成功。

尽管索罗斯用理论来解释他的财富，但是对于正确遵循理论是否能够给人带来财富，他自己也表示怀疑。索罗斯或许从这些理论中获益，但是他对这些理论的解释却是迟钝的、模糊不清的、复杂的。当然，这些理论启发了华尔街上的很多人，他们认为索罗斯已经提供了通往金融成功的路标，但事实上索罗斯并没有。

华尔街的人们可能觉得索罗斯的理论难以理解，但他们在理解索罗斯在报纸、电视访谈和公开讲话中做出的经济预测时，却丝毫没有困难。不幸的是，索罗斯的预测似乎往往是错误的，他预测全球经济衰退，有时的确如他所料发生了，但是比他预测的时间要早一点或晚一点。

或许是因为2008年秋季金融危机沉重打击了美国，人们开始更加认真地聆听现在的索罗斯。

2008年的索罗斯已经78岁高龄了，他的光辉职业生涯也接近尾声，尽管如此，人们仍然迫切地需要索罗斯和他的见解，这一事实成为我修订我在1996年出版的关于索罗斯的畅销传记的动力和理由。我很好奇，2008年的索罗斯居然比早年更加闻名遐迩。

促使我修订《索罗斯传》一书的原因，并不仅仅是他与日俱增的知名度，还有索罗斯扩大了自己的活动领域，他第一次积极地参与到美国政界：2003年和2004年，索罗斯试图激励自由主义者来阻止乔治·布什再任美国总统。尽管他最终没能取得成功，但毫无疑问，他依然为自己的职业和生活增添了一个全新的维度，我觉得这值得在修订版中做一些介绍。

到了2008年和2009年初，索罗斯被人们热切地关注，被关注的原因并不是因为他在美国政治中所展现出的组织才能，而是因为他在美国新的衰退上提出了自己的看法。在《金融市场新范式》一书中，索罗斯曾将这次引发衰退的危机称为自20世纪30年代以来最为严重的一次，这次危机也标志着持续了25年之久的"以美元为全球储备货币的信贷扩张时代"的终结。

对于索罗斯而言，当前的危机不是常规的盛衰序列中的"衰"，而是反映了持续 60 年之久的超级繁荣时期的崩溃。这可能会导致美国整个金融体系的崩溃，而不仅仅是体系的一个部分的崩溃。

不同于以往的预测，这一次索罗斯预测得非常准确。的确，一个波及整个金融体系的危机正在发生，在索罗斯看来，这个危机注定要更加恶化。人们认真地倾听索罗斯提出的解决方案。索罗斯强烈要求对信贷杠杆进行控制，增加管制的力度。索罗斯勉强地支持时任总统乔治·布什提出的 7000 亿美元救市计划，称该计划"可能是必不可少的"。

如果索罗斯的投资由于危机而遭受重创，那么很少会有人再倾听索罗斯了。但是，据索罗斯的发言人说，索罗斯安然度过这场风暴，既没有大的收益，也没有大的损失。

尽管乔治·索罗斯并不欢迎华尔街危机，但是 2008 年的冬天到 2009 年初，这次危机的确给他提供了一个提醒人们的机会，提醒人们他曾经预测过华尔街会迎来困难时期。索罗斯重新确立了他的领袖地位。在我看来，2008 年的索罗斯比以往更加让人着迷。因此，我决定，应该修订这本书，以便更加完整地呈现这个更加复杂、更富争议、更加频繁地暴露在公众视线中的乔治·索罗斯。

Contents | 目 录

序言　最具争议的投资家　1

第一部分　救世主的成长　11
 1　改变大富翁游戏的规则
 2　纳粹铁蹄下的生存
 3　影响一生的导师

第二部分　开始寻金之旅　37
 4　瞎子给盲人引路
 5　小试牛刀，初露锋芒

第三部分　投资秘诀　55
 6　痴迷混乱，自创理论
 7　真正的秘诀

第四部分　跌宕起伏　79
 8　锋芒毕露，量子跃进
 9　进退维谷，认同危机
 10　尝试隐退

11	重回宝座，狂赚暴利
12	意料之中的大崩盘

第五部分 | **追梦之初 117**

13	金钱与哲学
14	自由值多少钱
15	平衡低调与高调

第六部分 | **合作蜜月期 153**

16	理想的接班人
17	瓮中之鳖
18	成竹在胸
19	黑色星期三

第七部分 | **君临天下 189**

20	对冲基金之王
21	点石成金
22	枪打出头鸟
23	我是一个匈牙利犹太人

目录
Contents

第八部分	**成败皆英雄**	**227**
24	情人节大屠杀	
25	掌握话语权	
26	富可敌国	

第九部分	**永远的颠覆者**	**251**
27	转向美国	
28	金融灾难,初涉政治	
29	瞄准小布什	
30	79 岁高龄的追梦人	

译者后记	**327**

序 言

SOROS
The World's Most Influential Investor

最具争议的投资家

1992年9月15日下午5点30分，此刻，椭圆形桌子后面，乔治·索罗斯将整个身子深陷在高背皮椅里，从33层的巨大玻璃窗往外俯瞰，映入眼帘的中央公园周围的场景让人惊叹：正值下班高峰，车水马龙、人来人往，繁华异常。想到自己将再次逐鹿这场"游戏"，成为其中的一员，他感到一阵难以名状的兴奋。

最近一段时间，每当走进位于曼哈顿中城区的索罗斯基金管理办公室，索罗斯都会有一种特殊的感觉，仿佛他自己不是这里的老板，而是一位慕名而来的游客。但今天，他强烈地感觉到自己属于这里，而且只属于这里。今天，他将再创辉煌，当然，也可能会倾家荡产，变得一无所有。但他有信心玩好这场"游戏"，而且玩得比大多数人都要好，甚至可能比任何人都好。

索罗斯反复思考着这样一个问题：在过去的这些年里，假如他把大把的时光都花在远游上，那他的人生又将是一番怎样的景象呢？1988年，索罗斯将业务交给了年轻人斯坦利·德鲁肯米勒（Stanley Druckenmiller），此人具有超越年龄的显赫的金融管理业绩。从那以后，业务一直进展顺利。

多年来，索罗斯几乎将自己的全部精力倾注到金融市场的分析上，并从中挣足了财富。当年逾花甲时，他希望尽可能逃离办公室的那些繁琐事务。他更喜欢与匈牙利或罗马尼亚的基金会的下属们聚在一起聊天，更喜欢缓缓地在波斯尼亚的泥泞小街上散步。

但今天不行，今天注定是不同寻常的一天。乔治·索罗斯即将要下一笔金融史上最大的赌注。他的心应该狂跳不已，他应该在地板上来回踱步，他应该神质紧张地厉声呵斥战战兢兢的下属们，但是，那不是索罗斯的作风。此刻，索罗斯的思绪在飞驰。他平静地坐着。每当要进行风险很大的投资时，他总要问自己这样的问题：我这样做对吗？我会一败涂地吗？

索罗斯有自己独特的投资方式，并且能成功地利用逆向思维来解读金融市场，所以他根本不需要和闹市区的人一起辛苦地劳作。他习惯待在曼哈顿的中城区，在紧张刺激的投资活动中获得片刻的休憩。他的办公室充溢着一种温暖的、家的感觉，墙上挂着些画，桌子上摆放着家庭照片。但是，离索罗斯办公室咫尺之遥的地方，却是另外一番景象：员工们正襟危坐在冰冷的电脑屏幕前，目不斜视，好像头稍微偏向左右，都可能暗示着他们在上班的时候打瞌睡。办公室的一面墙上，贴着一条醒目的标语："我生来一贫如洗，但绝不能死时仍旧贫困潦倒。"这句话便是索罗斯的人生准则。

这就是乔治·索罗斯的信条。现在是 1992 年，已经 62 岁的索罗斯拥有人们难以想象的财富，他知道他已经赢得了这场"比赛"的胜利，他不会贫困潦倒地离开这个世界。不仅如此，事实上，他去世时还可能是美国最有钱的人之一。然而，没有一个人敢提出这样的建议：现在是时候把这条标语摘下来了。无论如何，办公室的其他员工仍然需要激励。似乎跟索罗斯一起奋斗的人，都参与了淘金，并且每人都分得了一杯羹。

序 言
最具争议的投资家

索罗斯基金管理办公室并不像诺克斯堡（美国黄金储备库所在地）那样戒备森严，但拥有同样醉人的金钱味道。

夜幕降临，城市渐渐陷入黑暗的笼罩中，索罗斯却没有察觉到这些。索罗斯是一个全球性的商人，是一个对东京、伦敦的金融市场和华尔街的金融市场都同样感兴趣的投资者，对世界经济趋势充满了好奇。今天，他的心思不在办公室，而是飞到了西欧，那是他此刻主要关心的地方。

过去的几年来，他一直在追踪欧洲经济共同体的发展情况，并且察觉到一场巨大的金融风暴将一触即发。

索罗斯是一位金融理论大师，并且他乐于在股票、证券和货币市场的"实验室"里测试自己的理论。这是一个多么奇妙的实验室啊！这里没有灰色地带。股市要么上涨，要么下跌或者维持同样的价值。任何一种关于股市的理论都可以得到验证。

许多投资者相信金融世界是理性的，股票的价格也有其内在的逻辑。辨明其中的逻辑，你就可能变得富有。但索罗斯不相信这些。相反，在他看来，金融世界是不稳定的，混乱无序的。因此，他的信条就是：洞悉混乱，你就可能变得富有。

他断定，如果认为金融市场的运动遵循精确的数学公式，企图以此来了解金融市场，是绝对行不通的。

在他看来，金融市场被一种心理状态所支配，或者更精确地说是被"羊群心理"支配着。如果你能知道羊群在何时以及以何种方式在背后操纵某种股票、货币或初级产品，你就会成为成功的投资者，这就是索罗斯的理论。

今天，乔治·索罗斯在整个欧洲的金融市场上验证着自己的理论。他一直在等待时机的来临，等待羊群的低语。

当他感觉到自己正确把握了金融形势时，他会将"谨慎"和"小心"抛到九霄云外。这一次，他确信自己是正确的；这一次，他要投下投资史上最大的一笔赌注。

如果失手了，无疑他会损失一些钱。但他毫不畏惧，他承担得起。

自1969年，索罗斯创立了量子基金（Quantum Fund）以来，他一直在赚钱，中间只有一年亏损，那就是1981年。没有人可以像索罗斯一样在金融市场上保持这么久的卓越战绩，沃伦·巴菲特做不到，彼得·林奇也做不到，其他任何人都做不到。索罗斯创下了华尔街最高的金融记录。

那天在他的办公室，索罗斯不断地想着伦敦的事情。现在是伦敦时间晚上10点30分了，今天他要采取行动的地方是伦敦，不是纽约。

索罗斯的脸上闪过一丝满意的神情，思绪飘回到1989年11月9日，那是柏林墙倒塌的重大日子。

每个人都知道，那一天对于现代史具有多么重要的意义。有些人相信，至少是希望柏林墙倒塌后，一个新的统一的德国会崛起，会繁荣昌盛。

然而，索罗斯却不这么想。逆向思维是他的秘密法宝。他知道，为了维持国家的统一，新德国必须筹措经费，因而势必会经历一段艰难的历程，并且，德国的关注点会转向国内，关注自己的经济问题，对于这个新德国来说，其他西欧国家的经济问题并不那么重要。一个内向型的德国会给欧洲其他国家的经济和货币带来广泛的影响，这就是索罗斯的想法。

他在静观其变。

1990年，英国决定加入西欧国家创立的新的货币体系——欧洲汇率机制（Exchange Rate Mechanism），这在索罗斯看来无疑是一个致命的错误决定。英国的经济并不强大，而加入欧洲汇率机制后，英国实际上是将自己的经济与统一后的新德国——这一西欧最强大的经济体挂钩。

在索罗斯看来，对英国而言，这种依赖关系是致命的，因为英国原本可以在自己的货币政策中采取有效措施刺激经济，但由于对德国的依赖，英国不能放开拳脚行事，因为它的货币政策也要和占有主导地位的德国货币政策保持联系。

正如索罗斯所预料的，在1992年这一年，西欧爆发了金融危机，包括英国在内的很多国家，经济陷入了萧条。英国想通过降低利率来刺激本国的经济发展。此时的德国害怕降息会导致国内的通货膨胀再度出现，自然不愿意降低利率。回想起20世纪20年代德国所经历的通货膨胀，德国人仍心有余悸，当时的恶性通货膨胀几乎造成了德国经济的全盘崩溃。

如果德国不降低利率，其他欧洲国家也无法单方面降低利率。否则，他们的降息会使得自己陷入更大的困境，削弱本国的货币；而一旦货币被削弱，投机者将会乘虚而入，狙击本国货币。

因此，英国越陷越深。英国的经济日益衰退，由于英镑的价值被高估，英国所面临的货币贬值压力越来越大。要想改善国内的经济状况，英国必须贬值英镑，刺激出口。但是由于欧洲汇率机制的限制，英国必须努力将英镑对德国马克的汇价维持在2.95。

1992年的夏天，英国的政治领袖们一再重申，英国会顺利挺过这场风暴，英镑不会贬值，英国不会退出欧洲汇率机制，会渡过这个难关。

在索罗斯看来，这简直就是天方夜谭。索罗斯非常清楚局势，他了解英国的经济所面临的困难与威胁。英国要想继续留在欧洲汇率机制是不可能的，英镑必须贬值！

9月中旬，这场危机终于拉开了帷幕。

市场上谣传意大利的里拉即将贬值，纽约的交易者们纷纷抛盘。

在9月13日周日的这一天，意大利的里拉贬值了7%，这一下跌幅度还在欧洲汇率机制允许的范围内。投资者们都相信欧洲中央银行会信守他们的承诺，将货币保持在欧洲汇率机制范围内，因而下了很大的赌注。但是，如果把赌注下在已经超出欧洲汇率机制规则的再联盟，这无疑将是一个极其糟糕的赌注。

如果意大利食言了，里拉真的贬值了，那这意味着其他国家也将不会遵守承诺了吗？或许第二个贬值风波将至？或许是时候开始抛售英镑了？

骤然间，在世界不同地区的投资者和公司对西欧政府允许欧洲汇率机制来决定汇率失去了信心，此刻他们迫切地想甩掉欧洲疲软的货币，这其中就包括英镑。

到了9月15日，情况愈演愈烈。索罗斯更加坚信，英国将会退出欧洲汇率机制。

斯坦利·德鲁肯米勒最先想到时机成熟了，可以在英镑上赌一把了。索罗斯同意他采取行动，并且让德鲁肯米勒加大赌注。因此，德鲁肯米勒为索罗斯抛售了100亿美元的英镑。

◆ ◆ ◆

索罗斯向着他在第五大道的公寓走去，自信满满。昨天晚上，他睡得很好。

次日早上7点钟，索罗斯家中的电话骤然响起，是德鲁肯米勒报告消息来了，一切进展顺利。在索罗斯沉醉梦乡的时候，德鲁肯米勒已经从英镑的交易中获利9580万美元。如果把索罗斯在欧洲汇率机制危机期间所赚的其他收益计算在内，他总共赚了将近20亿美元。

9月15日，英国被迫将英镑退出欧洲汇率机制，他们将这一天称为"黑色星期三"。与此截然相反的是，索罗斯亲切地把这一天称为"白色星期三"。

索罗斯将100亿美元押在英镑贬值上，并重磅出击，这使他一举成名。

◆ ◆ ◆

序言
最具争议的投资家

1992年9月之后，关于乔治·索罗斯的神话层出不穷。他成为了投资者们的领袖。索罗斯似乎总是万无一失，值得其他投资者效仿。

作为世界上最伟大的投资家，索罗斯积累了很多的财富。然而，拥有可观的财富，只是索罗斯充满神秘感的部分原因。

对于索罗斯而言，金钱所产生的吸引力是十分有限的。索罗斯渴望成为一个有思想的人，他想在人生中有更多的作为——而不仅仅是积累财富。

这并不是因为索罗斯认为金融投机不道德，或者金融投机只是一场赌博。他并没有为他的所作所为做任何辩解，他仅仅是没有感觉到赚钱是件很愉快的事情。索罗斯渴望能对他人有所贡献，做出被他人所铭记的贡献。

他自诩为哲学家而不是金融家。曾经有一段时间，他想成为一位哲学教授。他学习经济学，但对于经济学世界而言，索罗斯始终像一个匆匆过客，不是一个永久的居住者。

在他看来，经济学家对世界运转缺乏实际的了解。他们只会做白日梦，谈空想，而且错误地认为世界是非常理性的。乔治·索罗斯在很早的时候就非常清楚，这个世界要远比经济学家们所认为的混乱得多。

索罗斯开始逐渐地形成自己的理论，关于知识的理论、历史的理论以及金融的理论。索罗斯将自己的判断建立在他最基本的信念之上，即世界是高度不可预测的，完全没有理性的，简而言之，世界是难以推断的。

索罗斯试图以书的形式推进自己的理论，但是他很难让人们理解和读懂这些理论。当他觉得知识世界太难征服，感到受挫的时候，他转向了他能够征服的世界。

索罗斯相信，金钱能够给他提供一个平台，赚钱最终也会帮助他成为一位哲学家。

索罗斯胆识过人、异常冷静，从不喜怒形于色。当投资成功时，他会很满意，但如果投资失败，他也不会冲到最近的房顶或摩天大楼上寻短路。他总是心平气和，沉着平静。

尽管早在1956年，索罗斯就开始涉足投资领域，但是他真正的职业生涯却起步于1969年。在这一年，他创立了自己的投资基金——量子基金。索罗斯取得的成绩是惊人的。如果某人在1969年索罗斯创立量子基金时投资了10万美元，然后将所得的红利再投资，那么到1994年春季，这个人的资产就是1 300万美元，平均年增长率为35%。

对于规模较小的基金，比如说500万或1 000万美元的基金，取得35%的增长率就已经相当出色了，而索罗斯是用几十亿美元的资产组合获得了这样的增长，实在让华尔街为之震惊。

◆◆◆

到了20世纪70年代后期和80年代早期，索罗斯感到投资的压力越来越大，这样的压力源于索罗斯经营的投资基金的规模日益扩大，甚至已经超出了他自己所能管理的规模。

他做了一个重要的决定。他想要从人生中得到更多的东西，而不只是投资上的成功。他想要将财富投入到更有意义的事情上去。他在慈善方面的贡献甚至比他作为投资者更引人注目。

他决定实施一项伟大的项目，即鼓励推动"开放社会"的建立，最开始在东欧，然后在前苏联。从来没有一个西方人以个人的名义去探索这样深远的变革；也从来没有一个像索罗斯这样富有的人，准备将自己财富中的一大部分贡献给"开放社会"。到了20世纪90年代中期，索罗斯已经向自己的这些慈善基金会捐赠了几亿美元。1993年，索罗斯捐了巨额财富，甚至比任何西方政府的捐款都要多。乔治·索罗斯，这个世界上最伟大的投资家变成了世界上最伟大的慈善家。

人们对他褒贬不一，他被很多人奉为圣人，但也被愤世嫉俗的人贬为入侵者。不管怎样，索罗斯最终找到了一条路，使得社会有所变化，并获得了人们的尊敬，他证明了自己在华尔街和伦敦以外也会有所作为。

作为一个私人投资者，越低调越好；但作为一个拥有政治目标的慈善家，索罗斯可以用他的知名度和声誉来赢得人们对他项目的支持。他喜欢宣传，而且很需要宣传，因为他想让全世界知道：他，索罗斯，不仅仅是一个超级富翁。

索罗斯希望被宣传，但只是希望存在那些对自己有利的宣传。其实他还是想尽可能地保持低调，可是他的影响太大了，他的成就太突出了，他所触及的范围太广泛了。

索罗斯发现自己不可能逃离公众的好奇与探寻，他决定好好利用自己的名望。他开始公开声明自己对金融市场的偏好，开始在公开场合就各种各样的外交政策问题发表自己的意见和建议，他希望以此引起世界领导人的关注，特别是美国政客们的注意。然而在一个较短暂的时期内，索罗斯的这种健谈带来的实际结果与他的初衷大相径庭，他不仅没有获得更多的尊重，相反，人们纷纷指责索罗斯过于狂妄自大。

在古稀之年，索罗斯的生活又被卷入到美国的政治漩涡中。

本书以下章节将审视这位杰出人士的生平和职业生涯，他公开的和私密的世界。他的生活和职业充满了争议。有些人恶意诋毁他，将他妖魔化，视他为撕咬金融市场的恶狼；而有些人则将他神化，爱戴他、尊敬他、崇拜他。

第一部分 救世主的成长

The World's Most Influential Investor

SOROS

"说实话，我从小就有很强烈的救世主的幻想。""坦率地说，我曾经幻想自己是某种神灵，或者是像凯恩斯那样的经济改革家，甚至是像爱因斯坦那样的科学家。""我现在已经是教皇的上司了。"

——索罗斯

1 改变大富翁游戏的规则

SOROS
The World's Most Influential Investor

如果一个孩子声称自己像上帝,你会怎么想?

年轻的索罗斯成长在 20 世纪 30 年代布达佩斯富有的中产阶级家庭里,他看起来是个非常正常的孩子,拥有很多朋友,热爱运动,行为举止和同龄孩子别无二致,可如果他声称自己像神灵,又该作何解释呢?

现在我们只能引用成年后的索罗斯的话了。成年后,在索罗斯看来,如果任何人将他在童年时的话当真,认为他确实觉得自己像神灵,那是十分荒谬的。但同时,我们又在疑惑,为什么索罗斯就没有资格这么想呢?

成年的索罗斯没有给出任何迹象或者公开否认他不再坚持这些狂妄的信念了,他只是暗示:一个人要想相信自己像神灵,是多么困难的一件事。

他在自己的一本书中这样写道:"说实话,我从小就有很强烈的救世主的幻想,我知道自己要控制这样的想法,否则会惹祸上身。"

1987 年,索罗斯在他的著作《金融炼金术》(Alchemy of Finance)中用这样的一段话,来解释他的这些幻想。他坦承,作为一个年轻人,拥有这些信念是多么的痛苦,对他来说,这个秘密十分沉重,他不愿意与人分享。"当我承认我心里有过分夸大自我重要性的想法时,相信人们不会感到惊讶。坦率地说,我曾经幻想自己是某种神灵,或者是像凯恩斯那样的经济改革家,甚至是像爱因斯坦那样的科学家。"

他继续写道,强烈的现实感让他意识到这些想法很不正常,有种负罪感,他只好将它们小心地藏起来,不让别人知道。"这也造成我长大后,在很多时候生活得并不愉快。"最终,他自己承认了这些想法,至少自己能坦诚面对这些想法,这让他感到快乐了许多。

在年轻的时候,索罗斯曾认为自己如同神灵,所以在21世纪初,当有人称他为魔鬼的时候,就显得很有讽刺意味。在这些人看来,索罗斯为极左的政治事业提供援助,试图以此来破坏美国的传统价值观。

索罗斯是否真的认为,成年后他在金融和慈善领域的领袖地位与自己孩提时代的幻想类似?很多年后,索罗斯努力纠正着人们的想法,他的"救世主的幻想"并不等于他认为自己像神。他坚持"救世主的幻想",其真正意义在于,他感到有责任为别人提供人道主义援助。

索罗斯长大后,很少再谈论这一想法,他未曾公开解释过为什么他要将自己看作神。如果你再逼问他,他可能会解释说,那只是个玩笑,他根本就不相信自己像神。甚至,他到处拿自己童年的感受去开玩笑。有个记者曾建议,索罗斯应该被任命为罗马教皇。索罗斯反问道:"为什么呀?我现在已经是教皇的上司了。"

索罗斯将自己童年的幻想当作秘密深藏心底,无怪乎童年的故友都不记得他曾说过自己像神这样的话。在这些故友的印象里,索罗斯在童年时就喜欢高人一等的感觉。而他长大后,跟他打过交道的人都认为,当索罗斯说自己像神的时候,他其实是故意以一种夸张的方式来表明自己比别人优秀。他们好像是在为索罗斯的夸大其词道歉,他们想告诉人们:索罗斯不是真的认为他自己是神。

第 1 章
改变大富翁游戏的规则

他们中的一个人这样说道，索罗斯想要表达的意思不是说他是神，而是他认为他能跟上帝通话！另外一个则认为索罗斯仅仅是想表达自己是无所不能的，他说自己是神，其实是打个比方，就像其他人可能会把自己比作拿破仑一样。

可以说，认识乔治·索罗斯的人似乎都想把他拉回现实。好像他们不希望自己的朋友或者同事中，有人认为自己是神灵。如果嘀咕这种想法的不是索罗斯，换了其他任何一个人，他的同事和朋友肯定会说那个人是疯子。但是，他们不能这样对待索罗斯，毕竟，索罗斯是让他们敬畏的人。

◆ ◆ ◆

是什么激发了年轻的索罗斯拥有这样的想法呢？或许是父母的感染。索罗斯的父母确实很宠爱他。但是，父亲提瓦达（Tivadar）和母亲伊丽莎白（Elizabeth）也宠爱自己的另一个儿子，没有任何迹象表明，仅仅因为父母的宠爱，年幼的索罗斯就觉得自己像神。

1930 年 8 月 12 号，乔治出生于布达佩斯，他有个匈牙利名字叫吉奇·索拉什（Dzjchdzhe Shorosh），后来将名字改成乔治·索罗斯。尽管他的名字在匈牙利语中的发音是索拉什，他却让美国和英国的朋友们直接称自己为索罗斯。

他唯一的兄弟，是比他年长 2 岁的哥哥保罗。

不管提瓦达·索罗斯有什么过失，他还是为自己的小儿子树立了一个强有力的榜样。提瓦达曾是一名律师，在索罗斯出生的时候，他已经度过了人生中最为艰难的一段时光，这段磨难塑造了他的性格。他曾经在俄国生活了 3 年，从 1917 年革命开始到 1920 年的国内战争，局势极为动荡。在国内战争时期，他逃亡到西伯利亚，希望能在那里生存下来。对当时的他来说，只要能够生存，做什么他都愿意。事实上，他确实把能做的都做了，不管是多么让人讨厌的事。

在讲述这段险象环生的历程时，提瓦达告诉索罗斯，在革命年代，一切皆有可能。尽管这并不是生存的诀窍，但是父亲的话却深深地烙印在儿子的心中，并伴随他一生。索罗斯逐渐认识到，父亲非常聪明，甚至可以说是老谋深算，他以智取胜，比许多同时代的人都机灵。年轻的乔治对父亲充满了崇敬。

比索罗斯小一岁的费伦斯·内格尔（Ferenc Nagel），在20世纪90年代中期仍然居住在布达佩斯。内格尔是一位化学工程师，在著名的匈牙利灯具制造商通斯拉姆公司（Tungsram）就职。1936年，他与索罗斯在卢帕岛（Lupa Island）上初次见面，卢帕岛是多瑙河畔的一个避暑胜地，距索罗斯和内格尔生活的布达佩斯往北有一小时的车程。据内格尔回忆，一旦情形不对，提瓦达总会有办法处理，"他从来没有被真正的打败过"，这正是提瓦达对儿子的影响，务实精神也是父亲留给他的宝贵财富。

对于这一点，索罗斯本人也承认："要问父亲站在革命的哪一边，嗯，当然是站在两边。为了生存，他必须这样做。"父亲具备了生存者的品质，这一点对索罗斯意义重大。生存对索罗斯人生有着崇高的价值。

提瓦达性格的某些方面在战争期间令人钦佩，但是在和平时期，这些性格特点却黯然失色。的确，在20世纪30年代，对于卢帕岛的居民来说，提瓦达不再是个英雄式的人物了。提瓦达的皮肤有些黑，黑头发、黑眼睛，他的样子很帅，拥有运动员般的强健体魄，并且酷爱运动。他目光灵活，挥金如土，对于艰苦的工作兴趣索然，这些都是众所周知的。年轻的索罗斯说："我父亲并不工作，他只是在赚钱。"

内格尔清晰地记得20世纪30年代的一个夏天，提瓦达·索罗斯准备去工作的情景。

每天早上，提瓦达都从卢帕岛上的家里出发，乘坐7点钟的轮船去布达佩斯上班。

第1章
改变大富翁游戏的规则

内格尔回忆道:"当他听到船要来了的时候,提瓦达会穿上裤子,开始刮胡子,走出来家的时候,刮胡刀还在手里,在去往轮船的路上以及船在行驶的过程中,他还在刮,这一切都是为了能睡到最后一刻。对于一个律师而言,这是不同寻常的。他总是非常非常的狡猾。"狡猾意味着不循规蹈矩,不按规则出牌,寻找捷径。

当回想提瓦达逃避艰苦的劳动时,索罗斯比其他人更能认同父亲的生活方式。乔治·索罗斯后来承认,父亲从第一次世界大战后,的确很少工作。然而,这并不是件坏事。提瓦达能有更多的时间陪在自己身边,索罗斯很喜欢这样。他喜欢和父亲交谈,喜欢从与他的谈话中学到东西。别人觉得提瓦达花钱大手大脚,但索罗斯却不以为意。对于索罗斯来说,父亲钱多钱少都无关紧要。提瓦达不经意间向儿子传递了一个信息,而这个信息伴随他终生:"我所学到的经验之一就是为了钱,而赚钱是没有用的,财富对人来说,有时可能是个负担。"

对于提瓦达这样将物质的生存放在第一位的人来说,有太多的金钱反而可能会有负面的影响,会诱使人们渴望得到过多的财富。而财富太多可能会使人变得脆弱,生存就会变得更困难。提瓦达将自己的这些价值观传给了索罗斯,并且影响了他一生。后来,乔治·索罗斯拥有了人们难以想象的财富,但他却对此毫无兴奋感。

索罗斯潜心投入慈善事业,并且事必躬亲,这充分证明了索罗斯对于赚钱没什么兴趣,但是能亲自深入地去解决世界上的一些困难,这让他感到欣喜万分。

提瓦达给小儿子最好的礼物就是给予他很多关注。提瓦达经常和索罗斯谈话,向他传授一些人生秘诀,索罗斯渐渐理解了这些秘诀,并感觉到自己的重要性。除了给儿子自我价值感,提瓦达也帮助孩子建立了自信心。他坚信,索罗斯终究会学会如何克服困境,如何应对混乱的局面,而且索罗斯还懂得了,在很多时候解决问题最好的办法就是找到非常规的办法。

在提瓦达教会小儿子生存艺术的同时，母亲伊丽莎白向他传授了对艺术与文化的品位。绘画、雕刻、音乐和文学都是伊丽莎白生活中的重要部分，她也试图培养儿子对于艺术和文化的热爱。索罗斯对母亲有着深深的依恋，他喜欢素描和油画，不太喜欢音乐。而他后来对于慈善的兴趣似乎也来源于伊丽莎白对于慈善的兴趣。尽管，他的家人都说匈牙利语，索罗斯最终还是学会了德语、英语和法语。

西摩（Yehuditte Simo）是索罗斯童年时的伙伴，20世纪30年代她住在布达佩斯。她在20世纪90时年中期回忆起索罗斯时说，他是个非常可爱的小男孩。她在卢帕岛时就认识索罗斯和他的父母。

据她回忆，伊丽莎白活得并不轻松。

提瓦达花钱很随意，大手大脚，对工作漫不经心，这使得家里总是充满了紧张和压力。尽管伊丽莎白尽量克制，但是这种紧张还是时不时地浮现。伊丽莎白很小巧，看起来很文弱，浅色头发，是传统的家庭主妇，她悉心照料着自己的两个儿子，经营着家庭，而这个家不像犹太家庭，更像匈牙利家庭。就像很多居住在匈牙利的中上层阶级的犹太人一样，提瓦达和伊丽莎白都明显地对自己的宗教感到不自在。索罗斯后来对人说："我生长在一个犹太家庭里，但事实上这个家却是反犹太的。"

索罗斯的眼睛是蓝色的，头发是金色的，这些像他的母亲，不像黑黑的父亲，因而索罗斯看起来不太像犹太人。当别的孩子告诉他"你不像犹太人"时，他会眉开眼笑。没有什么比别人说他长得不像犹太人更能让他高兴的了。

提瓦达很不喜欢犹太教，他甚至想成为一名基督教会成员。例如，在第二次世界大战期间，他让索罗斯从士兵那里要烟，然后提瓦达会把烟斗交给犹太人的店主。提瓦达这样做完全是让作为异教徒的自己表示出与犹太教的团结一致，对他来说这样会更安全。

第1章
改变大富翁游戏的规则

尽管乔治·索罗斯想努力地脱颖而出，但在童年时代朋友们的记忆中，他不是一个太突出的孩子。他可能将自己想象成神灵，但是他的朋友并不认为他有什么神的特质，即使是作为一个人而言，也没有什么特别的地方。

综合所有人的叙述来看，乔治并不是一个天才，但是他很聪明，并且常常能展现出主动性。在他10岁的时候，他编辑了一份叫《卢帕之音》（*Lupa Horshina*）的报纸，并亲自撰写了报纸上所有的文章，在夏季里，他将报纸卖给卢帕岛上的居民，得到了一点点回报。内格尔回忆说，索罗斯敢于与长辈对抗，"他认准一个事，就会据理力争。他个性很强硬，很专横，咄咄逼人。"

年轻的索罗斯很擅长运动，特别是游泳、帆船和网球。卢帕岛上有两个网球场，供40个家庭使用。他不喜欢橄榄球，觉得那是一项中上层阶级的运动，不适合他。他对各种各样的游戏有着浓厚的兴趣。其中，有一种叫资本的游戏尤其让他着迷，这是匈牙利版本的大富翁游戏。从7岁开始，他就和其他小伙伴玩这个游戏，毋庸置疑，他玩得最棒。最差的则是乔治·利特文（George Litwin）。后来，乔治·索罗斯成了金融巨鳄，而利特文则成为了一名历史学家，童年时的伙伴们对此一点也不惊讶。资本游戏中的长盛不衰让索罗斯感到乏味，为了让"游戏"变得更刺激，他引入了新的规则。其中的一条便是增加证券交易，使游戏变得更加复杂。20世纪60年代，已经成为了金融家的索罗斯回到匈牙利，他再次找到内格尔，当被内格尔问到如何谋生时，索罗斯笑着问他："你还记得我们小时候玩的资本游戏吗？今天，我还在做着同样的事情。"

◆ ◆ ◆

在布达佩斯，年龄到14岁才能入学。对于贫穷的家庭，早一点送孩子上学是非常困难的。

米克拉斯·霍恩（Miklas Horn）是布达佩斯的一位经济学教授，他和索罗斯一起上的小学。1940年他们初次见面，当时两人都是10岁。同一年，他们转到了国立学校，这所学校是专为中上层阶级设立的，在接下来的6年里，霍恩一直都是索罗斯的校友。

读小学时，索罗斯热情开朗，这也是为什么他和霍恩不是好朋友的原因。"乔治非常胆大，又爱社交，而我当时很安静。他喜欢和别的男孩打架。事实上，索罗斯学会了拳击，学会了怎样保护自己。"在索罗斯的学校，所有的年级都被划分为两个班级，犹太人在一个班，非犹太人在另一个班。乔治和霍恩当然都在犹太人的班级里。霍恩清楚地记得，当时犹太和非犹太的年轻人发生过很多的摩擦和冲突。虽然，拳头并不是反犹太情绪的产物，但是孩子们都记得大部分打架都发生在犹太人和反犹太人之间。米克拉斯·霍恩说："你能感觉到争斗的背后存在的反犹太主义，这样的打架其实是带着政治意味的。"

年轻的索罗斯也参与了打架，但是他的校园暴力并不是对反犹太主义的回应。霍恩表示，乔治小心谨慎地让自己不要和任何一边走得太近，他和两边都维持着很好的关系。

尽管成年后的索罗斯喜欢将自己看作知识分子，但是他属于大器晚成型的，他的同学和朋友们都想不起当时他擅长哪一门功课。据米克拉斯·霍恩说："乔治并不是一个很突出的学生，属于不上不下的那种，但是他能说会道。"

帕尔·泰坦伊（Pal Tetenyi）当时也在这所国立学校上学，跟霍恩一样，他记忆中的索罗斯也仅仅是个普通学生。有件事他至今记忆犹新，那件事发生在1942年春天，当时他和索罗斯都是12岁。

当时，索罗斯和泰坦伊参加了一个童子军集会，在该会上宣布成立世界语协会。有意参加该协会的人需要将名字写在一张纸上，那张纸放在了一个长凳上。索罗斯很喜欢恶作剧，他一把抓起那张纸，让泰坦伊

第 1 章
改变大富翁游戏的规则

没法签名。"索罗斯非常爱挖苦人。我怕他会取笑我,我想报复他,所以我们俩就打起来了。"他们俩在长凳下面扭打起来,但是很快他们就尴尬地发现,老师正站在他们的身后,怒视着他们。因为打架,每个人都得到一次书面警告。

第二次世界大战在 1939 年 9 月爆发了,当时的乔治年仅 9 岁。他的生活并没有因此而改变多少。因为当时纳粹对匈牙利还没有构成威胁。布达佩斯的居民生活依旧。在前苏联军队入侵芬兰后不久,乔治从当地的一家报纸上看到援助芬兰的呼吁。乔治冲到那家报社的办公室,要响应这一呼吁。这让报社的编辑们印象深刻,一个 9 岁的孩子想为远在千里之外的人们提供援助,这实在是不同寻常。为此,编辑们写了一则报道,讲述小小的索罗斯造访报社办公室的故事。

随着战争愈演愈烈,德国入侵匈牙利的威胁也越来越大。乔治·索罗斯和其他在匈牙利的犹太人被迫卷入这场战争。在接下来的几年里,战争给他们留下了难以磨灭的印记。

2

SOROS
The World's Most
Influential
Investor

纳粹铁蹄下的生存

对于布达佩斯的居民来说，1943年的生活出奇地平静。此时，盟军已经在意大利南部占领了一个据点，而他们的战斗机也盘旋在布达佩斯的附近。虽然布达佩斯还没有被攻击，但欧洲其他地方硝烟四起，战争打得异常激烈，危险也在步步进逼，照这样下去，总有一天战火会蔓延到匈牙利。人们害怕空袭的临近，城市面临着煤的短缺，学校也随之关闭。

到了1944年的春天，整个欧洲大部分犹太社区被纳粹摧毁了。匈牙利有100万犹太人，是东欧最大的犹太人聚集区。生活在这里的人们惶恐不安，因为匈牙利很可能成为下一个被摧毁的目标。到处流传着奥斯威辛集中营正进行着大规模的人口毁灭。苏联军队向西推进，但是他们是否会突破纳粹的要塞，及时救出匈牙利的犹太人，还是个未知数。对于布达佩斯的犹太人来说，噩梦即将来临。

1944年3月19日，星期日，索罗斯一家住在卢帕岛上，他们离得太远，听不到也看不到从布达佩斯附近到南部展开的可怕事件：德军的坦克驶过多瑙河畔的布达和佩斯。纳粹正在入侵，这是一次"和平的"侵略：没有枪声，唯一的声音就是坦克链条的叮当声和发动机的隆隆声。很快，街道变得空无一人，人们都躲到了家里，等到确定外面安全后再出来，他们最需要做的是手中牢牢抓住一部能和外边保持联系的电话。

和许多布达佩斯的人一样，索罗斯相信纳粹的入侵不会太长，最多不会超过6个星期。这种看法不无道理，纳粹已经在其他地方节节败退了，这场战争风波似乎要平息下来了。

6个星期是不是一段很长的时间？6个星期会发生什么？没有人真的知道。唯一能做的便是祈祷，同时要找好藏身之处。待在大街上只有死路一条。布达佩斯的犹太社区分为梦想派和现实派。梦想派仍然坚持他们的幻想，直到3月19号的最后一刻，他们还相信希特勒的军队不会进攻。

甚至当纳粹的坦克已经开进布达佩斯的街道，这些梦想派们仍旧执迷不悟，还在坚持这样的看法：对于犹太人而言，事情不一定会变得那么坏。他们还在幻想，欧洲其他地区犹太人遭迫害的报道不太可能是真的，无论如何，这场战争会结束的。

现实派也相信，战争很快会结束，但是他们也相信关于奥斯威辛集中营和其他地方的大屠杀的报道，他们只是在思考，这场战役是否能及时结束，使他们免于遭到类似的迫害。

令人沮丧的消息传到提瓦达·索罗斯的耳朵里。从十几年前纳粹掌权之后，他就一直在担心，目睹着纳粹如此猖獗，他们的暴力最终引发了世界大战，他担心纳粹的魔掌最终会伸向匈牙利，伸向布达佩斯和他的家人。

提瓦达已经在第一次世界大战中生存下来。他发誓，这一次也要帮助他的家人渡过难关。他没有什么经济上的担忧，因为早在战争爆发时，他就已经卖掉了一些房产。他的超级自信感染了家人，他的泰然自若、冷静处事让索罗斯、保罗和伊丽莎白都感到慰藉。当时13岁的内格尔回想起父亲在那年春天玩的那个感伤的猜谜游戏——预计有多少家人和朋

第 2 章
纳粹铁蹄下的生存

友会在战争中被迫害,当时内格尔的父亲预测有一半的人会被消灭,接着,他的父亲吸了一口气,说:"但索罗斯一家绝不会这样。"提瓦达是一个强有力的生存家,他会照顾好他的家人。

◆ ◆ ◆

在接下来的 12 个月中,有 40 万名布达佩斯的犹太人被杀害了,这一事实印证了内格尔父亲的预言。活下来的人包括乔治·索罗斯和他的家人,他们忍受了许多个胆战心惊的日日夜夜。

当纳粹当局将分发驱逐通知的任务交给布达佩斯犹太委员会时,委员会又将这项可憎的任务交给了儿童。

乔治·索罗斯就是当时被招募送驱逐通知的儿童之一。在委员会的办公室,索罗斯接到一些写有人名的小纸条,每一张纸上都有规定,纸条上的人务必在次日上午 9 点前到拉比神学院报道,并且要带上一个毛毯和 2 天的食物。

索罗斯想听听父亲的建议。他将名单交给父亲看,父亲的表情很痛苦,因为他意识到纳粹正在围捕匈牙利的犹太律师们。

他告诉儿子:"去送这些通知吧,但是要告诉每个人这是驱逐通知。"

乔治·索罗斯遵照父亲的叮嘱去送通知,但是他发现,有些人不准备躲避纳粹,即使这样做将意味着被驱逐出境。他们觉得,如果纳粹规定犹太律师们要被驱逐的话,那这就是法律,而法律就必须要遵守。

有个人说:"告诉你的父亲,我是一个守法的公民,我过去一直如此,现在我也不会违法。"

◆ ◆ ◆

在恐怖的年代,提瓦达·索罗斯是位应付自如的父亲。布达佩斯的犹太人面临着死刑,如果纳粹发现乔治·索罗斯是个犹太人的话,他也可能被处死。被遣送至集中营的噩梦可能会突然变成事实。

提瓦达告诉儿子："乔治，这是一次非法的占领，因而常规的做法不再适用。你必须忘记你在正常的社会中的行为方式，因为现在我们面临的是一个不正常的情形。"

提瓦达解释说，这个"不正常的情形"意味着索罗斯可以采取一些行动，有时可能是看起来不诚实或是违法的行动，纳粹在布达佩斯的占领使得这样做成为合理公正的。

◆ ◆ ◆

提瓦达安排了索罗斯在这样一个"不正常的情形"下的生活。为了确保儿子不会被纳粹当局带走，提瓦达贿赂了一位匈牙利政府官员，使索罗斯可以扮作匈牙利农业部的非犹太官员的教子。提瓦达还为儿子购买了假的身份证件，这些证件是生存的关键。

战争期间，乔治·索罗斯以雅诺什·基斯（Janos Kis）的名字生活，提瓦达还给这位官员的犹太妻子提供经济支持，使她能够躲避纳粹。在后来，乔治·索罗斯将父亲的这个行动委婉地称为一笔"商业交易"。

提瓦达贿赂的这位官员负责没收犹太人的家产，而这些富有的犹太人都被带到奥斯威辛集中营了。

乔治·索罗斯跟着这位官员在全国走动，对于一个十几岁的孩子来说，这是很危险的。"如果我被抓到的话，就死定了。"乔治·索罗斯说到这里的时候，并没有流露出一些特别的表情来表示当时的处境到底有多么危险。

尽管索罗斯有假的身份证件，他和他的家人仍然害怕被发现，所以还是很有必要尽可能地躲起来。他们其中一个藏身之处是地窖，地窖周围被坚固的石墙挡着，唯一的入口需要通过蜿蜒狭窄的石阶。在地窖里面，有一个可以藏匿的好地方，空间更大，在一扇锁着的门后面。当有人来搜查屋子的时候，索罗斯一家就躲到这个藏身的地方。

第 2 章
纳粹铁蹄下的生存

索罗斯一家总共有 11 个藏身的地方，他们通常好几个星期都待在朋友家的阁楼或地下室里，从来也不知道他们是否要突然撤出这个地点。当时年仅 14 岁的索罗斯应该切实感到了惊恐，但到底是否如此也无人知晓，因为他后来从来没有承认过这一点。

的的确确，对于索罗斯而言，这一年似乎是"一次大冒险"。有一次，提瓦达和索罗斯恰巧躲在了同一个地方，他们都有假的非犹太身份。他们俩交谈着，但不是以父子的身份，这样做当然是为了避免暴露他们的真实的身份。

还有一次，索罗斯一家躲在一个地窖里，为了消磨时间，索罗斯、保罗和提瓦达打起了牌。赌注是一些糖果。当索罗斯和保罗赢了的时候，他们总是吃完他们的战利品，但是，或许是想起了第一次世界大战中的生存技巧，提瓦达自己赢了的时候，却不会吃掉他的那份。

乔治·索罗斯觉得 1944 年的战争经历回忆起来简直让人激动，他后来将这段时间描述为他人生中最快乐的时光。他感觉自己就如同电影中的英雄人物，忘记了战争，感觉不到其他人感到的那种恐惧。有提瓦达在身边，一切都大不相同：对于父亲，索罗斯非常引以为傲，受到提瓦达自信的感染，索罗斯觉得自己摇身一变，成为了一名真正的英雄。

不管提瓦达看似有多少明显的错误，他教会了乔治重要的一课——如何生存。

可以冒险。 在第二次世界大战的后期，提瓦达每一天都在冒着生命的危险，这让他相信，大多数其他的风险也是值得去试试的。

冒险的时候，不要孤注一掷。 不要把一切东西都拿来冒险，那是很愚蠢的，也是不合实际的，更是没有必要的。

逃避纳粹的时候，乔治·索罗斯别无选择，只能冒险。但是当他接受假的身份证件时，他知道一旦被发现就意味着死亡。

后来，在他的职业生涯中，他有更多的自由。他不用再做生死攸关的选择了，他可以冒险，却不会孤注一掷，他要给自己留下东山再起的余地。

在1992年，索罗斯的事业如日中天，他曾告诉一位电台的采访者说："我很关注生存的客观需要，我不会去冒可能毁了自己的风险。"

世界大战还教会了索罗斯另外一课。

认知与现实之间存在着差距。我们对未来都有期望，但是这些期望不一定和世界的实际运转相吻合。

认知与现实之间的差距就是他后来要探索的领域，以此形成了他关于人类的知识，后来则形成对金融市场的理论。

◆ ◆ ◆

1945年秋天，乔治·索罗斯回到了学校。战争结束后，犹太和非犹太的学生不再分成两个班上课。这时的乔治已经15岁了，和其他从纳粹创伤中走过来的学生一样，索罗斯比他的实际年龄成熟很多。在很多学生的心中，战争的创伤仍然历历在目，在他们的身上留下明显了的痕迹。帕尔·泰坦伊回想起当时的情景时说："班级纪律非常差，许多人都带着枪上学，它好像表明我们已经成熟了。但是，其实这很幼稚。"

1945年春天，卢帕岛的居民，包括索罗斯一家战后第一次回到这个岛上。他们相互交流着战争时期的故事，讲述着他们如何逃生，聊一聊近期计划，这些计划都与他们觉得战后的匈牙利会发生的一些情况紧密相联。

每个人都在挣扎，都在犹豫不决：现在应该离开这个国家吗？已经逃过了纳粹的迫害，匈牙利人不想送走了狼，又迎来了虎，过上另一种险恶的生活。如果新的政府像纳粹当局一样对待它的公民的话，看起来最好是离开这里，而且越快越好。

可是新政府是友善的还是充满敌意的，这还不太清楚。更确切地说，

第2章
纳粹铁蹄下的生存

没有人敢肯定前苏联在匈牙利政府中会发挥多大的作用。

索罗斯家的朋友中有些人是充满希望的,他们相信一切都会变好,事实将会证明,前苏联比纳粹要友善得多。但是其他人对此却嗤之以鼻,深表怀疑,并加以冷嘲热讽,他们准备收拾行囊,趁着还有可能获得护照的时候离开。

◆ ◆ ◆

乔治·索罗斯就属于后者,他感到是时候离开匈牙利向西进发了。1947年的秋天,17岁的索罗斯只身上路,而他的哥哥保罗则迫切地想完成工程学的学习,因而在匈牙利又待了一年。

乔治的第一站是瑞士的首都伯尔尼,但是不久之后,他就去了伦敦,对于十几岁的青少年而言,伦敦是个很有魅力的城市。由于父亲的帮助,索罗斯拥有了足够的盘缠。但是,到了伦敦,他基本上必须自力更生了,他唯一的经济来源来自一位姑妈,可是她已经定居佛罗里达了。

◆ ◆ ◆

索罗斯原本以为自己在英国的生活会很快乐,但事实上他发现自己的钱实在少得可怜,又孤身一人,自然没有办法享受到这座城市能提供的快乐。在伦敦的这段时光是他一生中一段最艰难的时期。他孑然一身,几乎一文不名,但是,他仍然努力在黑暗中寻找一丝光明。索罗斯坐在伦敦的咖啡屋里,半开玩笑地对自己说:"现在的你已经跌到谷底了,这样的感觉不是很棒吗?因为现在你只有一条路,那就是往上走。"

当然,"跌到谷底"并不是一个很棒的感觉,一个18岁的年轻人所能做的就是从一份临时工作换到另一份临时工作,希望有一天能够时来运转。他曾经在伦敦梅菲尔区的一家叫夸格利诺(Quaglino)的餐馆里当过服务员,梅菲尔区是伦敦著名的上流社会活动区,贵族和电影明星在这里吃晚饭、跳舞、过夜生活。有时,身无分文的索罗斯吃一点剩的空心甜饼为生。多年以后，他还记得自己曾经很嫉妒一只猫，因为那只猫吃的是沙丁鱼，而他却根本吃不上。

索罗斯干了一个又一个兼职。1948年夏天，他参加了土地援助计划，做了一些农活。这位在20世纪90年代早期成为金融巨鳄的索罗斯，在当时还组织了一次罢工，目的是让农场的工人能够按件计酬而不是按天计酬。得益于索罗斯的努力，他和其他工人得到了更高的收益。在萨福克郡（Suffolk），他帮人收苹果。他也曾做过油漆工，之后他向朋友吹嘘自己的油漆技术不赖。

事实证明，打零工、贫穷和孤独毫无乐趣可言。在接下来的岁月里，索罗斯都不能抹去这些可怕的记忆："从这段经历中，我一直有一种恐惧，害怕再一次跌到谷底，已经跌到过谷底一次，就再也不想有第二次了。"

3 影响一生的导师

1949年，乔治·索罗斯注册成为伦敦经济学院的一名学生。众所周知，伦敦经济学院是英国一家享誉盛名的教育机构，无论是想要寻得一份好工作，还是开始个人学术生涯，这里都是理想的去处。这所学校吸引了众多的留学生。一般人认为这所学校有社会主义倾向，这主要是因为社会主义理论家拉斯基（Harold Laski）在该校授课。乔治·索罗斯既希望得到务实的经济学训练，同时又迫切地希望研究国际政治的趋势。

索罗斯听过拉斯基的几次课，而且选了约翰·米德（John Meade）的一门课程，约翰·米德后来在1977年获得了诺贝尔经济学奖。但索罗斯后来承认："我并没有从那门课上学到很多东西。"这所学院也是很多非主流的政治保守主义者的家园，比如主张自由市场的弗里德里希·哈耶克（Friedrich von Hayek），以及著名的哲学家卡尔·波普（Karl Popper）。这两位大师对于索罗斯后来走上知识分子的道路产生了重要的影响，促使了索罗斯在20世纪80—90年代，积极地推动着将封闭社会转为开放社会的计划。

这所学校的老师中，对索罗斯影响最大的是卡尔·波普。尽管波普以科学方法的理论闻名，但是他发表于1951年的《开放社会及其敌人》（The Open Society and Its Enemies）一书为索罗斯的知识生活奠定了基础。

对于年轻的索罗斯而言，阅读这样一本探索人类社会本质的书的时机已经成熟。他经历过纳粹的独裁统治，现在，他在英国初次尝到了民主的滋味。他急于将自己的个人经历放到知识背景中进行审视。而波普的书正好为他提供了这样一个框架。

在《开放社会及其敌人》一书中，波普认为，人类社会只可能有两种命运，一种是成为"封闭社会"，在这样的社会中，每个人都被迫相信同样的事情。第二种便是"开放社会"，这样的社会中的居民没有民族主义和种族战争，而这两样都是典型的封闭社会的产物。在开放社会中，不管面临什么样的压力，相互冲突的信仰都不必相互调和。波普指出，不管开放社会如何"不确定、不安全"，都要比封闭社会优越得多。

索罗斯仅仅用两年的时间就修完了本科课程，但是他决定继续待在伦敦经济学院，直到1953年春天拿到学位。鉴于自己比较熟悉《开放社会及其敌人》，索罗斯找了波普做导师，他希望能够从这位大师身上学到更多的东西。他提交了几篇文章给波普，两人一拍即合，波普成了索罗斯的导师。

1994年春天，已是92岁高龄的卡尔·波普接受了笔者的采访，他回想起40年前，乔治·索罗斯出现在他办公室面前的情景："他走进我的办公室说，'我是伦敦经济学院的学生，能请教您一些问题吗？'他是个非常好学的学生。我写了一本关于开放社会的书，显然，他对此印象深刻，他经常跑来和我交流，跟我说他的想法，我不是他正式的导师。如果今天他称我为他的导师，那这是他人好。"

虽然索罗斯对波普很崇拜，但是这位年轻的学生却没有给老师留下多么深刻的印象：波普回忆说："我听着他要说的，但是我没有问他任

第 3 章
影响一生的导师

何问题，我没怎么听说过他。"

波普对于索罗斯最大的影响在于，他鼓励了这个年轻的学生认真思考世界是如何运转和发展的，并用可能的哲学思想来对此进行解释。

波普这位哲学大师想将自己的智慧传给一位初露头角的知识分子，他没有兴趣帮助索罗斯在现实世界中获得进展。哲学并不能指导人们在现实世界中赚钱，不管是卡尔·波普还是其他人的哲学。

但是，对于乔治·索罗斯而言，哲学恰恰就能达到这个目的。假以时日，他将会从抽象的理论转到实际问题的解决。他会研究关于知识的理论，他关心人们如何思考，人们为什么这样想而不是那样想。从这些理论中，他又会创立新的关于金融市场如何运转的理论。

在以后的人生中，索罗斯不断地提到卡尔·波普，将波普视为启发他在东欧和前苏联推行开放社会事业的根源。波普的理论无意中帮助他形成了用来在华尔街赚取财富的理论。

◆ ◆ ◆

这时的索罗斯没有财富，身无分文的他不可避免地遇到很多尴尬和难堪。索罗斯觉得自己别无选择。为了在学习时能够得到经济资助，索罗斯找到了犹太人保护委员会。可是该委员会拒绝了他的请求，他们的理由是犹太人保护委员会只援助有收入的工作者，不会向学生提供援助。面对这样的解释，索罗斯觉得根本没有道理，却也无可奈何。

接着，在一个圣诞节假期，索罗斯来到火车站，当夜班搬运工，很不幸，他折断了腿。现在的索罗斯很需要钱，考虑到这次他在火车站有了一份工作，他当然有资格从犹太人保护委员会那帮"混蛋"手中拿到钱。

他又回到了犹太人保护委员会，这次他已经事先编好了一个故事。他告诉委员会，自己身处困境：腿断了，但因为自己属于非法务工，所以不能申请国家援助，实际上自己还是个学生。委员会勉强同意给他一些帮助。为了拿到资助，他被迫拄着拐杖爬上 3 楼。

过了一段时间，委员会不再向他提供资助。于是，他给委员会写了一封"感人肺腑"的信，告诉他们，虽然这样他也不至于饿死，但是他觉得很受伤，难道这就是一个犹太人对待处于困境中的同胞的方式。

这封信有了答复。索罗斯的信让他如愿以偿，委员会又恢复了他的每周补助，而且，最棒的是，这次的钱直接邮寄给他，而不需要他再费劲地爬上 3 楼的办公室。他很高兴地接受了这些钱，但是仍然对早些时候受到的无礼待遇耿耿于怀，于是在他腿上的夹板取下之后，他搭便车去了法国南部，回来之后才通知委员会可以不用再寄钱过来了。

犹太人保护委员会对他的态度让他很不满，过了很长一段时间后，他仍然对所有的慈善机构心存怨恨。在 20 世纪 70 年代后期，在建立自己的慈善项目之前，他先要克服自己对慈善机构的"相当大的成见"。

❖ ❖ ❖

在伦敦经济学院的学习帮助索罗斯克服了一些孤独。他仍然很贫穷，但看起来过得比以前开心了。有一年暑假，他在伦敦一个较贫穷的地区找到一份做室内游泳池服务员的工作。因为来游泳的人寥寥无几，所以索罗斯有足够的时间去旁边的公共图书馆阅读。他在图书馆里度过了这个夏天的大部分时间，阅读书籍，畅游在知识的海洋里。后来，他说这段时间是他人生中"最快乐的夏天"。他的职业目标尚未确立，但是他很享受畅游在思想的世界里，他喜欢写作。或许他可能成为一位社会哲学家或一名记者，但那时的他，还不太确定。

索罗斯很容易想象到自己继续留在伦敦经济学院，成为大学教授，或许就像卡尔·波普那样的哲学家。如果他能像波普那样把自己的见解呈现给全世界，就像弗洛伊德或爱因斯坦那样，那该多好啊！有时候，他又梦想着自己成为另一个约翰·梅纳德·凯恩斯（John Maynard

第 3 章
影响一生的导师

Keynes），达到这位举世闻名的英国经济学家的高度。这就是乔治·索罗斯努力取得知识成就的开始，知识成就成为他人生和职业生涯中的主题之一。不幸的是，索罗斯的成绩不够好，他的学术抱负似乎要失败了。

1952年末和1953年初，他都在苦苦思索着一堆哲学问题。他对认知与现实之间的差距尤其感兴趣。他甚至提出了自认为非常杰出的发现："我得出了一个结论，基本上我们所有的关于世界的看法都有缺陷，抑或是歪曲的，尔后我就专心研究这种歪曲对于塑造事件本身的重要性。"

他开始写一本书，书名叫作《意识的负担》（The Burden of Consciousness）。在这本书中，他阐述了开放社会和封闭社会的概念。但因为对自己写的东西并不太满意，他将手稿搁置下来。十几年后，他想重新拾起这本书，当他觉得"我理不出以前写的东西的头绪"时，就又放弃了。

索罗斯知道，这不是一个好兆头。他不太可能成为教授了。索罗斯认为，这次写书的失败使得他决心放弃哲学而转向赚钱。

◆ ◆ ◆

无论索罗斯多么想从教，他都得谋生，而且是尽快赚钱。他现在已经22岁了，尽管他渴望对人类的知识做出巨大的贡献，但他必须先填饱肚子。经济学的学位对此却没有什么帮助。他做了一切自己所能找到的工作，第一份工作是手提包销售员，地点在英国的海滨度假胜地布莱克浦（Blakpool）。

生意十分难做。为了吸引顾客，他必须先让别人相信自己和其他销售员并无二致，但是这对一个带有浓重口音的外国人而言是相当困难的。向店铺批发自己的商品也让他很苦恼，店家可能都不需要这些商品。有一次，他跟一个小店老板做成了一笔生意，可是这家店里杂乱地堆满了没卖掉的商品。索罗斯心想，这人完全不需要我的手提包，然而，他还是压制住自己的这些想法，并且告诫自己不能流露出个人感情。他把商品卖给了这个老板，但是他心里的内疚却久久地拂之不去。

可以说，对于索罗斯这样最终从事投资的人来说，伦敦经济学院是个很好的培训基地。然而，关于金融市场，索罗斯在学校却什么也没学到，只知道金融市场的存在，仅此而已。但在毕业之际，他已经感觉到投资是个赚钱的好领域。为了跨入伦敦投资银行的门槛，他给伦敦所有的投资银行都写了封信，希望他可以转运。当 SF 银行（Singer & Friedlander）给他提供了一个见习生的工作时，他欣然接受了。

这家公司的股票操作十分繁忙。索罗斯觉得很有吸引力，于是成为了一名专做黄金和股票套利的交易员，这个职位要做的就是从不同的市场差价中获利。事实上，他的表现并不出色，但他喜欢金融世界，金融市场的交易让他兴奋异常。或许对他来说成为一名社会哲学家或记者可能会更刺激，但是此时的他更需要养活自己。在这里前景很乐观，索罗斯发现这个世界越来越引人入胜了。

索罗斯在伦敦的这段经历一般被认为大部分是失败的，这一点连索罗斯本人也不否认。但是，有一个人却要为他辩护，这个人就是埃德加·阿斯泰尔（Edgar Astaire），伦敦股票经纪人，在那时他们俩就认识了，后来他又成为了索罗斯在伦敦的合伙人，"他从来没有安定下来。他当时只有二十五六岁。在这个行业中你什么也做不了，年轻人不允许做任何事情。"

不管怎样，1956 年，这位年轻的投资银行家相信，是时候继续前进了。于是，他远赴纽约。

开始寻金之旅

"你看到的索罗斯是个很聪明的人,能干、喜欢动脑、非常自信。""他会让你全身心地投入到工作。他精通全球事务的能力,让我为之惊叹,他可以从 A 点发生的事情,马上推论到 B 点的结果。我不知道其中逻辑,因为我和他不在一个水平上。索罗斯可能是我见过的最优秀的宏观投资者。"

——索罗斯的同事

第二部分

SOROS

The World's Most Influential Investor

4 瞎子给盲人引路

动身去纽约时,乔治·索罗斯很认真地对自己说,他很看重金融领域的职业,成为哲学家的梦想仍然只能是个梦。

来到纽约使他比别的同事更有优势。尽管他在伦敦并不成功,但至少他了解欧洲的金融市场。伦敦这方面的专家比比皆是,但在华尔街,人们却对欧洲市场知之甚少。从他来到美国的那一刻开始,索罗斯就被定为这一领域的专家。

索罗斯去纽约的时候,自己带了5 000美元。一个亲戚曾给他1 000英镑,让他帮着投资。这5 000美元是他从那笔投资中得到的报酬。

同一年,即1956年,提瓦达和伊丽莎白离开匈牙利来到美国,同两个儿子会合。提瓦达在康尼岛(Coney Island)开了一家咖啡馆,对这位伟大的生存艺术家而言,开咖啡馆的日子并不是很愉快。小生意经营不下去,提瓦达只好退休。20世纪60年代早期,提瓦达得了癌症。此时的提瓦达一贫如洗,乔治·索罗斯不得不找一位可以提供免费治疗的外科医生。

到美国后不久,索罗斯就通过一位伦敦的同事找到了一份工作。那位同事帮索罗斯给 F.M. 迈耶合伙公司(F.M.Mayer)打了个电话,索罗斯成为该公司的一名套利交易员。尽管在 20 世纪 80 年代,套利成为热门的金融交易,但是在 30 年前,这个行业相当不景气。没有人愿意冒险进行大笔投资,从公司收购中获利百万美元。这种投资直到 20 世纪 80 年代才开始风行。在乏味的 20 世纪 50 年代,像索罗斯这样的交易员,通常对不同市场进行仔细的研究,买卖不同市场上的同一支证券,希望从细微的差价中获利。

一段时间后,索罗斯成了分析师,为美国的金融组织提供关于欧洲证券的建议。正如他所预料的,华尔街对欧洲的投资趋势有兴趣的人屈指可数,更不用说会有多少人对这个领域有着强烈的直觉了。20 世纪 50 年代的情形,同今天贸易全球化相去甚远,直到很久以后,美国投资者才认识到,原来还可以在地球的另一边赚钱。索罗斯是个先驱,他走在了时代的前面。

自 1988 年就成为索罗斯得力助手的斯坦利·德鲁肯米勒说:"索罗斯 35 年前做的事情到了最近十几年才在这里风行。"索罗斯也微笑着回忆道:"在 20 世纪 60 年代没有人知道欧洲证券的事情,所以我可以从对欧洲公司的一知半解中获益,这就好像瞎子在给盲人引路。"

索罗斯在这个时期遇见了一位拥有欧洲背景的女孩,并与她结婚。这并不奇怪。他初来乍到,认识的美国姑娘没几个。他在紧邻西汉普顿的长岛遇见了自己未来的妻子,德国出生的阿娜丽丝(Annalise)。他们在 1961 年结了婚,同一年,索罗斯成为美国公民。夫妻俩住在一个小公寓里,而索罗斯继续在 F.M. 哈耶合伙公司工作。索罗斯夫妇于 1978 年分开,3 年后离婚。他们育有 3 个孩子。1983 年,索罗斯再婚,新娘是苏珊·韦伯(Susan Weber),比他小 25 岁。他们在南安普敦结的婚。

第 4 章
瞎子给盲人引路

1985 年，苏珊生了他们的长子格雷戈里（Gregory），索罗斯第 4 次成为父亲，1987 年，二儿子亚历山大（Alexander）诞生了。

1956 年，索罗斯转投沃特海姆公司（Wertheim & Co.），他继续从事欧洲证券业务。沃特海姆公司是为数不多的经营海外业务的美国公司。幸运的是，索罗斯仍然是能在伦敦和纽约之间做套利的少数几个华尔街交易员之一。

1960 年，索罗斯第一次成功地突袭了外国金融市场。当时，索罗斯意识到，由于德国安联保险公司的股票和房地产组合升值，德国安联保险公司（Allianz）公司出售的股票价值大大低于资产价值。索罗斯写信给其他人，建议他们投资安联。摩根信托和德莱弗斯基金（Dreyfus Fund）都很认可他的想法，开始购入大量的安联股票。安联的老板却对此不高兴，他们写信给索罗斯的上司，大意就是你的人作了错误的推断。实际上，索罗斯并没有错。安联股票的价值翻了 3 倍，索罗斯因而名声大振。

1961 年 1 月，肯尼迪政府上台后，索罗斯期待着好运能继续。但后来的事实证明，对于年轻的索罗斯来说，肯尼迪是块巨大的绊脚石。肯尼迪上任之后，修改了利息平衡税（Interest Equalization Tax），不允许美国投资者购入国外证券。政策的改变对于索罗斯来说无异于晴天霹雳。但是这还不足以让他卷铺盖走人。1961 年 12 月 18 日，索罗斯成为美国公民，他要继续待在美国。

此时的索罗斯已经 33 岁，他还在为选择当哲学家还是投资家而摇摆不定。肯尼迪的政策又给了他一次机会，再去尝试一下自己最挚爱的事情：思考和书写人生的基本问题。

1961 年，索罗斯开始将晚上和周末的时间都用来重新起草《意识的负担》，希望经过润色之后可以找到出版商出版。这一次比最初写书的时候更困难。最终在 1963 年，他将手稿送给卡尔·波普审阅。如果能得到大师的认可，这无疑是至上的荣耀。赢得波普的赞同是出版此书的关键一步。

尽管波普想不起来索罗斯这个人，但是他还是热情地回应了这份手稿。当波普知道索罗斯来自东欧国家，他承认他很失望。他原本以为索罗斯是个美国人，因为如果一个没有经过极权主义统治的人能够理解他的观点，这才会让他感到很激动。发现索罗斯是个匈牙利人，并且曾经亲身经历了纳粹的统治，波普就对手稿不再那么热心了。他鼓励索罗斯继续思考他的想法。

写作这本书曾经是，并且一直都是索罗斯喜欢的一项工作。他从来没有透露自己后来是否将手稿交给过出版商。他唯一说过的是，这本书还有欠缺，因此没有出版。所以，索罗斯又回到华尔街赚钱了。然而，赐予人灵感的冥思并没有完全抛弃他。在以后的岁月里，他几本书的主要思想均来源于这本小的、没有出版过的书，而且后几本书都出版了。

※ ※ ※

1963年，索罗斯开始在阿诺德·莱希罗德公司（Arnold & S. Bleichroeder）就职。这家公司是美国经营外国证券业务的领先机构，对于索罗斯来说，阿诺德·莱希罗德公司就是他的家。这家公司起源于德累斯顿（德国萨克森州的首府），建立于19世纪初期。索罗斯的雇主斯蒂芬·凯伦（Stephen Kellen）和公司的其他员工一样，都带有浓重的欧洲口音。尽管街道标志显示这里是华尔街，但是索罗斯时常会有回到欧洲的感觉。

从一开始凯伦就很赞赏索罗斯："我总是希望我雇用的人都很优秀，而索罗斯无疑是杰出的。"索罗斯被雇为分析师，开始主要处理外国证券业务。索罗斯在欧洲建立了很好的人脉，又能说很多种欧洲的语言，包括法语和德语，所以索罗斯自然而然地在这个领域进行着投机。

第 4 章
瞎子给盲人引路

做套利需要知识和勇气。大多数交易员思想狭隘，不愿主动开阔视野，既缺乏知识又缺乏勇气。美国人喜欢抛售美国的股票，因为他们至少能够叫出这些美国公司的名字。对他们来说，欧洲公司却不是这样。索罗斯和其他的美国交易员不同，他不但能够叫出这些公司的名字，而且认识这些公司的老板。1967 年，他成为阿诺德·莱希罗德公司研究部主管。

在美国摸爬滚打，索罗斯一直想出名，在和同事相处时，他常常流露出一种不安全感。一位不愿透露姓名的同事回忆说，索罗斯有一个习惯，交易成功的时候，他会觉得是自己的功劳；但交易失败的时候，他就把责任推到其他人的身上。

埃德加·阿斯泰尔是 1994 年索罗斯在伦敦的合伙人，她从 20 世纪 60 年代就认识索罗斯，觉得他是一个复杂的家伙，神神秘秘的："你看到的索罗斯是个很聪明的人，能干、喜欢动脑、非常自信。他外表看起来并不特别，甚至有点害羞，但你却不知道他脑子里在想什么。他是一个很好的心理学家，感觉敏锐。因为害羞，为人很低调，他不想让别人弄清楚自己的个性。为此他常常会说一些看似矛盾的话，他也会自大地说些没意义的话，有时，这些话只是说给他自己的。他不是一个可爱的人。"

他不可爱，但精于投资分析。亚瑟·莱默（Arthur Lemer）在 20 世纪 60 年代和索罗斯同在阿诺德·莱希罗德公司工作，他还记得和索罗斯接触时的印象。1964 年，莱默从哥伦比亚大学毕业后就到纽约银行（Bank of New York）的研究部工作。莱默追踪的一个行业就是货运业，而那正是索罗斯在阿诺德·莱希罗德公司负责的区域，作为银行的经纪人，索罗斯偶尔会去拜访莱默和他的老板麦克·丹科（Mike Danko），讨论购入什么股票。不知何故，索罗斯经常转移话题，将谈话从货运业这个狭窄的领域转到"世界局势"。索罗斯总是谈论大话题。

外国证券业务取得的成就增强了索罗斯的自信。他开始考虑建立自己的投资基金，试图为别人赚钱。

5 小试牛刀，初露锋芒

20世纪60年代后期，乔治·索罗斯跻身金融大财团。索罗斯想在阿诺德·莱希罗德公司内部谋求更重要的领导位置，于是他成功地说服了上司，建立了两个海外基金，并且都由他负责。第一个基金建立于1967年，名为"第一老鹰基金"（First Eagle Fund），在华尔街的术语中被称为多头基金：客户投资，希望市场看涨。第二个基金是对冲基金，叫"双鹰基金"（Double Eagle Fund），设立于1969年。在这个基金中，索罗斯可以用股票和债券作担保品，购买任何数量的金融工具，包括股票、债券和货币。他用自己的钱创立了双鹰基金，仅仅投入25万美元。不久，索罗斯认识的一些欧洲阔佬注入了600万美元。

25万美元就是索罗斯发家致富的开始。

◆ ◆ ◆

1968年，拜伦·韦恩第一次见到索罗斯，当时韦恩是华尔街一家公司的投资组合经理，而他所在的公司正好是阿诺德·莱希罗德公司的客户。韦恩的公司与日本的联系非常紧密，日本股市看似被低估了，但是没有人真正了解日本的经济。韦恩曾听别人提及索罗斯，听说他对日本的情况极为熟悉，于是邀请索罗斯过来聊天，洗耳恭听。

在早期，这就是索罗斯的优势：同其他美国大公司的职员相比，他更了解偏远地区的经济。尤其令韦恩印象深刻的是，索罗斯率先建立了一个将美国客户排除在外的对冲基金，当然，除了索罗斯自己。虽然索罗斯是美国公民，但按照基金的章程，他是该基金的成员之一。通常情况下，索罗斯在这个行业中具有相当大的优势，因为在20世纪60年代美国的对冲基金中，将海外基金作为部分资产组合的还比较少见。索罗斯却敢为人先。

尽管有很多富有的美国人非常想加入双鹰基金，索罗斯却并不需要他们。因为他知道，他可以吸引到雄心壮志的欧洲客户，尽管这些欧洲客户的口碑不好，他们经常变化无常，但是索罗斯相信，基金的税收优惠将会提高他们的忠诚度。而事实证明，索罗斯是对的。他吸引了很多国际客户，包括富有的欧洲人、阿拉伯人、南美人等。虽然他在纽约的总部运作基金，但是和很多的海外基金一样，双鹰基金的基地设在荷属安的列斯群岛的库拉索岛（Curacao），这样一来，他们就可以逃避美国证券交易委员会（SEC）的检查和资产收益税。

索罗斯是对冲基金领域的先驱之一，这时的对冲基金投资利润丰厚。索罗斯也是使用衍生工具这样带有争议的金融工具的第一人，衍生工具与对冲基金紧密联系。

20世纪60年代中期，有一些对冲基金引起了媒体的关注。但是到了20世纪70年代，人们对对冲基金的兴趣减弱了。随着1971年允许汇率浮动的决策出台，人们又开始关注对冲基金了，但是从1973年到1974年的熊市中，大多数对冲基金都被迫倒闭了。此后的十几年，对冲基金一直处于停滞期。

1985年，为了刺激美国的出口，欧洲银行做出了降低美元汇率的

第 5 章
小试牛刀 初露锋芒

决定（美元下跌使得美国的出口变得更为便宜）。该决定刺激了对冲基金在20世纪80—90年代的成长，并且使得索罗斯崛起为世界一流的投资家。被压低的美元为货币交易提供了新的刺激，索罗斯和其他对冲基金的经理人迅速采取行动，从中渔利。

如果索罗斯当初留在欧洲，他可能还只是一个目光敏锐、精明能干的金融家，只是众多在金融市场中拼命赚钱者中的一员，而不会成为一位出类拔萃的某一领域的专家。但是在美国，情况却大不相同，像索罗斯这样的人寥寥无几。索罗斯对于欧洲金融市场的了解让他获益匪浅。他的一大优势就在于，他在欧洲和其他地方拥有各种各样的资源，这样索罗斯就可能知道大的局势是朝着何种方向发展的，以及金融和政治事件是如何影响世界各地不同的金融市场的。

20世纪60年代末期，与索罗斯一起共事的亚瑟·勒纳（Arthur Lerner）曾说："索罗斯很早就指出，人要具有国际视野，不能目光狭隘，局限一隅，你必须知道此地的一个事件是如何影响其他地方的事件的。他从不同的渠道得到基本的信息，然后在头脑中综合加工。接着，他会得出一个论点，而大多数时候，这样的论点都是令人信服的。"

勒纳是纽约银行（Bank of New York）的分析师，阿诺德·莱希罗德公司曾于1967年和1968年多次力邀他加盟该公司，但是头两次都被他婉言拒绝了。到了1969年初，他最终还是答应了。他在阿诺德公司的第一份工作就是做索罗斯的助理，帮他经营两个基金。在接下来的两年，两人并肩作战。

在索罗斯的手下做事是很有紧张感的，但是又很吸引人。那两年，市场急剧地动荡，越发地增加了工作的压力和戏剧性。

勒纳回忆说："索罗斯是个严厉的监督者。他会让你全身心地投入到工作。他精通全球事务的能力，让我惊叹，他可以从A点发生的事情，马上推论到B点的结果。我不知道其中逻辑，因为我和他不在一个水平上。索罗斯可能是我见过的最优秀的宏观投资者，至于微观层面，他就不那么专注了，似乎并没有完全发挥出他的水平。"

索罗斯一直都在思考，思考一些大的问题，他总喜欢用一些复杂的字眼，办公室的其他人可能需要查字典才能弄明白这些复杂的字眼究竟是什么意思。甚至勒纳都需要适应索罗斯，尤其是他的写作风格。"我没有料到索罗斯对于写作是这么一丝不苟。他的风格和我完全不同，我习惯了写报告给一般的人看，而索罗斯的写作风格却是文绉绉的那种。"所以，索罗斯脱颖而出。他的确让人印象深刻，但是谁又能够理解他呢？

正是在这个时候，索罗斯开始撰写《金融炼金术》。1969年，他曾让勒纳读了这本书的5章，但是勒纳说"我一个字也看不懂"，问题不在于他的智商，在他看来，问题在于索罗斯无法清楚地表达自己想要说的事情。勒纳原本希望从书中找到反射理论的概述，但是他在那5章内容中却找不到，于是他放弃了。

"反身性"这个词让他很困惑，他还特意去了查字典。25年之后，也就是1994年的春天，勒纳承认："直到今天，我仍然不理解这个词。我根本不知道他要说什么。"

勒纳觉得自己跟索罗斯关系密切，所以他给索罗斯提出了一些善意的忠告："你可永远别当老师，因为要教那些水平不如你的人时，大多数人都……"他没有把话说完，而是直接说："你很难准确表达你想要说的意思。"

索罗斯应该听从亚瑟·勒纳的建议，虽然大多数人不如索罗斯聪明，但是索罗斯却想给这些人留下深刻的印象。而如果想让他们印象深刻，索罗斯就必须得把诉诸文字的想法写得更清楚一些。而这就是亚瑟·勒纳想要告诉索罗斯的。话虽露骨，但初衷是好的。"索罗斯，找个编辑吧，找个人把你的想法用更加简单的语言表述出来。"

但是这不是索罗斯想要听到的话。正因为如此，大部分被要求点评

第5章
小试牛刀 初露锋芒

索罗斯作品的人,都不会发表这样的意见。他们更加清楚,索罗斯是不会听他们的,那他们何苦自找麻烦?何苦惹他生气呢?

◆◆◆

不管像亚瑟·勒纳这样的人是否能了解"反身性"这个词的确切意义,乔治·索罗斯都认为是时候在市场上测试他的理论了,索罗斯坚信,他的理论可以给他带来竞争优势。

"我要采取实际行动,而且又不能与投资决策相脱离。我必须要运用我所有的智力资源,我惊讶而高兴地发现,我的抽象思想非常有用。如果说这些思想是我成功的全部原因,这未免有点夸张,但是如果说它们给了我优势,这一点则是毋庸置疑的。"

索罗斯的双鹰基金密切关注的第一个行业就是美国房地产投资信托。

1969年,在一份广为流传的备忘录中,索罗斯指出,在一个新的领域投资,即美国房地产投资信托业中投资会获益,这为他赢得了良好的信誉。索罗斯感觉到了一个盛衰更替的过程,他将美国房地产投资信托比作一出三幕剧,准确地预测出该行业将经历一段欣欣向荣的时期,接着发展过了头,最终要崩溃。

索罗斯最后的结论充分证明了他的先见之明:"鉴于第三幕崩溃至少要在3年后才发生,现在我可以安全地购入股票。"他是对的。正如他预测的那样,美国房地产投资信托业在1974年已经过了鼎盛时期,此时,索罗斯卖空,又赚了100万美元。这些早期验证他市场理论的经历极大地鼓舞了索罗斯。

索罗斯也将理论应用到了20世纪60年代集团企业的大繁荣上,并且同样大赚了一笔。他承认,在上升的阶段和下滑的阶段都赚了。起初,他看出高科技公司的并购狂潮使得他们的收入激增,引起了机构投资者的密切关注。索罗斯相信,这种高涨的投资基金经理人的"偏见"将会继续抬高集团企业的股价。于是，他大量买入，然后卖空，在市场下跌期仍大赚了一笔。

- - -

1970年，索罗斯和吉米·罗杰斯（Jimmy Rogers）携手合作。罗杰斯在亚拉巴马州的戴玛波利斯（Demapolis）长大，1964年毕业于耶鲁大学。

乔治·索罗斯和吉米·罗杰斯成为华尔街有史以来的一对最佳投资拍档。罗杰斯曾在英国的牛津大学读PPE，即政治、哲学和经济学，这给索罗斯留下了深刻的印象：因为他自己既是亲英分子，又自诩为哲学家。服兵役的两年时间里，罗杰斯获得了炒股专家的声誉，他甚至负责管理他的指挥官的股票投资。

罗杰斯在华尔街的第一份工作是在贝奇公司（Bache & Co.）。1968年，仅靠600美元的身家，罗杰斯开始了在股市的交易。两年之后，他开始在阿诺德·莱希罗德公司为索罗斯做事。然而，新的经纪公司法规不允许索罗斯和罗杰斯从公司的股票交易中提成。阿诺德·莱希罗德公司不希望他俩离开，极力挽留。但是索罗斯和罗杰斯想要成为独立的资金经理人。于是他们离开公司，自立门户。

1973年，他们建立了索罗斯基金管理公司（SFM），办公室相当简朴，仅有3个房间，不过从办公室里可以俯瞰纽约的中央公园。这个新的基金公司远离华尔街。这在当时是个很奇怪的做法，为什么有志于投资的人会让自己远离权力中心呢？

吉米·罗杰斯喜欢这样解释：既然他和乔治·索罗斯二人与典型的华尔街思维方式不同，看起来没有理由非得置身于华尔街。对于索罗斯来说，更重要的原因是，办公室离他在中央公园西侧的公寓仅一街之隔。

相比于华尔街其他公司的紧张忙碌，索罗斯基金管理公司的工作氛围要轻松得多。在夏天，职员们可以穿网球鞋来上班，而且有几个人骑

第5章
小试牛刀 初露锋芒

自行车来上班，包括罗杰斯在内。索罗斯和罗杰斯喜欢办公室这种轻松随便的氛围。他们都想尽量保持这样的氛围，不管他们挣多少钱。尽管环境很闲散轻松，但他们每人每周都要工作80个小时。

公司创办之初，只有他们两个人：索罗斯是交易员，罗杰斯是研究员。哦，还有一个秘书。办公室看起来很小，但是这两个人可以做的事情很多。而事实证明，规模小有小的好处。他们可以专注于手头的工作，不用担心与其他人的摩擦，不用做大量的文书工作，也不用烦恼于成堆的琐事。

他们精通交易，将基金公司的资产投入股票。在初级产品或货币上投资时，索罗斯和罗杰斯就用期货交易或是融资。索罗斯基金公司在所有不同的市场上交易，包括货币、初级产品、债券和股票，这是史无前例的。从1970年开始合作，直到1980年两人分道扬镳，他们从来没有一年亏损过。华尔街的其他投资者谈论他们时，总是充满了敬意。他们似乎比其他人更清楚经济的走向。

1971年，基金公司的资产净值是1 250万美元，仅一年之后，增长到2 010万美元。从1969年12月31日到1980年12月31日，索罗斯基金公司获利3 365%。而同期的标准普尔综合指数只涨了47%。1980年底，基金公司的资产净值达到了3.81亿美元。

因为索罗斯基金管理公司是私人合资企业，所以相比于其他更加传统的基金公司，索罗斯有更多的优势。最为重要的是可以卖空，对于一些投资者来说，这样做的风险太大。人们到底是怎么看待卖空的呢？

这听起来似乎是没有害处的技巧。但是对于有些人来说，卖空似乎有点不爱国的意味。他们会说："你怎么能赌一家公司的经营状况不佳呢？你到底是个怎样的美国人？你难道对自己国家的经济没有信心吗？你怎么能这样，别人已经很不幸了，你还趁火打劫？"

索罗斯可不在乎别人怎么说。对于索罗斯来说，卖空这个技巧好像有神奇的魔力，给他带来美国和海外市场上的丰厚利润。基金公司还通过融资购买股票，发挥杠杆效应。索罗斯基金公司的一个好处是规模小，相较于大的公司，没有官僚体制的负担，公司可以更轻易地建仓或斩仓。

索罗斯和罗杰斯配合得十分默契。罗杰斯说："通常，如果我们意见不一致，我们不会轻举妄动。"但是，这样的情况并不常发生。如果其中一人对某笔交易很有信心，那么他就去做了。罗杰斯说道："一旦做完了，交易是对是错就显而易见了。当我们一起把事情想清楚的时候，便达成了共识，我讨厌用这个字眼，因为达成共识的投资通常结果很糟，但是我们几乎总能想到一块。"

他们为自己的思想独立而自豪。这也造成了他们最终的分道扬镳。他们是如此的独立不羁，以至于觉得对方有太多不同的看法。

但是，短期内他们配合默契，就像润滑得很好的机器。他们辛苦寻找的是股市的突变，是别人还未注意到的变化，以此来验证理论。正如罗杰斯所说："我们不怎么关心一个公司下个季度的收益或者是1975年铝的出货量，真正让我们感兴趣的是在未来的一段时间，会改变某个行业或者某类股票的社会、经济和政治因素。如果我们所看到的和股票的市场价格之间存在很大的差异，那么再好不过了，因为我们可以大赚一笔了。"

索罗斯也在寻找腾飞中的外国经济，希望从外国股市上获利。他关注哪些国家的市场对外国投资者开放？哪些国家在实施促进社会稳定的新政策？哪些国家致力于市场改革？

索罗斯希望通过关注宏观层面的事情，获得优势。一位索罗斯曾经的下属说："和任何精明的投资家一样，索罗斯总是试图用最少的投资获得最大的收益。"如果市场尚不成熟，比如法国、意大利和日本，索罗斯就会赌上一把，他希望比别的投资者早6~18个月投资。

因此，索罗斯购买了日本、加拿大、荷兰和法国的证券。1971年的一段时间，索罗斯将基金公司1/4的资产都投资到日本股市中，这场赌

第5章
小试牛刀 初露锋芒

博使索罗斯基金公司的资产翻了一番。

索罗斯和罗杰斯在选股上很精明。1972年,索罗斯的一位熟人告诉他,根据商务部的一份未公开的报告,美国日益依赖于外国的能源。据此,索罗斯基金购入了大量的石油钻井、油田设备和煤矿公司的股票。一年以后,即1973年,阿拉伯国家实行原油禁运,导致能源类股票价格飞涨。

1972年,索罗斯和罗杰斯预见到会有粮食危机,于是他们购入化肥、农业设备、粮食加工公司的股票,结果,又获得了可观的利润。

这个时候,索罗斯和罗杰斯精明地发现,美国国防工业存在投资获利的潜在商机。1973年10月,埃及和叙利亚的武装部队突然对以色列发起大规模袭击,这个犹太国家猝不及防。在战争刚开始的几天,以色列处于防御状态,死伤数千人,损失了众多飞机和坦克。种种迹象表明,以色列的军事工业已经落伍。这让索罗斯想到,美国的军事工业也可能过时了。他意识到美国五角大楼(美国国防部)会投巨资来更新武器装备。

对于大多数投资者而言,这个想法丝毫没有吸引力。越南战争一结束,军工企业损失严重,以至于金融分析家们连听都不愿意听。

早在1974年,罗杰斯就开始特别关注国防工业。国防工业的内在潜力促使罗杰斯动身去考察,去华盛顿会晤国防部的官员,并且去美国各地造访军工承包商。索罗斯和罗杰斯越来越相信他们是对的,而其他人就要错失这一大好机会了。

1974年年中,乔治·索罗斯开始抄底国防类股。他购入诺斯洛普公司(Northrop)、联合飞机公司(United Aircraft)以及格鲁曼公司(Grumman)等的股票。尽管洛克希德公司(Lockheed)似乎濒临破产,索罗斯还是赌了一把,在1974年末投资该公司。索罗斯和罗杰斯得到了关于这些公司的一个重要信息。它们都有重要的合同,续签成功的话,接下来几年将会给它们带来源源不断的收益。

1975年,索罗斯基金公司开始投资于电子信息对抗设备的供应商们,索罗斯和罗杰斯注意到了，中东战争中以色列的空军损失惨重，很大程度上是由于缺乏高级的精密电子对抗设备，无法消除阿拉伯人手中的苏制武器的威力。

他们还注意到，现代战争方式从根本上发生转变。全新的现代装备武器都是高科技含量的：传感器、激光制导炮以及"智能型炸弹"。所有这些都要耗费大量的资金。索罗斯和罗杰斯是对的，结果，他们获得了巨额的利润。

◆ ◆ ◆

在这个关头，索罗斯的秘诀是什么？

索罗斯对股市中的"金子"有着高度的敏感。每个人都在寻找"金子"，而且每个人都有自己的一套理论。然而，索罗斯却总能将自己的敏感与金融市场的变动相调谐，找到神秘的信号，这些神秘的信号表明有些事情正在酝酿之中。一旦找到了这些信号，他就会紧盯住不放，从不会向他人泄露为什么自己朝着这个方向，而不是朝另外一个方向，他用市场来验证自己的直觉。

他知道，他做得很出色。

投资秘诀

"基本上，我们关于世界的所有看法都有缺陷，抑或是歪曲的。""任何关于未来会如何发展的想法都注定是带有偏见的、不完整的。""盛衰的过程起初是自我强化的，但没有可持续性，最终会逆转。""我和其他人一样也会犯很多的错误。但是我觉得我擅长承认错误。这就是我成功的秘诀。"

——索罗斯

第三部分

SOROS

The World's Most Influential Investor

6 痴迷混乱，自创理论

20世纪50年代初期，索罗斯在伦敦求学时，他就对世界运行的方式很感兴趣。他希望自己不仅能够思考人生的大问题，而且还能给知识界做出巨大的贡献。他的导师卡尔·波普激发他去思考大的问题，发展出宏大的哲学方案。这样的方案可能会使整个人类受益，当然也会使建立方案的本人受益。索罗斯渐渐相信他的好友拜伦·韦恩（Byron Wien）的话："你越能抽象地定义你的努力，在实践中你就会做得越好。"

一段时间之后，索罗斯对抽象概念的兴趣引导他去思考一些实际问题，比如金融市场是如何运作的。但是要理解他的金融市场理论，最好还是从理解他的关于人生和社会的理论开始。有一个词对他的思维很关键，那就是"认知"。

大多数人都会问这样的问题："人生的意义是什么？我为什么会在这里？各种宏大的事情，如宇宙、大脑和人类是如何运行的？"

一般情况下，人们只是花片刻时间思考一下这些问题，然后继续他们的生活，去关注那些更为实际的问题，养家、后代、谋生、记得倒垃圾等。

然而，哲学家将这些问题作为他们毕生研究的对象。而乔治·索罗斯正是渴望成为这样的一位哲学家。

没有任何一件事情激发了索罗斯对于哲学的兴趣，但是似乎从他记事起，就已经对哲学抱有浓厚的兴趣。正如他在1987年出版的《金融炼金术》的引言中所写的："自从我意识到自己的存在之后，我就对了解它产生了强烈的兴趣，而且我将此看作是我要了解的中心问题。"这就是激发他哲学兴趣的火花。但年轻的索罗斯几乎从一开始就知道，要揭开人生的秘密，是几乎不可能完成的任务。

理由很简单：即使是研究我们是谁，或者我们是什么这样的问题，也需要我们客观地看待自己。可问题就在于，我们做不到这一点。

乔治·索罗斯惊讶地发现："一个人所想的就是这个人要思考内容的一部分，因此，缺乏对一个人的思考进行判断的独立的参考点。"

人们不能获得这样独立的参考点，人们不能跳出自己，绝对客观地看待世界。索罗斯得出这样的结论："基本上，我们关于世界的所有看法都有缺陷，抑或是歪曲的。" 然后，他就专注于探讨这种歪曲是如何塑造事件本身的。

- - -

有了这些关于世界如何运转的基本概念，索罗斯便开始转向华尔街。大多数曾分析过股市的人，他们都得出如下结论：股价的变化有其内在逻辑。他们认为必定存在一些逻辑，不管这种逻辑是否有缺陷。对于跟股市打交道的人来说，任何对股市行为的其他解释都让他们感到不安，毋庸说股市充满风险的解释了。

支持这种理性思维的人认为，因为投资者充分了解一家公司，所以股价都正确反映了股票的价值。有了充分的信息，在面对很多股票的选择时，投资者自然能理性地采取行动，选出最佳股票。而股票的价格也

第6章
痴迷混乱 自创理论

是理性的,与公司未来的收益相联系。

这就是关于股市如何操作的最为流行的理论——有效市场假说（Efficient-market Hypoithesis）。该理论假定世界是完全理性的,假定所有的股票价格都反映了可以获得的信息。

尽管古典经济学主张均衡这一概念,假定可以实现完全竞争,并可获得充分的信息。但索罗斯相信他更了解情况。他主张,在现实世界中,任何关于可获得充分信息的假设都是有缺陷的。现实世界中,买卖的决定是基于人们的预期,而不是古典经济学中的理想状态。同样,在现实世界中,人们对任何事情都不能完全理解。

"我认为理解事情的主要观点就是明白不完全理解在塑造事件本身时的作用。传统经济学是基于均衡理论的,供求相等。但是,一旦你意识到不完全理解的重要作用,你会发现实际上我们面对的是不均衡。"

他在另外一个场合又提到:"我很痴迷于'混乱'。这就是我赚钱的方式——理解金融市场中的革命性的进程。"

◆ ◆ ◆

自从在卢帕岛上玩类似于大富翁的资本游戏起,乔治·索罗斯就被金钱世界吸引了。尽管他一方面自由地畅游在知识的王国里;但另一方面,务实的态度激励他去伦敦经济学院学习经济。

然而,他发现经济学仍然有欠缺,这让他很失望。他的教授曾让他明白,经济学是一门科学,或者至少试图成为一门科学。一个人可以形成理论,研究出支配经济学世界的规律。

但是,乔治·索罗斯一眼就看穿了这些。他辩驳说,如果经济学是一门科学,那它就应该是客观的。也就是说,人们能够观察它的活动,而不会影响这些活动。但是,索罗斯认为,这一点是绝对不可能的。

毕竟,人类是所有经济活动的中心,当人类本身缺乏客观性的时候,经济学又怎么可能是客观的呢？由于参与到经济生活中，人类不可避免地要影响经济生活，这样一来，经济学又怎么可能是客观的呢？

◆ ◆ ◆

那些假定经济生活是理性的人，也认为金融市场一直都是"正确的"。因为它能正确感知市场价格，即使这种未来的发展还不是很明朗。

索罗斯却说，事实并非这样。他曾说，大多数投资者相信，他们能预测未来的市场活动，也就是说，他们能提前考虑到还未发生的事情。对于索罗斯而言，这是不可能的，"任何关于未来会如何发展的想法都注定是带有偏见的，不完整的。我不是说事实和信念是独立存在的。相反，在论述反身性理论（theory of reflexivity）的时候，我所主张的就是信念会改变事实。"

这样，市场价格不会是正确的，因为他们总是忽视了未来的发展可能带来的影响。市场价格总是"错误的"，因为他们反映的不是对未来的理性看法，而是带有偏见的。

"但是歪曲的信念是会朝两个方向发生作用，不仅仅是市场参与者操作时带有偏见，他们的偏见也会影响事情的进展。这可能会造成这样的印象，似乎市场能够精确地预期未来的发展，但是，事实上，不是现在的期望符合未来的发展，而是未来的发展是由现在的期望所形成的。参与者的认知有其内在的缺陷，而有缺陷的认知和事情的实际进展是有双向联系的，这就导致了两者之间缺乏一致性。我称这个双向关系为'反身性'。"

认知与现实之间的双向反馈，即索罗斯所谓的"反身性"构成了他的理论的关键。索罗斯相信，能解释金融市场行为的不是有效市场假说，而是投资者的偏见与事情的实际进展之间的反身性关系，反身性是构成索罗斯经济理论的重要术语。

第6章
痴迷混乱 自创理论

根据索罗斯的理论，投资者对于股票的"偏见"，不管是正面的还是负面的，都能导致价格的上升或下降。这种偏见作为"自我强化的因素"发挥作用，而它又和"潜在的趋势"互相作用，影响投资者的预期。结果，价格运动可能导致管理层重新购买股份，或者选择合并、购买或全部买入，而这又反过来影响了股市。

所以，股票的价格并不是由人们对信息敏锐地做出反应来决定的，而是认知造成的，认知既是情绪的结果也是对数据观测的结果。正如索罗斯在《金融炼金术》一书中所提到的："当事情包含思考的参与者时，主题就不再仅限于事实了，主题也包括了参与者的认知。因果链不是直接地从事实到事实，而是从事实到认知，再从认知到事实。"

索罗斯的理论包含了这个理念，即投资者所支付的价格不是简单地、被动地反映股票的价值，它们也是决定股票价值的积极成分。

索罗斯理论的第二个关键是理解了错误观念在塑造事情的发展上发挥的作用。他有时也将错误观念称为参与者的思想和事情的实际状态的"分歧"，而分歧一直都存在。

有时，分歧很小，并且能自我纠正，他将这种状态称之为"近均衡"。

有时，分歧很大，并且不能自我纠正。他将这种状态称之为"远离均衡"。

当分歧很大时，认知与现实之间差得很远。没有机制能够让它们之间的差异减小，而实际上，发生作用的各个因素似乎倾向于让他们彼此脱离。

这样的远离均衡的状态表现为两种形式。一种极端是：即使认知和现实之间差得很远，但是形势是稳定的。作为投资者的索罗斯对这种稳定的形势毫无兴趣。另一种极端是：形势是稳定的，但是事情变化得极为迅速，以至于参与者的观点跟不上事态的发展，索罗斯对这种形势最感兴趣。

认知和现实之间的差距巨大，事态失控，这种形势就是金融市场上典型的盛衰序列（boom/bust sequences）。索罗斯把这些盛衰序列看作是癫狂的，"盛衰的过程起初是自我强化的，但没有可持续性，最终会逆转"。盛衰序列一直都可能存在。

索罗斯的投资哲学主张，因为市场总是处在不断变动中，充满不确定性，因此盛衰序列经常发生。赚钱的方法就在于从不稳定性中寻找获利途径，寻找到意想不到的发展。

当然，困难之处就在于界定盛衰的过程。要做到这点，投资者必须了解其他的投资者是如何看待经济的基本原则的。在任何既定的时刻，了解市场中所有投资者的想法，就是索罗斯投资技巧中的关键，也是精髓所在。一旦投资者知道了市场的想法，他就可能另辟蹊径，在意想不到的地方下赌注，赌盛衰周期即将开始或者已经开始。

一个盛衰序列是如何发生的呢？

1994年4月13号，当出席银行、金融和城市事务的内卫委员会会议时，索罗斯简要解释了一下，表明他不同意"普遍流行的智慧"。多数人都相信，金融市场总是向着均衡状态发展的，并且能够准确预测到未来的变动，而索罗斯主张："金融市场不可能准确预测未来，因为金融市场不仅仅只是预测未来，同样也在塑造着未来。"

据索罗斯说，人们认为金融市场只能反映基本原则，但是实际上金融市场可能影响基本原则。"当这种情况发生的时候，市场进入了一种动态非均衡的状态，市场行为将和有效市场理论中认为的正常状态截然不同。"

这样的盛衰序列不会经常发生。一旦发生，他们能影响经济的基本原则，因而具有破坏性。只有市场被跟风行为主导的时候，盛衰序列才能发生。"跟风行为指的是人们以自我强化的方式，在价格上涨的时候买入，价格下跌的时候卖出。"

第6章
痴迷混乱 自创理论

"不平衡的跟风行为是产生剧烈波动的市场崩溃的必要条件,但不是充分条件。关键的问题是,什么导致了跟风行为?"

乔治·索罗斯的答案是:"有缺陷的认知导致市场自食其果。换句话说,投资者将自己陷入盲目的狂热之中,或以羊群心理进行市场操作。"

这样的市场总是会反应过度,走向极端。这种反应过度,走向极端就造成了盛衰更替。

因此,要想投资取得成功,关键就是要分辨出市场何时开始消耗自己的势头,在这点的时候,投资者就会知道,盛衰序列即将发生或已经在进行了。

索罗斯解释说:"反身性过程之所以遵循辩证的模式可以这样来解释——不确定性越大,市场趋势对人的影响就越大;跟风投机的影响越大,形势就变得越不确定。"

一个典型的盛衰序列主要有以下几个主要阶段:还未被认识到的趋势;自我强化过程开始;成功测试市场方向;越来越确信;现实与认知之间的分歧;高潮;最终,相反方向的自我强化过程开始。

索罗斯认为,当一个趋势持续下去时,投机的意义就不断增大。而且,偏见紧随趋势,所以趋势继续,偏见也会越来越强烈。最后,一旦一种趋势固定下来,就会按它的规律发展。

拜伦·韦恩是摩根斯坦利在纽约的美国股市投资策略师,也是索罗斯的挚友。他用更为简单的语言解释了索罗斯的理论:"你应该知道,事情进展很顺利的时候,就离糟糕不远了。再把他的理论简单化,那就是最重要的事情是认识到,一个趋势不可避免地要发生变化的,不可能永远持续下去。关键就是界定这个拐点。"

关于反身性的例子举不胜举。1988年,索罗斯发表在《华尔街日报》的一篇文章中写道:"当人们对一种货币失去信心的时候,这种货币需求的下降会强化国内的通货膨胀,因此又验证了人们对货币的没有信心。当投资者对一个公司的管理层充满信心的时候，股价上升使得管理层更容易实现投资者的预期。我将这种起初是自我强化，但最终自我挫败的联系称为'反身性'"。

索罗斯最为可观的一次获利来自他发现了股票和股票群在"自我强化"。投资者突然间改变了他们对于一个行业的态度，大量购入股票。这时就产生了自我强化的现象，因为买盘的骤然上升增加了这个行业的财富，购入该股票群的公司通过更多的借款、股票销售和基于股票的并购刺激了该行业的收益。这就是盛衰序列中的繁荣。

当市场达到饱和，而不断增加的竞争损害了该行业的前景，股票的价值被高估时，游戏就结束了。当这个过程开始的时候，卖空者就要忙碌万分了。举个例子，20世纪60年代，企业集团的股票价格很高，这使得他们可以购买更多的公司，而这一决策将股票的价格拉得更高，直到股市崩盘。

反身性关系在借贷上也很明显，索罗斯说："贷方根据借方偿还债务的能力进行评估，然后贷款，担保物的估价一般和贷款本身是彼此独立的。但是，事实上，贷款行动本身就能影响担保物的价值，个案是这样，而整个经济也是如此。"

再举个反身性的例子，它发生在20世纪80年代中期到末期。盘进一个公司的投标价格带来了该公司资产的升值，这使得银行家愿意给竞标者贷款，而反过来，又致使投标的价格越来越高。最终，价格攀升得太高，不稳定且被高估的市场不断发展。根据索罗斯的理论，市场的崩溃不可避免。

◆ ◆ ◆

这就是乔治·索罗斯，一位非正统的投资者。

他不是按照传统规则来操作市场。其他投资者认为世界以及世界上

第6章
痴迷混乱 自创理论

的一切，包括股市在内，都是理性的。

只有当索罗斯了解到游戏规则何时会改变时，索罗斯才会对游戏规则感兴趣。因为，当规则要改变的时候，它们可能会引发反身性关系，而反身性可能会带来盛衰更替。

乔治·索罗斯不断地监控金融市场，寻找盛衰序列。因为索罗斯知道，金融市场有时会体现出这些反身性关系的特征，所以他觉得比投资界的其他人技高一筹。

然而，拥有这个投资秘诀并不能保证索罗斯总能赢利。有时，存在一些与他的投资才能无关的问题。有时又是完全相关的。例如，有时反身性过程根本不存在，或者反身性过程存在，但是索罗斯没有及时地发现。最糟糕的是，索罗斯搜寻反身性过程，觉得自己找到了，但是结果却发现他找错了。

有时，索罗斯冒险投资时，他并没有思考一个特定的金融市场是如何操作的，也就是说，没有思考反身性过程是否存在。但是他总是在寻找反身性过程。而一旦他发现了，并且能够充分利用，那他就能大赚一笔。

索罗斯承认这还不是一个成熟的理论，他这是在暗示反身性理论不仅仅能解释如何在金融市场上赚钱，更为宏观的是，他认为反身性理论能够更清楚地说明世界的运行方式。此时的索罗斯更像是一个哲学家在说话，而不是投资者。

"我认为，参与者的偏见是理解任何历史过程的关键，正如基因突变是生物进化的关键。"

索罗斯知道，对他的理论有这么高的期望是一种幻想。不管他多么想让这个理论与众不同，他还是越来越感觉到失望，自己没能给世界提供一个不朽的发现。理论还是有缺陷的，他无法明确定义什么是参与者的不完全理解。还有，他的理论无助于做出良好的预测。

最后，索罗斯沮丧地承认，尽管他的理论"行之有效并且有趣"，但是参与者偏见的因果关系理论仍然不能成为一个真正的理论。这个理论太宽泛了。"理论"要对人有所帮助，就必须解释清楚，盛衰序列何时出现。但是这一点，他的理论却做不到。

如果索罗斯不能诚实地面对自己理论的缺陷的话，那他将一无是处了。他曾经对他的理论抱有很大的希望，但是当这些希望都没有实现的时候，他本可以保持缄默，但是他却没有这么做。尽管他没有研究出一种通用的理论，但是他相信，他研究的内容至少部分是有用的："我的理论有助于解释现在金融系统不稳定的状态。"

◆ ◆ ◆

1994年5月，《金融炼金术》一书出版7年之后，索罗斯已经成为业界鼎鼎大名的人物。在这本书中，首次出现了一篇新的序言。索罗斯在序言中写道，他想再对他的反身性理论做点新的说明，以此来澄清他的原义。

他写道："在《金融炼金术》中，我提出了反身性理论，好像该理论在任何时候都是适用的。反身性的特点就是双向反馈机制，它在任何时候都能够发挥作用，从这个意义上说，反身性理论在任何时候都适用的观点是正确的。但是，它并不是在任何时候都在发挥作用，从这个意义上说，这句话又不是正确的。事实上，在大多数的情况下，双向反馈机制的力量很弱，几乎可以忽略掉。"

索罗斯也澄清了另一点内容："我这本书的内容通常总结为，参与者的价值判断总是带有偏见的，而普遍存在的偏见影响市场的价格。"但是他表示，如果这一点就是他所要写的全部内容，那么它就不值得写出一本书了。"我的要点是在有些时候，偏见不仅仅影响市场价格，而且影响所谓的基本原则。这时，反身性就变得很重要了。这不是时时刻刻都发生的，但是一旦发生，市场的价格就遵循不同的模式。市场价格也

第6章
痴迷混乱 自创理论

会发挥不同的作用，不是仅仅反映所谓的基本原则，市场价格本身也会成为决定价格变动的基本原则之一。"

索罗斯批评那些断章取义的读者，只盯住第一点，即普遍存在的偏见影响市场价格，却错过了第二点，即只有在某些特定的情况下，普遍存在的偏见才会影响所谓的基本原则，而基本原则的变动带来市场价格的变动。

他认为错在自己。他承认，他要做的不是提供一个通用的理论，在这个理论中，如果反身性没有出现，那是特例。他要做的应该是表明，反身性本身就是一种特例，因为反身性的关键特征就是它只在有些时候出现。

他为自己辩解的主要理由是，他并不是一开始观察反射的时候，就将它用来解释金融市场的行为。之前，他是将反身性作为一个哲学概念来研究的。他承认，在表示已经找到了反身性的通用理论时，他可能超越了限度。他接着写道，在表示经济理论是错误的时候，他也错了。如果反身性的条件只是间歇地出现，那么，经济理论也只是偶尔错了。

◆ ◆ ◆

索罗斯的反身性理论到底有什么价值？如果索罗斯没有欲盖弥彰，承认有时他没有遵循这个理论，或许回答这个问题会比较简单。有时，他对金融市场的反应就如同丛林中的动物对环境的反应一样，他没有讲清楚，他这句话是什么意思。在其他场合，他曾说，金融市场即将要发生不好的事情了，因为，自己的背疼又开始发作了。然而，他的背疼作为预警的有效性很有限。它不能够界定市场将要发生什么事情。一旦索罗斯界定了迫在眉睫的麻烦，他就好像服用了一剂阿司匹林。突然，他的背疼就消失了。

在2008年5月，我跟索罗斯谈话，请他解释反身性理论和他关于背疼是他投资出错的信号这样的论断之间的关系，使两者保持一致。

他说，没有什么不一致的地方："这两件事情真的是紧密联系的，因为我的哲学就是围绕不确定性的重要性。我主张金融市场中存在着很多的不确定性，比盛行的模式所认识到的还要多。这就是我想传递的主要信息。不确定性产生了压力。你必须做出决定。我能战胜对手吗，还是我应该选择逃跑？这就产生了压力，我在背上感觉到的就是这种压力。我目前的状况肯定是哪里出错了，而我需要做点什么。然后我就采取了一些行动，我的背疼就解决了。这就是两者之间的关联。"

"对于不确定性的回应就是减少风险。可能不一定是正确的方式。你可能实际上会做错误的事情。在不确定性存在的时候，为了减少风险，我常常做错误的事情。"

背疼并没有告诉他要做什么："我必须用我的头脑来找到要做的事情。"

我问索罗斯，反身性对他的投资是否有作用？他的答复是肯定的。但是他如何能证明其起作用了呢？我跟他提议说，这也许只是直觉。

索罗斯说："我们需要直觉，反身性作为一个理论不能帮助你预测未来。它仅仅是一个框架，在这个框架中，我们能够预测未来的事情。因此，我们仍需要直觉，需要将理论和直觉结合起来，这样才能赚钱。"

7 真正的秘诀

索罗斯的理论仅仅揭示了他投资秘诀的一部分,这只是一个框架,说明在他眼中金融市场是如何运作的。索罗斯也承认了这一点。然而,索罗斯到底是如何具体操作的,这个框架却没有揭示。

这些具体操作的秘诀都被索罗斯深藏在心底。

理论分析只能帮助索罗斯这么多了,接下来,要靠直觉发挥作用了。

索罗斯指出:"我们假装在分析,我甚至相信这点。但是除此之外,还有一些其他因素。作为一个交易员,我有着很好的业绩,我也有理论,这两者之间有一定的关联。但是我认为我作为交易员的成功并没有验证我的理论。我觉得一定还有其他因素。"由于索罗斯的理论并不能完全解释他的成就,所以人们可能会想:那只是他运气好而已,可并没有几个认真严肃的分析家会相信这个解释。我曾无意中和索罗斯共事时间最长的人罗伯特·米勒(Robert Miller)提及此事,当时他在阿诺德·莱希罗德公司担任高级副总裁,我跟他说:"索罗斯之所以能够赚大钱,或许是因为他愿意下大的赌注吧。"

没想到米勒很生气，他认真地说："并不是你说的那样，只有当他认为时机适当的时候，他才会投资，因为他把投资当作经济行为来看待，而不是作为一场赌博。"

投资不像掷骰子，希望能够掷出一个好的点数来，要知道投资远比掷骰子要复杂得多。索罗斯的操作来自他独特的能力组合。

首先是他的智慧。

当市场中的其他人在努力追逐一支股票、一个集团企业或一种初级产品的时候，索罗斯却在关注全球贸易相关的复杂情况。

和其他大多数人不同，索罗斯关注世界金融领袖的公开声明和他们的决策制定，从中辨别出市场的趋势、行动和节奏。索罗斯比大多数人能更好地理解世界经济中的因果关系，如果甲发生了，那么乙肯定紧随其后，而丙又会在乙之后发生。这是索罗斯成功的关键秘诀之一。

其次是他的超人胆略。

无论你怎么解释他冷静的、巨额的购入和抛售行为，他都会否认自己很有勇气，因为他认为投资的关键在于知道如何生存。这意味着，有时要保守地玩游戏，必要时你要斩仓，以减少损失；你必须要做到不拿自己的大部分资产去冒险。他喜欢说："如果你的业绩不好，第一步就是要收回资产，不要尝试补仓。而且，你东山再起的时候，记得从小的做起。"

但是，索罗斯的所作所为确实需要坚毅的品质。丹尼尔·多伦（Daniel Doron）是一位公共事务评论员，也是设在耶路撒冷的以色列社会经济进步中心的主任，他曾说："当索罗斯做出数亿的投资决定时，我正坐在他的办公室里。如果是我，我会手脚发抖，寝食难安。他能下这么大的注，可见他的勇气和坚毅。可能他已经习惯了。"

人们常常将乔治·索罗斯和另一个华尔街的超级投资家沃伦·巴菲特相提并论。但是，这样的比较一般是为了表明两人之间的惊人差异。

巴菲特擅长，而且只擅长一件事情，即以低价收购好公司，索罗斯

第7章
真正的秘诀

却更有灵活性，根据动态的金融趋势，在金融市场里进进出出，试图在适当的时机抓住市场变动；巴菲特购入和抛售股票，而索罗斯则是和货币、利率打交道；巴菲特关注单个公司，而索罗斯跟踪全球金融市场的总体趋势。

索罗斯最有用的品质之一就是他能够将自己的感情和金融市场的交易分离。从这个意义上说，索罗斯是一个淡泊的人。

其他人在制定市场决策时常将自我融入其中。但是索罗斯明白，一个真正明智的投资者必须很冷静。宣称自己永不犯错是毫无意义的。尽管，自己钟爱的股票突然下跌可能让人难过，但是承认自己的错误可能会更有用，而索罗斯一直就是这么做的。

1974年的一天，索罗斯正在和一位朋友打网球，这时，电话响了。电话是东京的经纪人打来的，他告诉索罗斯一个秘密：这一年，美国总统理查德·尼克松深陷水门事件，这最终会导致他下台。他打电话就是要让索罗斯知道，日本对尼克松的丑闻反应很糟糕。

索罗斯在日本股市上是大头，他必须决定是保持现状还是退出。

他的网球伙伴注意到，此时的索罗斯额头上出现豆大的汗珠，而在前面的比赛中并没有出现这种情况。索罗斯当机立断，决定抛盘。没有丝毫的犹豫，也没有觉得在做出这个重大的决定前，需要咨询一下其他人。索罗斯在不足一秒的时间内做了这样的决定。

艾伦·拉斐尔（Allan Raphael）曾在20世纪80年代与索罗斯共事。他相信索罗斯的坚毅对他帮助很大，而投资者一般不具备这种特质。他说："你用一只手就能数过来，当索罗斯犯错的时候，他就撤出。他不会说'我是对的，他们是错的'。他会坦白地承认'我错了'，然后撤出。如果你坚持错误，那么它会将你侵蚀殆尽。你所做的就是想着它，夜不能寐。它在消磨着你。你完全不能将你的视线移开。这是一个苦差事。如果这个工作很容易话，那么可能人人都在做这件事。这要求有极大的自制力、自信，最根本的一点就是不要带有感情。"

再者，索罗斯拥有自信。当索罗斯认为他做的某个投资是正确的时候，没有什么能阻止他。没有投资头寸是太大的。只有懦弱无能的人会退缩。在索罗斯的书中，他指出最大的错误不是太胆大，而是太保守。他最喜欢问的一个问题就是"为什么投这么少"。

最后，是索罗斯的直觉。这是一种无法衡量的能力，知道何时大肆投机，何时抛出头寸，何时预测正确，何时又不正确。

索罗斯说："基本上，我操作的方式就是在市场上验证我的论点。当我卖空，市场以某种方式行动，我很紧张，于是背疼，然后我买回卖空的股票，突然背疼就消失了。我感觉好多了，这就是直觉。"

在总结索罗斯的投资技巧时，摩根斯坦利的拜伦·韦恩说："索罗斯的天才在于他有某种原则，他非常务实地看待市场，他明白影响股票价格的作用力，他明白市场有理性和不理性的一面。他也知道，他不是一直都是正确的。"当他正确的时候，他愿意采取有力的措施，抓住机会，从中获利，当他错了的时候，他能果断地斩仓，减少损失。

索罗斯的部分直觉在于察觉股市的运动。这不是能在学校学到的本领，也不是伦敦经济学院的课程表里的内容。拥有这种天赋的人凤毛麟角，但是索罗斯就是其中之一。他的伦敦的合作伙伴埃德加·阿斯泰尔毫不费力地指出了索罗斯成功的来源："他取得成功的关键在于他的哲学。他了解羊群效应。就像一位优秀的营销人员一样，他知道人们何时会要什么东西。"

◆ ◆ ◆

索罗斯最突出的一个特质，也是最能解释他的投资才能的特质就是，他能与国际金融界的领导者们为伍，成为他们中的一员。大多数这样的领导者是富有的国家的政治领袖，如总理、财政部长、央行的领导等。

第 7 章
真正的秘诀

据粗略估计，这类人不超过 2 000 个，分散在全世界。

因为不是选举上来的领导者，所以索罗斯与其他人的地位不同。但是经济力量让这些政客改变了看法。作为投资者的索罗斯在金融市场获得了越来越强的力量，地位也越来越重要。这些领导人想了解他，听听他关于世界经济的想法。最重要的是，他们想知道索罗斯可能要做的事情。当然，索罗斯也想知道，这些国家的领袖们要做的决策。

其他人是在报纸上读到这些领导人的消息，索罗斯却可以轻易地接触到他们。他可以和财政部长共进早餐，和中央银行的银行家共进午餐，或者给总理打个电话，问候一下。

20 世纪 80 年代初期的一天，索罗斯出现在英格兰银行，他应邀分享自己对通过货币紧缩政策复苏金融市场的看法。他在 1980 年购入价值 10 亿美元的英国债券，这引起了银行家的兴趣。那一次是他最伟大的时刻之一，因为那次投资回报甚丰。

索罗能够进入到全球的金融市场网络，不仅仅得益于他对投资的敏锐直觉。早在 20 世纪 80 年代中期，当他开始认真地要在东欧和前苏联建立基金会，作为推动开放社会的方式时，索罗斯就更有理由接触到政治经济领袖，特别是欧洲的政治经济领袖。

一个内阁总理参加索罗斯基金会的会议，抑或索罗斯在出席理事会期间拜访一位政治领导人，这都是很平常的。1993 年 11 月，索罗斯上午和摩尔多瓦的总统见面，晚上与保加利亚的总统见面，接着带领作家迈克尔·刘易斯（Michael Lewis）到他的基金会进行为期两周的访问。索罗斯自夸道："你看，我和一国首脑共进早餐，而和另一国首脑共进晚餐。"

相对于其他投资者而言，这些会面显然给索罗斯提供了一个优势。当然，和政府官员共进早餐并不能让索罗斯知道，这个国家会在哪一天贬值自己的货币，或者提高利率。金融领导人不会在席间透露这些，即使是对乔治·索罗斯，或者更准确地说，特别是对乔治·索罗斯更不能透露。

但是，近距离接触这些领导人使索罗斯能感觉到别人不知道的事情。要从一次见面中获得有用的信息，他可能要等上几个月。这个信息可能是位财政部长在3个月前吃饭时即兴发表的一个评论。关键是他将这次的谈话内容储存在自己的记忆库里，以备他用，但是其他人却要从报纸上读到这些信息。

伦敦华宝证券公司（S. G. Warburg Securities）的首席国际经济家乔治·马格努斯（George Magnus）指出："索罗斯了解世界上的事件和世界进程。他的欧洲背景使得他从同辈人中脱颖而出，给了他不一样的视角来看待世界，特别是德国的统一，以及各种各样的欧洲概念。他具有一种世界观，没有被某国国内事务的复杂性所影响的世界观。他所做的就是构建宏大的画卷，并将其转化为机会。"

这样的世界观给了索罗斯极大的自信。詹姆斯·马克斯（James Marquez）是索罗斯在20世纪80年代的合伙人，他回忆说："他不是一个对自己的成功沾沾自喜的人，他会说，事情本应如此。"

"你能听到他经常说'显而易见''很明显要发生这种事情'，或者'这件事的原因很简单、直接'。当其他人只能看见树木时，他却能看到整片森林。"

这其中的原因并不仅仅在于其他的投资者没有资格进入世界领袖的圈子。即使他们有资格，也很少有人愿意像索罗斯一样花费那么多的时间和世界领袖们在一起。其他的投资者更习惯于交易室里的紧张氛围。大多数人会认为和世界领袖周旋是消遣娱乐，甚至是浪费时间。但是索罗斯却不这么想。他明白待在交易室里的必要，但是他还看到了离开办公室的价值，不仅仅是与关键决策者见面，还可以留给自己思考的时间。正如索罗斯所说的："要成功，你还需要闲暇，需要思考的时间。"

索罗斯的朋友拜伦·韦恩能感觉到索罗斯这种对生活和金融的轻松态度。他说："索罗斯觉得，他不能依赖别人。有些人将全天的时间用在

第7章
真正的秘诀

和经纪人谈话上。索罗斯认为那不是使用时间的正确方式。相反，他更倾向于和少数几个对他的确有益的人谈话，他更喜欢思考、阅读和反省。他寻找有哲学敏感度的人。他不是只对能赚大钱的人感兴趣，没有灵魂的人对他来说没有吸引力。他不觉得他一定要待在办公室才能成功。"

"他曾经对我说了一段很有用的话，他说，'拜伦，你的问题在于，你每天都去上班，而且你觉得，因为你每天都在上班，所以你就应该做些事情。我不是每天都上班，只有在我觉得有必要的那些天我才会去，而且在这一天，我确实做了些事情。但是你每天去上班，每天做一些事情，这样你不会意识到，什么时候才是特别的一天。'"

在20世纪80—90年代，索罗斯是怎样度过他的一天的呢？

典型的一天是从上午8点或8点半开始的，索罗斯整天忙着开会。但是他的基金经理人可以随时进来，和他讨论仓位问题。索罗斯喜欢一对一的工作方式，和每个基金经理人单独谈话。他对于委员会式的会议很反感。有时，索罗斯听完一个经理人的想法后，可能就会建议让这个经理人打个电话，找一个能够支持相反观点的人。艾伦·拉斐尔从1984—1988年与索罗斯共事，他说："如果你喜欢什么，索罗斯就想让你和不喜欢那样东西的人谈话，他总想有一些智力上的摩擦。他总是会重新思考仓位。你总是重新思考、思考再思考。情况变了，价格变了，条件变了。作为基金的经理人，你有责任不断地重新思考你的仓位。"

然后会有以下的对话。拉斐尔可能对索罗斯说："这个仓位已经挺适中的了。"索罗斯说："你觉得应该抛出一些了吗？"拉斐尔说："不。""你想再买入一些吗？"索罗斯来来回回地问问题，仔细审视这些仓位。拉斐尔说："索罗斯有着令人难以置信的提出正确问题的能力。然后，他会看着图表说出他关于仓位的想法。"一旦做决定的时机成熟，他会花不超过一刻钟的时间来研究。

拉斐尔这样的经理人有一些灵活性，他不会事事都请示索罗斯，小仓位，比如说500万美元，可以不用索罗斯来决定，自己直接建仓。"但是，跟他讨论真的对你有益，因为他很聪明。"

对于索罗斯来说，投资成功的关键在于他的生存技巧。可能很难将它当成一个实用的技巧，但是对于索罗斯而言，这确实有助于解释他所取得的成就。

索罗斯在《金融炼金术》中指出，操作一个对冲基金能最大程度地测试一个人的生存技巧："当事情进展顺利的时候，使用'贷杠'[①]能够产生很好的结果，但是事情不如你所料的时候，它可能使你一败涂地。最困难的事情是如何判断风险水平。没有普遍的标准，对每一种情况都要根据它自己的利弊来判断。在最后的分析中，你必须依靠你的生存本能。"

1987年股市崩盘事件可以解释这种生存本能。事后看来，似乎索罗斯过早地平仓了。但是，对于詹姆斯·马克斯来说，这就是典型的索罗斯风格，放弃以便将来东山再起。虽然索罗斯过早退出，蒙受了重大损失，但是索罗斯却阻止了事态的进一步恶化。马克斯说："对于很多人来说，接受这样的结果很困难。但是索罗斯却能做到，因为他坚信他可以东山再起。当然，他做到了。他在1987年取得了巨大的成功。我想，我们所有人都应该从中吸取经验教训。"

索罗斯综合了这些特质，包括智慧、勇气、淡泊和直觉，这些特质最终使他取得了今天的成功。索罗斯的反身性理论不能告诉他精确地瞄准位置，不能告诉他何时瞄准，但是通过反身性理论，索罗斯知道应该把枪口对准哪里，反身性理论还提供了追踪潜在机会的方法。然后这些特质发挥作用，给他更高的准确度，引导他寻找到目标。

接着索罗斯会采取行动。他不是以一种冒进的方式采取行动，而是通过测试和调查，试图证明他认为是正确的事情。他会建立一个假说，

[①]对冲基金的最经典的两种投资策略是"短置"（shortselling）和"贷杠"（leverage）。
——译者注

第 7 章
真正的秘诀

在该假说的基础上,采取投资行动。然后,等待看这个假说是否能得到验证。如果得到验证,他会进一步建仓,他的自信程度决定了这个仓位的大小。如果这个假说无效,那么他也毫不迟疑,马上撤出投资。他总是在寻找能建立假说的情况。

马克斯回忆说:"乔治过去常说'先投资再调查',他的意思就是说,形成一个假说,先投一点资,来测试假说,再靠市场来证明你是正确的还是错误的。"

本质上,索罗斯钟爱的这个策略可以称为在市场上"找感觉"。索罗斯只是偶尔使用这个策略。当他们在 20 世纪 80 年代共事的时候,索罗斯有时会告诉马克斯,他想将这个策略应用于某个他们正在做的交易。

这些时候,通常的情景是这样的:经过多番讨论,两人决定冒险尝试一下。马克斯会设计一个阶段收益,留出一定数量的资金用于投资。索罗斯会说:"好的,我想购入 3 亿美元的债券,所以先卖出 5 000 万美元的债券。"

马克斯提醒索罗斯:"你是想'买'3 亿美元的债券。"

"是的。"索罗斯回答道,"但是我想先看看市场是如何反应的。我想看看我作为卖家的感觉如何。如果做卖家很容易,我能轻易地抛出这些债券,那么我才想成为买家。如果债券很难卖出,我就不确定我应不应该做个买家了。"

索罗斯的所有理论和策略都不是准确无误的。但是有人相信他的理论和策略都正确。他们看着索罗斯的投资记录,觉得任何能取得这样杰出成绩的人都不可能会犯错。索罗斯被这样的想法逗乐了:"人们觉得我不会犯错,其实是他们被误导了。我和其他人一样也会犯很多的错误。但是我觉得我擅长承认错误。这就是我成功的秘诀。我领悟出的真谛就是人都有可能犯错。"

跌宕起伏

The World's Most Influential Investor

第四部分 SOROS

"证券交易委员会不能相信，有人可以在不违规的情况下，做得像我这样出色，他们想找一些理由。""我和我的基金融为一体。我和基金生活在一起，睡在一起。它是我的情妇。我努力避免失败的恐惧，避免犯错的烦恼。""现在最好还是宣布，我所称为的'资本主义的黄金时代'已经完结，该界定下一个阶段了。"

——索罗斯

8

SOROS
The World's Most
Influential
Investor

锋芒毕露，量子跃进

到了1975年，华尔街圈内开始注意到索罗斯。更确切地说，他赚钱的能力引起了人们的注意。他注定要成为大人物。正如在20世纪80年代和索罗斯共事过的艾伦·拉斐尔所说："索罗斯工作努力，有敏锐的洞察力，敢作敢为，他很擅长投资。这种职业本身不需要缜密的逻辑和理性的思维模式，这是一种直觉的过程。在这一行业中，经验丰富与否有着很大的影响，在我看来，索罗斯天生具有这些技能。"

尽管在华尔街，索罗斯已经小有名气，但在华尔街之外，鲜有人知道他。这其中是有原因的。与20世纪80—90年代不同，70年代的金融巨头们一般都是默默无闻的。在那时，业内媒体不太热心关注华尔街的一举一动，而对于金融市场上的大人物，媒体更没有什么兴趣。如今，华尔街的这些大人物都被媒体密切追踪和报道，不仅仅关注他们的职业生涯，也窥视他们的私人生活。因此在20世纪70年代，像索罗斯这样的投资天才并没有受到特别的关注。

即使媒体紧追不放，索罗斯和其他大多数在华尔街的同行都会对媒体心存戒备，他们想尽可能地保持低调，不要暴露在公众的视线中，投资被认为是一种很个人的活动。再者，华尔街的人们普遍认为，吸引公众注意这种行为会带来坏运气，无异于死亡之吻，起初很有诱惑力，但是最终将使人陷入深渊。一般认为，降临到华尔街投资者身上的最坏命运，就是上了一份发行量很大的杂志封面。不仅要为名声付出代价，有时可能是致命的代价。

所以，乔治·索罗斯远离聚光灯，他感觉这样非常自在。他的好友拜伦·韦恩说道："在我和索罗斯交往的经历中，他从来没有自我吹嘘过，即使吹嘘对他有利，他也不会那样做。"但是当索罗斯卷入美国的政治中时，当宣传他的政治事业至关重要的时候，一切都变了。在本书的后面我将详细介绍这点。

1975年5月28日，《华尔街日报》头版头条刊载了一篇盛赞索罗斯的文章，将索罗斯推到了聚光灯下。而文章的标题让索罗斯初次尝到了公众荣耀的滋味逆流而上：证券基金避开华尔街潮流，艰难时代独领风骚。

这则《华尔街日报》的报道会给索罗斯带来厄运吗？他会发现自己的运气变坏了吗？索罗斯自己有预感，媒体的关注会给自己带来害处。但是事实上，索罗斯应该有足够的理由为这篇报道感到高兴，因为这篇报道极力吹捧索罗斯不随波逐流的金融思想，并断言正是这种独立的思想使得索罗斯基金赚取了巨额的利润。

《华尔街日报》是如此盛赞索罗斯和罗杰斯的："在过去的这些年里，在购买股票方面，索罗斯和罗杰斯这对黄金搭档表现出了过人之处，他们在股票不受大众青睐的时候买入，而在股票涨到高点时卖出。他们一般不理会共同基金、银行信托部以及其他机构投资者普遍持有的股票，除非进行卖空交易。"

1973年和1974年，当大机构沮丧地看着自己持有的股票价值减半

第 8 章
锋芒毕露 量子跃进

的时候，索罗斯却取得了惊人的成绩，1973 年的增长为 8.4%，而 1974 年获得了 17.5% 的增长。

罗伯特·米勒是当时索罗斯的一位同事，他回忆说："索罗斯具备一种技巧，在有些思想还未显露的时候，他就能拨开云雾，找到一线曙光。他很确定自己为什么应该买入或者不买。索罗斯另外一个突出的能力就是，一旦他意识到自己错了，他会马上改正，毅然抽身。"

索罗斯基金公司最常用的一个技巧就是卖空。对于这一点，索罗斯承认自己有一种"邪恶的快乐"。他喜欢卖空那些机构青睐的股票。索罗斯基金公司和几个大机构下相反的赌注，卖空了许多他们青睐的股票。最终，这些股票暴跌，索罗斯基金因此赚了一大笔。

索罗斯进行的雅芳交易，便是他卖空牟利的经典例子。为了卖空，索罗斯基金以 120 美元的市价借出了 10 000 股雅芳的股票，接着股价大幅下跌，两年后，索罗斯又以每股 20 美元的市价买回了 10 000 股，每股赚了 100 美元的利润，索罗斯基金净赚了 100 万美元。索罗斯之所以能做到这一点，是因为他注意到了文化倾向：老龄化的人口将意味着化妆行业的销售收入减少。索罗斯在雅芳赢利下降之前就觉察到了。

索罗斯高兴地解释说："在雅芳的例子中，银行没有认识到，第二次世界大战之后化妆品行业的繁荣已经结束，因为市场已经饱和，而孩子们不用化妆品。这是他们错过的又一大变化。"

当然，索罗斯也有失手的时候。有时，在参观工厂的时候，索罗斯太过于相信公司管理人员的乐观评估。他购买好利获得公司（Olivetti）股票的唯一原因就是他跟公司管理人员的会面，他事后对那次会面很懊悔。因为股票并没有上涨。

在外国货币上的投机也是一个失败的主张，购买股票期权也是一样。

由于误以为半导体股票会看涨，索罗斯和罗杰斯的团队在美国史普拉格电子公司（Sprague Electric）上亏损了75万美元。对此，罗杰斯的解释是："这只是由于分析不足，再加上我们买的是半导体行业的边缘公司，而不是主流公司。"

索罗斯和罗杰斯的系统仍然行之有效。20世纪70年代对于华尔街上的许多人来说是个危险的时期，但乔治·索罗斯却是个例外。自1969年1月到1974年12月，索罗斯基金公司的股票价值几乎上涨了3倍，从61万美元增长到180万美元。期间的每一年中，索罗斯基金都呈现正的增长。而相比之下，同期的标准普尔500指数下跌了3.4%。

1976年，索罗斯基金增长了61.9%，1977年，美国陶氏公司（Dow）下降13%的情况下，索罗斯基金增长了31.2%。

1977年末到1988年初，索罗斯和罗杰斯再度决定在技术和国防类股上持有头寸，这在当时是最逆反的观点，因为大多数华尔街上的交易员碰都不想碰这些股票。摩根斯坦利的巴顿·比格斯（Barton Biggs）说："要知道，吉米·卡特总统在谈论人权问题，而索罗斯早在华尔街投资者之前18个月就开始谈论那些股票了。"索罗斯责怪自己买得太迟，可是他仍然领先于其他人。

1978年，索罗斯基金公司的资产价值增长到1.03亿美元，基金有高达55.1%的投资回报率。接下来的一年，即1979年，索罗斯基金的回报率上升到59.1%，资产价值增长到1.78亿美元。索罗斯的高科技投资策略仍然充满活力，丝毫没有消退的迹象。

1979年，索罗斯重新命名基金，叫做量子基金（Quantum Fund），以纪念德国物理学家海森堡发现的量子力学中的"测不准原理"。该原理认为：在量子力学中，人不可能预测亚原子粒子的行为。这一理论正好和索罗斯的金融理论吻合。索罗斯认为，市场也总处于不确定和不断

第8章
锋芒毕露 量子跃进

变动的状态中。如果不去考虑那些显而易见的事情，而在出乎意料的事情上下注，就有可能赚钱。索罗斯的基金经营得非常成功，以至于基金根据自己股票的供求关系来收取溢价。

◆ ◆ ◆

可以想象，如果有人像乔治·索罗斯一样赚那么多钱，人们难免会质疑：他所有的金融活动都是正大光明的吗？这些年，索罗斯时不时地会与美国证券交易委员会发生一些摩擦，但是没有一次发展成为大的阻碍。

然而，20世纪70年代的一次冲突似乎很严重。美国证券交易委员会将索罗斯告上美国纽约地方法院，控告他操纵股票。具体的罪名是民事欺诈和违反美国联邦证券法的反操纵条款。根据原告美国证券交易委员会的控诉，1977年10月，在美国计算机科学公司（Computer Sciences）公开上市前一天，索罗斯将每股价格压低了50美分。根据美国证券委员会的证词，索罗斯涉嫌指示一位经纪人大批地卖掉计算机科学公司的股票。该基金总共持有40 100股，这位经纪人抛售了其中的22 400股，占1977年10月11日计算机科学公司当天交易量的70%。

美国证券交易委员会补充说，上市价格是那一天收盘时"人为压低的价格"，每股只有8.375美元。加拿大的非营利组织琼斯基金会（The Jones Foundation）报盘，在1977年6月同意公开售出150万股，并且以公开上市的价格将另外150万股卖给了计算机科学公司。这一被指控的操纵行为可能使该基金会损失750万美元。

根据美国证券交易委员会的控诉，索罗斯基金从报盘经理手中购入了15.5万股，以更低的价格从其他经纪人那里购入1万股。证券交易委员会指控，在上市当天，以及上市后当月稍后的日子里，索罗斯下令买入计算机科学公司的7.5万股，将股价维持在每股8.375美元，引诱其他人买进这只股票。

结果是,索罗斯签署了法院的判决书,对于美国证券交易委员会的指控,索罗斯既不承认也不否认,就此结案。索罗斯认为与美国证券交易委员会打官司会花费他太多的时间和金钱。1981年某杂志的文章里引用了索罗斯的话:"证券交易委员会不能相信,有人可以在不违规的情况下,做得像我这样出色,他们想找一些理由。"

如果说是索罗斯卓越的投资业绩使得证券交易委员想寻找一些可以指控的事情来陷害索罗斯,这似乎不大可能。更可能的情况是,当局几乎找不到充足的证据来控告索罗斯。索罗斯可能会受到金融诉讼,可能会被认为有罪,可能会被罚款。但是,他的好运始终伴随在他左右,在他的整个金融生涯中,他没有进过监狱一天。

即使他被指控,即使付罚款,这对他的业务也不会有什么重大影响。加拿大的琼斯基金会控告索罗斯,声称由于股票价值下降,基金会蒙受了巨大的损失。索罗斯和基金会最终以100万美元和解。这起诉讼并没有使索罗斯退缩,事实上,这对于他的收益没有什么影响。

索罗斯在英国的货币市场上完美出击,他在高点时卖空英镑,同时大举买入英国债券,当时对债券的需求很大,而债券的价格和价值相差很远,价格过低。据说,索罗斯买了10亿美元的债券。最终他净赚了1亿美元。

索罗斯基金创立10年后的1980年,基金取得了难以置信的102.6%的增长,基金的资产上升到了3.81亿美元。1980年底,索罗斯的个人资产达到了1亿美元。

说来好笑,除了他自己以外,索罗斯投资收益的主要受益人是一些欧洲显贵们,在索罗斯基金成立之时,他们提供了资金。吉米·罗杰斯说:"这些人并不需要靠我们变得富有,但是我们却让他们变得极为富有。"

9 进退维谷，认同危机

20世纪70年代，索罗斯基金取得了辉煌的业绩。无论如何，索罗斯似乎都可以稍微放松一下，但索罗斯做不到。索罗斯的父母宠爱他和他的哥哥，但是索罗斯相反，他却不能宠爱自己的妻子和孩子。索罗斯全身心地投入到工作中，很少有时间和妻子在一起，更别说陪伴孩子了。

1977年，索罗斯的婚姻开始破裂。据索罗斯说："我和我的基金融为一体。我和基金生活在一起，睡在一起。它就是我的情妇。我努力避免失败的恐惧，避免犯错的烦恼。这样的生活很糟糕。"

1978年，索罗斯和妻子分居。就在他们分居的那一天，索罗斯遇到了22岁的苏珊·韦伯（Susan webber），他们曾在一次晚宴上见过面。苏珊的父亲是一位纽约商人，制造提包、鞋和配饰。苏珊曾在巴纳德学院（Barnard College）学艺术史，之后协助制作了20世纪的两位著名画家马克·罗斯科（Mark Rothko）与德·库宁（Willem de Kooning）的纪录片。"我今天刚和妻子分居，"索罗斯对苏珊说，"可以共进午餐吗？"5年之后，索罗斯和苏珊在长岛的南安普敦举行了婚礼。

1979 年，年仅 49 岁的索罗斯已经赚了足够多的钱，但是他感到工作的压力越来越大。基金规模已经扩大了很多，需要更多的员工。原先的 3 名工作人员已经增加到了十几个人。索罗斯不再是当初那个仅仅需要同一两个人说话的小公司经营者了。现在的他不得不担忧一些新的事情：给其他人委派工作。按同事的说法，索罗斯这方面的能力有限。

财源滚滚而来，索罗斯要做的投资决策也越来越多。要选出有潜力的股票，绝非易事。事情不仅如此，罗杰斯也渐渐感到不安。索罗斯和罗杰斯以前一直能够克服他们的分歧，但是现在，出现了新的压力。罗杰斯对经营这么庞大的公司没有兴趣。索罗斯想引进一位新的合作伙伴，并将它培养成为自己的接班人，罗杰斯反对这一想法，2 人陷入了尴尬的境地。索罗斯说道："罗杰斯不同意我考虑的任何人选。他不能容忍其他人在身边，别人同他相处十分困难。"

两人合伙关系的解除说来有点讽刺意味，因为 1980 年是索罗斯和罗杰斯合作得最为成功的一年。尽管如此，在那一年的 5 月，罗杰斯离开了公司。

对于自己离开索罗斯的公司，罗杰斯的解释是：基金规模太大了，职员太多，他必须花费很多时间来决定何时给他们休假，何时给他们提升。索罗斯和罗杰斯都没有公开谈论过两人分道扬镳的原因。在与我的一次简短谈话中，索罗斯表现得对旧事重提没有什么特别的兴趣。但是，从他的语调中可以明显地看出，他对这段往事记忆犹新，太痛苦了。

◆ ◆ ◆

索罗斯开始怀疑，继续经营是否值得。他已经挣了很多钱，多得花都花不完。而每一天的压力让他越来越难以承受。他感觉到用其他人的钱来赌博的压力，以及管理太多职员的压力。而这一切又是为了什么？得到的回报是什么？乐趣在哪里？索罗斯承认，实际上他，感觉有点筋

第9章
进退维谷 认同危机

疲力尽了。经过了难以置信的12年，经过了艰苦奋斗获得了成功，但索罗斯认识到，作为投资者的生活还难以让他满足。

"最终，在1980年，当我无法再否认我的成功的时候，我就有了一种认同危机。我问自己，如果我不能享受成功，那么我经历这么多的痛苦和压力又有什么意义呢？我必须开始享受我的劳动成果，即使这意味着可能毁灭下金蛋的鹅。"

索罗斯的认同危机影响了他的业务。当一项投资出现失误时，他会越来越快地改变主意。他持仓太久，错失良机。长期以来，索罗斯从与高层人士的接触中受益，但是现在，他似乎在和错误的对象谈话，至少批评他的人是这么说的。实际上，他花费很多时间和政府官员在一起，特别是美国联邦储备委员会主席保罗·沃尔克（Paul Volcker）。后来加入索罗斯基金的基金经理人格里·马诺洛维奇（Gerry Manolovici）说："如果你是从政府官员那儿寻求投资建议，这只会将你送进救济院。"

1981年夏天，没有人觉得索罗斯基金正在迈向救济院。然而，有些人却真的很担心一切不会进展得如此顺利。接着就迎来了美国债券市场的一次大惨败。

索罗斯在美国债券市场的投资出了问题，这始于1979年底，当时沃尔克决定抑制通货膨胀。利率从9%上升到21%，索罗斯相信经济发展会因此而放缓。而债券在初夏重整旗鼓时，索罗斯开始购入，2011年到期的长期债券价格在6月份上涨至109，但是夏末又跌至93。

索罗斯一直认为短期利率上升高于长期利率会损害经济发展，这将迫使美联储降低利率，从而会提升他的债券仓位的价值。然而，经济却仍然保持强劲势头，利率不但没降，反而上涨得更高。

索罗斯以信用杠杆建立债券仓位，如果能够保持正收益的话，索罗斯不会有问题。只要债券的收益超过融资成本，就能保持正收益，也就有利可图。当利率是12%时，索罗斯建仓。后来，债券的收益率上升到了14%，而且一度上升到15%时，此时利率攀升到20%，正收益变成了负收益，利润没有了。那一年，索罗斯在债券上损失了5%。据估计，索罗斯让客户损失了800万美元。

索罗斯借了太多的银行贷款，他的客户中有人开始感到胆怯。几个重要的欧洲客户决定退出索罗斯基金。索罗斯的一位同事回忆说："索罗斯产生了挫败感，觉得自己被迫要在错误的时机做错误的决定。他一直都说，如果你不愿意承受痛苦，你就不应该在市场上混。无论是从情感上还是心理上，索罗斯都愿意承受痛苦，但是他的投资者却不愿意。索罗斯意识到，自己的致命伤就是这群不足以信赖的投资者。遭受市场打击让索罗斯烦躁不安，亏钱让他心烦意乱，但这些困扰都比不上别人弃他而去的幻灭感。是继续留下还是退出，索罗斯举棋不定。"

而讽刺的是，索罗斯关于经济会恶化的预言最终被证实是对的，但是比他预期的时间推迟了6~9个月。索罗斯预言，高利率会导致经济衰退，这也应验了，但是经济衰退直到1982年才出现距他在债券投资上受到重创已经很久了。1981年那个可怕的夏天，一份主要的商业杂志，刊登了颂扬索罗斯的报道，极尽溢美之词，而这恰恰发生在那次打击的前夕，这种讽刺更加深了索罗斯的痛苦和难堪。

* * *

1981年6月，索罗斯出现在了《机构投资者》（*Institutional Investor*）的封面上。索罗斯的笑脸旁还写着："世界上最伟大的资金经理。"副标题是："乔治·索罗斯没有一年亏过。而他每年的赢利都让人惊叹。让我们来看看，在过去的十几年中，索罗斯是如何与理财的趋势背道而驰，并从中积累了1亿美元的个人财富。"

这篇报道解释了索罗斯如何建立起自己的财富王国。看过《机构投资者》这篇文章的人，一般会认为索罗斯是个谜一样的人物，像一个不

第9章
进退维谷 认同危机

透露秘密的魔术师，狡猾但不奸诈，而且聪明，甚至是英明。文章的作者指出："没有人能非常确定索罗斯会在哪里采取行动，或者他的一个仓位会保持多久，这让索罗斯的辉煌业绩更蒙上了一层神秘的色彩。作为海外基金经理，索罗斯不需要在证券交易委员会注册，他避免接触华尔街的业内人士。"

"和索罗斯有过交往的业内人士承认他们从来没有觉得和索罗斯特别亲密。而且业内人士普遍认为索罗斯不太在乎名望。"在很长的一段时间内，索罗斯一直拒绝《机构投资者》进行封面人物的采访。后来总算答应了接受采访，但是索罗斯仍表示："和市场打交道的人应该默默无闻。"

◆ ◆ ◆

那年夏天，索罗斯多么希望可以继续默默无闻，但他却成为一个新的公众人物。世界上最伟大的基金经理此时却陷入了资金管理的麻烦。那年夏天的损失深深地伤害了索罗斯。正如1981年10月12日《福布斯》的编者按中所写："如果世人不知道他的辉煌成就，也就不会在意他的挫败了。"由于《机构投资者》的封面报道，全世界都知道了乔治·索罗斯的既往业绩，因此，那年夏天，全世界似乎都在关注他。客户背弃他的危险越来越大。尽管索罗斯去欧洲跑了很多趟，与一位重要的瑞士投资者谈话，希望他不要退出基金，但是这位客户已经对索罗斯基金失去了信心，最终还是退出了。

其他投资者纷纷效仿。一位当时的同事谈到这件事时说："索罗斯第一次经历合伙人的背叛。在过去的10~15年里，索罗斯为他们赚了很多钱，而现在这些原本忠诚的客户却离他而去，那个夏天，索罗斯对这些人充满了怨恨。资金的撤出让索罗斯很受伤，在此后很长一段时间里，索罗斯没有再主动请求别人注资。"

1981年是索罗斯的基金经营得最差的一年。量子股价下跌了

22.9%，这是这么多年以来的第一年，索罗斯基金没有赢利。有人说，索罗斯的很多投资者是阴晴不定只看业绩的欧洲人。他们担心，索罗斯已经失去了控制能力。因此，1/3 的人撤出了资金。索罗斯之后承认，这不能怪他们。这些投资者的离开使得基金的资产缩水到 1.93 亿美元，几乎减半。

如果乔治·索罗斯想到要退出投资界，这似乎是很自然的事情。他花了很长的时间，苦苦思索自己应该怎么做。他想过舍弃所有的客户，这样做的话，至少在将来不用面对投资者的抛弃。

时机似乎成熟了，他可以开始撰写他一直想写的书了。他甚至已经暂定了书名。他准备将这本书叫做《帝国的循环》（*The Imperial Circle*）。

10 尝试隐退

1981年1月，罗纳德·里根就任美国总统。此后，索罗斯惊奇地看到这位有保守倾向的新总统在没有增加税收的前提下，试图加强美国的国防力量，以便对前苏联采取强硬措施。里根政府的政策对于美国的经济会产生怎样的影响？这会不会是另一个盛衰序列的开始？

索罗斯相信答案是肯定的，这肯定是另一个盛衰序列的开始。电视台评论员亚当·史密斯（Adam Smith）请索罗斯解释，他如何知道盛衰序列会在何时开始。史密斯问这位投资家："它到底是如何发生的？"

索罗斯的回答是：首先必须明确，这种盛衰更替并不是每天都发生。然而，这次里根政府的政策，也就是索罗斯称作"里根的帝国循环"，将会带来一次盛衰更替。

索罗斯写道："这种帝国循环的基础是强劲的美国经济，不断增长的预算赤字、贸易赤字，以及较高的不动产利率。其中心是良性循环，但是在世界范围体系的外围则是恶性循环。"索罗斯注意到："这里有个自我强化的过程，但是不能一直持续下去，最终趋势会逆转，从而产生了盛衰更替。"

也许索罗斯意识到了什么，对于经营量子基金，索罗斯还是很有热情的，但是他有可能不能继续全职管理公司了。在减少自己在公司中的影响之前，索罗斯知道他需要把基金交给一个有能力的人。

1982年，索罗斯花了很多时间来寻找这位合适的人选。最终，他在遥远的明尼苏达州找到了。詹姆斯·马克斯当时33岁，他是一位神童，一直在经营明尼苏达州的一个叫IDS进步基金（IDS Progressive Fund）的共同基金。马克斯不是等闲之辈，1982年，他所管理的基金增长了69%，资产达到了1.5亿美元，成为1982年共同基金的冠军。1982年初，索罗斯和马克斯初次见面，此后两人断断续续地又见了15次。

每一次接触，索罗斯都让这位年轻的基金经理接受一些"思想训练"。马克斯感觉到，他越来越接近得到这份工作了。但是，马克斯首先需要耐住性子参加索罗斯的一些研讨会，因为这位伟大的投资家正在试探并质疑着这位年轻的经理人。索罗斯不断地问自己，这位来自中西部的神童是否就是他在苦苦寻找的那个人。

马克斯在1994年春天告诉我："索罗斯很善于思考。很多次，他会看看你是否能够跟得上他的思维，了解他将要去哪里，将要做什么。有时，他想知道你的脑子里在想什么，以及你能否做到唯命是从。他会描述一个经济场景，可能是当下正在发生的事情，然后问你：'给定这些刺激因素和信息，你有何反应？又将如何应对？'"

索罗斯即使在寻找接班人的时候，仍然十分苦恼，他不知道自己是否应该将基金部分交给别人管理，而他自己只做兼职。在马克斯看来，索罗斯毫无疑问地想要减轻自己的负担。索罗斯不止一次地对他说："要想玩这个游戏，你就必须心甘情愿地忍受痛苦。"马克斯感觉到，索罗斯不想再置身于游戏之中了，他想找个替身。马克斯说："我想，我就是索罗斯的第一个替身。"

讽刺的是，尽管索罗斯在1982年遇到了很多的麻烦和挫折，但是那

第10章
尝试隐退

一年索罗斯的基金取得了辉煌的业绩。正如索罗斯所预测，里根政府的政策刺激了美国的经济，那年夏天，利率下降，股市上涨，金融市场看涨。盛衰更替中的"盛"已清晰可见。到了1982年底，量子基金增长了56.9%，净资产价值从1.933亿美元增长到3.028亿美元。索罗斯的基金几乎回到了1980年的水平（3.812亿美元）。但是，索罗斯仍然想退出市场，至少是暂时退出。

◆ ◆ ◆

1983年1月，马克斯到量子基金报到，正式上班。索罗斯将基金的一半资产交由他管理，将另一半分给其他外部经理人管理。除了要处理所有的国内交易业务以外，马克斯还要帮助索罗斯进行国际投资。索罗斯退居二线，马克斯全身心投入作战。

尽管，此时的索罗斯采取了更加低调的做法，但是他还是会经常来到办公室。他长时间待在国外，春末在伦敦待6个星期，秋天在远东或欧洲待上一个月，而夏天，他一般住在长岛的南安普敦。

索罗斯和马克斯似乎配合得十分默契。索罗斯进行宏观分析，审视大局，譬如国际政策、全球的货币政策，通货膨胀率、利率和货币的变化，而马克斯主要负责从这些预期的新变化中找出能够获利最大的行业和公司。

举个例子，如果索罗斯预期利率会上升，那么马克斯则寻找利率上升会对哪些行业产生不利，于是他们做这些行业的空头。索罗斯的技巧是挑选行业内的两家公司进行投资。其中一家必须是该行业中最好的公司。作为行业中的佼佼者，这家公司的股票会成为公众购买的首选对象，而且价格经常会被抬高。另一家公司必须是行业中最差的公司，严重依赖融资的公司，资产负债表最差的公司。一旦很多投资者购买这些股票，那么投资于这样的公司最有可能获得巨额的利润。

1983年的前4个月对于马克斯而言是"一种文化的冲击"，这位新人开始意识到，"这位威严的家伙真的给了我所有的自主权以及金钱，让我疲于应付。"

每天清晨准备上班前，马克斯都要经历某个仪式，有时是在洗澡时，有时是骑着自行车上班的时候，他设想当天金融市场上可能会发生的情景。他将这些设想的情景称为"预期的框架"，从这些框架中，马克斯得出应该买入什么的结论。一旦纽约的交易日结束，索罗斯和马克斯会立刻展开严格的复盘，通常会持续到晚上。马克斯说道："这样的复盘让人很愉快，但是又非常紧张。索罗斯所擅长的一件事，就是在你解释事情的时候直视着你，而且他能够分辨出，你是否在理性地思考。"

索罗斯从来没有放松过，他盘问自己的得力助手，就像是面试一位博士生。"和上午相比，你现在有没有一些不同的想法？"他通常会这样开始，接着连珠炮似的问一大堆问题，刺探、寻找马克斯可能出错的地方。在马克斯的记忆中，复盘是非常折磨人的经历："因为索罗斯总是在寻找你的薄弱环节，总是在试图找出你给出的解释中哪里出了问题。"

"索罗斯试图找出市场运作与你的预测的不同之处。比如说，我预期银行股会上涨，如果在一段时间内，银行股有所下跌，索罗斯就会说'我们再仔细检查一下我们的假设，再检查一下你这么做的理由，为什么会感觉事情应该是这样，然后试图在这些感知和市场信息中找出一致。'"

如果说索罗斯在刚开始只是扮演着幕后操纵者的角色，但渐渐地，他让马克斯感到了不安。"他让人感觉，自己总是被批评，你总是要忍受被他找茬，也许我不应该说找茬，他只是在吹毛求疵，总是在试探你。一段时间之后，这真的会令人厌烦，让人十分疲倦。"

"有很多次，我想按照自己的想法做事。但是他会跑过来，用像老师对待学生那样的态度对我说'你不明白我的意思'，这时我就完全困惑了，因为我觉得自己已经完全理解了他的意思。"

"索罗斯很容易发脾气。他好像能看穿你，这种看人的方式让我觉

第10章
尝试隐退

得自己站在一架激光枪前。他会直勾勾地看着你。索罗斯总觉得需要你在他身边，因为他总觉得你会做错，他认为要容忍你，就好像你是个不太重要的人，是个不如他的人。"

"索罗斯对你的要求就是，你要确信你告诉他的事情，你要不断地检查，不断地盘问自己。他会严厉地问你'你现在仍然相信你昨天告诉我的那些话吗？'"

索罗斯不会轻易表扬别人，或者和他人分享那些成功的投资项目。"他与你分享的是不断地并肩作战。"马克斯说，"他觉得这是一个联盟，是经济活动，而不是学术交流。你成功与否是由金钱所决定的，别人付钱给你的目的就是让你帮着赚钱。"

但是，与索罗斯共事也是让人陶醉的。对于三十几岁的马克斯而言，索罗斯的生活和自己的完全不同。

马克斯欣然地回想起那次去爱尔兰的经历，索罗斯让他一道去参加索罗斯基金的董事会。会议地点在一座城堡里，里根总统曾参观过那里。"那里氤氲着一种非常高雅的氛围。"和董事们共进晚餐的时候，马克斯听着董事们的交谈，索罗斯能够轻松自如地从一种语言转换到另一种语言：英语、法语和德语。董事们说哪种语言，索罗斯就转到哪种语言，马克斯被索罗斯的表现吸引住了。

一个人与这样一位天才共事，很有可能被迷惑。马克斯说："他可能在智力上处于主导和支配地位，可如果你被吓到，如果你成为唯唯诺诺的人，很显然，这对他一点好处也没有，当然对你自己也没有任何好处。"

"如果你想成为'小索罗斯'，想成为思想家，思考一些重大的问题，成为伟大的资产经理，想照搬索罗斯的做事方式，那很显然他不需要这样的人在他的办公室。可能现在（1994年）他需要，但是那时候他不需要这样的人。成为索罗斯式人物的想法是一个致命的诱惑，因为如果你真的认为他是行业的典范，你很快就会发现，你还没有准备好。"

索罗斯和马克斯在1983年合作得非常愉快。基金的资产价值当时达到了385 532 688美元，净增长75 410 714美元，较前年增长24.9%。1983年，乔治·索罗斯再婚，新娘是28岁的苏珊·韦伯。根据报纸的报道，因为打网球，索罗斯在婚礼上迟到了。其他媒体报道了婚礼上的一个尴尬时刻，如果索罗斯之前能抽出时间彩排的话，或许能避免这样的尴尬。据报道，当牧师问索罗斯是否愿意将所有的财富给新婚妻子时，索罗斯的脸瞬间变得煞白。

索罗斯的儿子假装咳嗽，显然是在示意父亲。索罗斯迅速地回头看了一眼自己的律师威廉·扎贝尔（William Zabel），好像在说："如果我重复誓词'无论境遇是好是坏，我都将把我所有的财富赐予你'，那我真的要把一切都给苏珊吗？"扎贝尔暗示索罗斯，他的回答不会有什么坏处，这才扭转了局面。为了安全起见，索罗斯用匈牙利语喃喃而语："这取决于我与继承人预先达成的协议。"这样，婚礼才得以继续进行。

虽然1983年对于索罗斯来说是十分辉煌的一年，但1984年则不是。索罗斯基金虽继续保持增长，但是增长率只有9.4%，增长到448 998 187美元。较低的利润使得量子基金的董事们纷纷给索罗斯施压，希望他重新全身心投入投资中。索罗斯同意了。1984年夏天，索罗斯对马克斯宣布了这个消息。

"不管你喜不喜欢，我都是这艘船的船长，我看到百年不遇的风暴就要来临。在这场世纪风暴中，我们需要最好的，也是最有经验的人掌舵。面对现实吧，如果在我们两人之间选择的话，胜出的人只可能是我。"

这场"百年不遇的风暴"到底指的是什么？本质上，这场风暴指的是美国经济的崩溃，在20世纪80年代早期，里根政府实施高支出而不收税的政策之后，美国经济濒临崩溃。索罗斯深信，美国正在走向衰退。

马克斯回忆说："那时，世界体系的压力与日俱增。美元越来越坚挺。里根不断地说：'没关系，国家真正强大的标志在于其货币的坚挺。'而

第10章
尝试隐退

索罗斯认为，这迟早会引发问题的。"

索罗斯宣布要再雇用两个人。对于索罗斯来说，一个理想的组织应该有4~5个专业人员。如果马克斯愿意，他可以继续留在一个比较次要的位置，管理着一小群人。但是，马克斯决定离开，他觉得自己被搁置了，以后不会有多少权力和威信可言。马克斯承认："事实是索罗斯没有错。有时在上我觉得自己可能会患上脑血栓，事情太多，压力太大，根本无法忍受。"

❖ ❖ ❖

与此同时，索罗斯和他的10位外部基金经理讨论，希望给基金注入新鲜血液。他们推荐了艾伦·拉斐尔。

拉斐尔说："我是他的第一个候选人。"1980—1984年，拉斐尔一直在阿诺德·莱希罗德公司任研究部的联执主任，20世纪60到70年代，索罗斯曾在那家公司就职。1992年12月，拉斐尔回到该公司担任高级副总裁，担任全球战略指导和高级资产经理。

1984年初秋，索罗斯决定将拉斐尔挖过来。尽管索罗斯声名显赫，拉斐尔早有耳闻，但是两人却素未谋面。索罗斯的几个外部经理给拉斐尔打电话，告诉他，他们已经向索罗斯推荐让他来担当第二把交椅。拉斐尔在全球经济研究的深厚背景使他理所当然成为首选。

有个经理人问拉斐尔："你有兴趣和乔治谈谈吗？""当然！"他回答道。据拉斐尔回忆说，当时他只用了"十亿分之一秒"的时间反应。

拉斐尔相信索罗斯是华尔街最优秀的投资者。索罗斯取得的成就是非凡的。能获得这样一份工作简直跟做梦似的。

就在这时，索罗斯本人打来了电话，他问拉斐尔能否在下周四到索罗斯在中央公园西大街的公寓用早餐。又是十亿分之一秒的时间闪过，拉斐尔答应了。

拉斐尔来吃早餐的时候，认为自己得到这份工作的机会极其渺茫。

他想应该还有 75 个候选人在排队等着，工作遴选过程还要一年的时间，到那时，他可能早已经落选了。

90 分钟过去了。拉斐尔觉得早餐的时间长短跟最终的结果毫无关系。索罗斯和拉斐尔起身拉开餐桌。拉斐尔觉得，这是向索罗斯概括一下自己的好时机。

"对你来说，知道我做什么，不做什么非常重要。"他希望自己听起来不会太鲁莽或冒失。他不确定索罗斯是否理解了他的话。

"很好！"这就是索罗斯对于拉斐尔的总结的反应。"其他的所有事情由我来做，我们会是很好的拍档。"拉斐尔吓了一跳。他只能用很细微的声音说道："我想是的。"

索罗斯又露出了他大大的微笑，然后用一种敲定的口吻说："这个周末你再好好想想。下周一或下周二我们再见面。给我打电话，你还要过来吃早餐。"

出了公寓的大门，走到街上，拉斐尔开始回味早餐的最后几分钟，他叫了一辆出租车，坐了进去，然后咧嘴一笑。可能是在做梦吧！确定司机没在看他，拉斐尔狠狠地捏了一下自己。这次他肯定自己不是在做梦。他就要为乔治·索罗斯效力了，成为他的左膀右臂。

转眼到了下周四，拉斐尔又一次与乔治·索罗斯共进早餐。拉斐尔同时也接到了一份正式工作邀请。

又是一个十亿分之一秒闪过。出于某种原因，他并没有当场接受这份工作，多年以后，拉斐尔还是难以理解其中的原因。他当时的答复是："让我再想想。"在 1994 年的春天，拉斐尔回忆起那次见面时，只能说："似乎当时我只能这么说"。

拉斐尔想起其他人的警告，"这个家伙很难缠"，"他经常炒人鱿鱼"，拉斐尔决定不管这些："谁在乎？这是我的机会。我可能会很忙乱。但这是一个绝佳的机会。"他打电话接受了这份工作。1984 年 9 月初，拉斐尔和索罗斯签约就聘。

11 重回宝座，狂赚暴利

1984年末，乔治·索罗斯重新回到自己在量子基金中的位置。尽管他很想将指挥棒交给基金中的其他人，但是他还没有准备好完全退居二线。索罗斯仍然相信，一场风暴即将席卷世界经济。虽然他猜不出风暴的性质，抑或风暴何时开始，但是他想在风暴来临的时候，身临其境，乘风破浪，从中渔利。与此同时，索罗斯密切关注着基金的运作，花更多的时间待在办公室，努力确保1984年和1985年会有好的业绩。

1984年12月，索罗斯将目光投向了英国，当时的英国正在推行私有化运动。其中的3家公司为英国电信公司（British Telecom）、英国天然气公司（British Gas）以及捷豹汽车公司（Jaguar）。索罗斯知道，英国首相撒切尔夫人希望每位英国公民都能持有英国的股票。那么要达到这个目标，最好的方法是什么？低估证券。

索罗斯让拉斐尔研究一下捷豹和英国电信公司的情况。结果，拉斐尔对捷豹的研究让索罗斯更加肯定了自己的猜测，捷豹主席约翰·伊根爵士（John Egan）的运作非常出色，捷豹成为美国最热销的进口汽车。

量子基金以每股160便士的价格购入捷豹的股票，价值是量子基金4.49亿美元资产组合的5%。对于其他人而言，这已经是个很大的仓位了，但是对乔治·索罗斯来说却不是。

拉斐尔和索罗斯见面的时候说："我已经调查了捷豹。"

"你觉得怎么样？"

"我很喜欢这家公司目前的运作方式。我们的投资将会有不错的回报。我认为我们目前的投资还可以。"

让拉斐尔感到吃惊的是，索罗斯居然拿起了电话，下令他的交易员："再买25万股捷豹。"拉斐尔不想让索罗斯扫兴，但是他觉得自己有责任说出保留意见："请原谅。我可能没有说清楚。我所说的是'我们的投资会有不错的回报。'"

对索罗斯和拉斐尔来说，"不错"的含义显然不同。在拉菲尔看来，"不错"意味着我们到目前为止所做的都还可以。但是在情况弄清楚之前，最好不要再采取更多的行动了。对于索罗斯来说，"不错"的意思是，如果你喜欢现在的情况，那么为什么不跟着你的直觉走，进行更大的投资？索罗斯给自己的下属解释说："你看，是你告诉我这家公司的运作很不错，他们会在现金流和每股收益上赚钱。你认为，这家公司的股票会上涨，国际投资者将会对它产生兴趣，美国投资者也会跟上来买进。"

对于索罗斯来说，这是应用他的反身性理论的恰当场景。他感觉到股价会上涨，投资者会狂热地买入，将股价推到更高点。拉斐尔发现索罗斯的话无可争议。他同意了索罗斯的话："是的，这只股票肯定会上涨。""那就追加。"

拉斐尔嘴上说是，可是心里在琢磨索罗斯是否真的清楚自己在做什么。索罗斯继续说道："如果股票会上涨，那就追加。你不用在意这个仓位已经占了你资产组合的多少，如果你的决定是正确的，那就建仓。"索罗斯微微一笑，接着说"下一步"，表明他没有兴趣在这个问题上继续争辩。

第11章
重回宝座 狂赚暴利

索罗斯有信心,在捷豹和英国电信公司上的赌注肯定能赢。他明白,在其中发挥作用的不仅仅是公司的资产负债表,真正起作用的是一个简单而又很关键的事实,那就是撒切尔夫人想要确保英国的私有化股份被低估。

拉斐尔有点担心。其实他根本不需要担心,量子基金从捷豹的股票上净赚了2 500万美元。

如果让索罗斯来界定的话,那么对冲的部分含义就是卖空。20世纪80年代,索罗斯持有的最大的空仓是西联(Western Union)。那发生在1985年,当时传真机开始在美国流行。在早几年,西联的股价很高,但是1985年的价格在10~20美元。索罗斯和他的手下注意到,该公司的资产负债表上仍然将很多电传设备以折旧价值计入表中。因为这些设备都是电动机械的,不再是最新的技术,因此在市场是几乎没有价值可言,而且西联还有负债。

索罗斯怀疑该公司是否能偿还债务。艾伦·拉斐尔回忆说:"我们说了这么多,简单地说就是,就像当初西联淘汰了快马邮递①,传真机也会淘汰西联。"

很多一流的分析师推荐西联为资产系估值不当的股票(其合并资产价值高于总市值,因而具有吸引力),但是他们没有考虑到它的资产的价值比公司申报的要少很多。然而,索罗斯却看到了这一点。他卖空了100万股,结果据拉斐尔说"获利数百万美元"。

◆ ◆ ◆

到了1985年,索罗斯仍然担心美国的经济会崩溃。8月份,索罗斯相信,"帝国循环"已经进入最后一轮的信贷扩张,以此来刺激美国的经济,支持军事扩张。解决方案很快就会出台,而且对索罗斯来说,幸

---

① 1860—1861年间,在密苏里的圣约瑟夫到加利福尼亚的萨克拉门托之间用马接力传递邮件的一种快速邮递系统。——译者注

运的是，他能够及时地意识到机会，并且充分利用。美国和其他经济巨头们意识到，货币市场已经失去了控制，正与他们的利益背道而驰。

每一次新的传言都会带动货币的变化。汇率似乎不再和出口挂钩了。到了20世纪80年代末，美元对日元的汇率有时会在一天内变动4%。

起初，索罗斯在货币交易上运气不佳。20世纪80年代早期，实际上他亏了钱。然而，20世纪80年代中期，他对局势的解读又恢复了他的信心。他知道，美元、美元与日元的关系以及美元和德国马克的关系将是金融世界的主要看点，而他在时刻关注着。

20世纪80年代早期，美元的价值经历了起起落落。这使得原先依赖于稳定的美元的世界经济疲惫不堪。在20世纪80年代最初几年，里根政府一直致力于维护美元坚挺，希望这样可以使得进口便宜，吸引更多的外国投资商来弥补贸易赤字，从而降低高通货膨胀率。

最终，里根政府转向了减免税收，加强国防建设，这刺激了美元和股市的繁荣。外国的资金开始流入美国，提升了美元和资本市场。更多的经济扩张吸引了更多的资金，所有的这一切都抬高了美元的价值，索罗斯再一次将其称为"里根的帝国循环"。

因为内部的不稳定性，帝国循环最终会走向毁灭，索罗斯认为："坚挺的美元和较高的实际利率注定要超过预算赤字的刺激作用，注定要削弱美国的经济。"而正如索罗斯所料，到了1985年，美国的贸易赤字以惊人的速度增长，高估的美元价值进一步阻碍了美国的出口，而廉价的日本进口产品和服务冲击和威胁着美国的国内企业。所有这一切，索罗斯都看在眼里，记在心里，他察觉到一个典型的盛衰序列即将拉开帷幕。

而与此同时，其他的分析师都在极力鼓吹周期性股票。这当然不包括索罗斯。根据自己的逆向原则，索罗斯倾向收购股和金融服务。例如，当ABC电视台被大都会公司（Capital Cities）收购的时候，量子基金拥有ABC公司的600万股。3月的一个下午，大都会公司宣布，以每股

第 11 章
重回宝座 狂赚暴利

118 美元的报价收购 ABC，量子基金在这个赌注上赚了 1 800 万美元。

不久，索罗斯给负责处理这桩交易的艾伦·拉斐尔打电话说："非常好，但是我们现在该做什么呢？"

多年后，拉斐尔模仿匈牙利口音复述索罗斯当时说的话，他非常清楚，索罗斯并不是真得在询问他，而是在试探他。好像索罗斯在说："我非常高兴，但是不要得意忘形了。"拉斐尔说："很明显，我们要追加大都会公司的股票。"从索罗斯的沉默中，拉斐尔知道，他在这次测试中得了个 A。

- - -

索罗斯相信，里根的美元政策将最终导致经济萧条。20 世纪 80 年代早期，短期利率已经上升到 19%，黄金价格上升到 900 美元/盎司。通货膨胀率飙升，达到 20% 的水平。1 美元可以兑换 240 日元或者 3.25 马克。

现在，索罗斯很清楚，石油输出国组织很快就会解体，油价会下跌。这会给美国政府贬值美元带来更多的压力，近期，石油已经达到 40 美元一桶，据估计，油价会攀升到 80 美元一桶。石油输出国组织的解体将会导致世界范围的通货膨胀率下降，而通货膨胀率下降，利率也会跟着下降。

伴随着这些变化，美元的价值会急剧地下降。拉斐尔进一步解释索罗斯的战略："很明显应该卖空原油，在美国短期利率和日本长期利率上做多头，因为日本依赖原油的进口。"

除此之外，做空美元兑日元，美元兑马克。在规模和交易量上，初级产品、固定收入和货币市场都比股票市场要大得多，投资者或投机者在短时间内就能建起庞大的仓位。而且，因为这些证券的保证金很少，所以可以利用大量的信贷杠杆。尽管当时基金只有 4 亿美元的资产，但是使用信贷杠杆的能力很大。

"乔治·索罗斯在这些市场上的投资很大，甚至你一辈子只能做一次这样的大投资。"

1985年8月，索罗斯开始坚持写投资日志，记载制定投资决策背后的思考，索罗斯将其称为"实时实验"，他试图解答帝国循环能持续多久。他将日志看作是对自己预测金融市场的能力的测试，也是检验自己理论的好机会。索罗斯在1985年8月到1986年11月之间的看法和投资策略都被详细记录了下来。后来，这本日志出现在索罗斯1987年的《金融炼金术》一书中。

1985年9月，迎来了索罗斯的第一次大测试。1985年9月6日，索罗斯认为德国马克和日元会上涨。但是当时，这两种货币一直在下降。索罗斯也开始怀疑自己的帝国循环理论。他在马克和日元上都是多头持仓，总价值达到了7亿美元，比量子基金的总资产价值还要多。尽管索罗斯已经亏了一些钱，但他仍然有信心，事实会证明他是正确的，于是他加仓到8亿美元，比基金的价值多出2亿美元。

到了1985年9月22日，索罗斯的设想开始变成了现实。新任的美国财政部部长詹姆斯·贝克（James Baker）决定让美元贬值，因为美国人开始要求保护国内的企业。贝克与法国、德国、日本和英国，即俗称的"五国集团"的财政部长在纽约广场酒店会晤，索罗斯听说了这次部长的会面，很快就意识到财政部长要做什么，他连夜买入数百万日元。

财长们的确做出决定，让美元贬值，达成了《广场协议》（*Plaza Agreement*）。根据协议，要"通过更加紧密的合作"来"有序地对非美元货币进行估价"。这意味着中央银行现在有义务贬值美元。

协议签订后的第一天，美元对日元下跌4.3%，从1美元兑239日元下跌到222.5日元，创下有史以来的单日最大跌幅。索罗斯很高兴，因为一夜之间他净赚了4 000万美元。拉斐尔那天早上看见索罗斯就说："干得太棒了！我太佩服你了。"索罗斯继续买入日元。

在1985年9月28日的日志中，索罗斯将这一击称为"一生的暴利，

第11章
重回宝座 狂赚暴利

上周的利润不但弥补了过去4年在货币交易上的所有损失,并且还有赢利"。这次投资一时被传为佳话。斯坦利·德鲁肯米勒1988年开始为索罗斯工作,他回忆起当时的情景:1985年的秋天,其他的交易者纷纷效仿索罗斯买入日元,那天早晨日元开盘就达到800点的高位,他们赚钱了,如此迅速地赚这么多钱,让他们激动不已。

然而,索罗斯却在关注着更大的问题。"据称索罗斯冲出房间,告诉其他交易员不要再抛售日元了,他会买入他们的仓位,政府刚刚告知他,美元明年还要贬值,那么为什么他不再贪婪一些,买入更多的日元呢?"

接下来的6个星期,中央银行继续压低美元。到了10月末,美元已经下跌了13%,1美元兑205日元。到了1986年9月,又下降到153日元。外币兑美元平均升值24%~28%。

索罗斯这一盘总共下了15亿美元的赌注。通过信贷杠杆,索罗斯大部分钱押在马克和日元上。结果看来,这一步的确很高明。随着时间的推移,索罗斯大约净赚了1.5亿美元,很明显,大局已定。

索罗斯已经欲罢不能,他在不断地赚钱。到了11月的第一周,基金已经增长到了8.5亿美元,索罗斯持有日元和马克的价值是15亿美元,几乎是基金资产价值的2倍。索罗斯在各种类型的市场上总共持有40亿美元的多头和空头。

索罗斯展现出惊人的自信,他坚信自己是对的。1985年12月8日,他在日志中写道:"我非常确信事情将如何发展。"在8月份,索罗斯一直担心经济崩溃即将来临,而现在,索罗斯更为确信。政府正努力使美元贬值,并且也成功地做到了。股票和证券市场正在上升。索罗斯相信,股市的大繁荣指日可待。1985年12月,索罗斯很振奋、很乐观,他将这一时期称为"资本主义的黄金时代",并且宣布这是"一生难逢的牛市"。

◆ ◆ ◆

对于索罗斯来说,1985年是不可思议的一年。

相对于 1984 年，量子基金惊人地增长了 122.2%，1984 年底，基金的资产是 4.489 亿美元，到了 1985 年底，资产飙升到 10.03 亿美元。而同期道琼斯指数只上升了将近 34%，这其中还包括了红利，而量子基金的增长几乎是道琼斯指数的 4 倍。索罗斯的业绩是卓越不凡的。

如果在 1969 年索罗斯成立基金的时候投资 1 美元给他，那么到 1985 年底，扣除了所有的费用和开支，这 1 美元已增值为 164 美元。索罗斯骄傲地给记者丹·多尔夫曼（Dan Dorfman）解释说，同一时期，投资于标准普尔 500 指数的 1 美元只增长到了 4.57 美元。

索罗斯在美国股票上的操作却没有这么出色。他承认："我不擅长玩收购游戏。" 20 世纪 80 年代中期，索罗斯在迪士尼上的断断续续的投资似乎证实了这一点。虽然最后他还是胜利了，但过程并非一帆风顺。

1984 年，量子基金是迪士尼家族之外的最大股东之一。由于之前几次对这个大娱乐公司的收购都以失败告终，这只股票越来越有吸引力了。收购大师索尔·斯坦伯格（Saul Steinberg）将目光锁定了迪士尼，没人会相信迪士尼会同意收购。也没有人会相信迪士尼公司同意斯坦伯格的绿票讹诈①。

但是，迪士尼公司竟然同意了绿票讹诈，迪士尼的股票每股暴跌了 20 美元，索罗斯和其他的投资者损失了一大笔。

1985 年让索罗斯很荣耀，因为《金融世界》（Financial World）排名华尔街收入最高的前百名人物中，索罗斯名列第二。根据报道，索罗斯在量子基金中的个人股本的利润为 6 600 万美元，此外还有 1 750 万美元的酬金以及客户给的 1 000 万美元的红利。根据这家杂志的估计，那一年，索罗斯净赚了 9 350 万美元。

---

① Greenmail，也称讹诈赎金，是反收购策略。出于防止被收购的考虑，目标公司以较高的溢价实施回购（给付赎金），以促使上述股东将股票出售给公司，放弃进一步收购的打算。这种回购对象特定，不适用于其他股东。——译者注

第11章
重回宝座 狂赚暴利

◆ ◆ ◆

1986年1月初，索罗斯大规模地改变了他的投资组合。美国的股市看涨，索罗斯增加了美国的股票和股指期货的权重，增加了外国股票的投资，这样美国股票和外国股票的价值总共达到了20亿美元。他抛售了价值5亿美元的外汇。

2月份，索罗斯将股票的投资减少到12亿美元，到了3月26日，他又认为股市会涨，油价的下跌暗示他的判断是正确的。据此，索罗斯又将美国和外国股票的投资扩大到18亿美元。1月初以来，索罗斯基金的资产价值从9.42亿美元增长到13亿美元。

4月4日，索罗斯减少了股票投资，共计减少8.31亿美元。10天后，他又重新购入7.09亿美元的股票。5月20日，索罗斯卖掉6.78亿美元的股票，大部分是股指期货。

索罗斯所有股票仓位的40%和外国股票仓位的2/3都投资于芬兰市场、日本的铁路和不动产股以及香港的不动产股。

1986年7月，市场上出现了两种复杂的又相互对抗的趋势：持续的牛市和油价下跌。油价下跌会引发通货紧缩，从而导致经济崩溃。

最终，在9月份，索罗斯用下结论的口吻写道："现在最好还是宣布我所称为的'资本主义的黄金时代'已经完结，该界定下一个阶段了。"

◆ ◆ ◆

索罗斯的实时实验做得相当成功。量子基金1985年初为4.49亿美元，到了1986年末，这个数字已经增长到了15亿美元。但是，随着时间的推移，索罗斯也发现实验是有问题的。他在日志中记载得越多，他就觉得越有必要向自己证明采取某个投资举措是有理由的，他开始觉得实时实验是个负担了。

12

意料之中的大崩盘

20世纪80年代中期,股市持续了一段不可思议的牛市,投资者从中获利多达几十亿美元。其中,没有人比乔治·索罗斯赚得更多。

1986年,量子基金增长了42.1%,资产价值上升到了15亿美元,这一不菲的业绩为索罗斯锦上添花。与此同时,索罗斯从基金中得到的个人收益达到了2亿美元。

1985年和1986年,索罗斯为自己和外国投资者积累了惊人的财富——25亿美元。道琼斯工业平均指数保持稳定增长,从1982年8月的776.92点攀升到了1987年8月的2 722.42点。根据索罗斯的反身性理论,市场会继续攀升,投资者的热情和癫狂,会使股市继续高涨。

索罗斯心里明白,如果他的反身性理论是正确的,那么盛衰序列中萧条的一面迟早会占主导,这只是个时间问题,但是可能不会立刻到来。

与此同时,索罗斯出现在了9月28日的《财富》杂志封面上,那篇报道引用了索罗斯的话,他声称:股市并不看好,特别是日本的股市。

"股票一直在上涨,已经偏离了价值的根本尺度,当然这并不意味着股价会下跌。"索罗斯在《财富》杂志封面故事的采访中如是说。"市场被高估并不意味着不能持续下去。如果你想知道美国的股票还能被高估到什么程度,那就看看日本的股票吧。"索罗斯在《华尔街周刊》上重申了这些观点。

为了适应日本的结算特点,东京股市进行了相关调整,1987年10月日本股票的净收益率为48.5%,而相比之下,英国只有17.3%,美国是19.7%。索罗斯认为,这样的数字对于东京市场来说是个坏的预兆。他知道,东京的地价飞涨,有太多的钱正在追逐极少的资产。索罗斯相信,高净收益率与低股息将难以维持下去。

索罗斯还知道,许多日本公司,特别是银行和保险公司,大量投资于其他的日本公司,有些甚至不惜借债为股市活动筹措资金。随着东京股市的暴涨,大量的股市操作使得这些公司的价值也上升了。但是股市大崩盘的威胁始终笼罩在人们心中。

根据反身性理论,索罗斯清晰地感觉到,现在投资者的热情已经到了疯狂的地步,这极有可能引发日本股市暴跌。因为日本股市占全球股市的36%,如果日本股市暴跌,将会波及世界其他地区。索罗斯对日本股市的前景越来越悲观:"东京股市已经无法回头,人们对股市价值的认知已经如此根深蒂固,有序的收缩似乎是不可能的,股市大崩盘即将来临。"

索罗斯认为,日本股市一旦崩盘,不会对美国的市场造成太大的影响。尽管索罗斯看到华尔街上存在一些引起日本股市极端估价的运作,但他并没有过度担心美国股市。那年秋天,索罗斯将几十亿美元的投资从东京转移到了华尔街。他的话听起来很乐观:"美国股市只是近来有点失去控制,但是它仍然能够以一种温和的、有序的方式纠正这些过分的行为。"

不是每个人都同意索罗斯的看法。广受欢迎的市场预测大师罗伯特·普莱切特(Robert S. Prechter)曾连续5年在牛市上乘风破浪,但是10月中旬,他却一反常态,警告客户们要撤出市场。普莱切特的评论让索罗斯和其他的投资者都大吃一惊。10月14日,索罗斯在《金融时报》撰写了一篇文章,他再次预测,日本股市正走向崩盘。

第 12 章
意料之中的大崩盘

❖❖❖

10 月 19 日这一极富戏剧性的一周终于到来。

1987 年 10 月 19 日，星期一，纽约股市崩盘创纪录地暴跌了 508.32 点。索罗斯预期日本股市会跌得更厉害。但是，日本股市直到星期二都很稳定，这次华尔街股市的崩盘标志着连续了 5 年的牛市结束了。

1987 年 10 月 22 日，星期四，市场反弹了 300 点，但是接着又下跌。有消息说要追加保证金。在海外股票交易市场上，美国的股票交易量继续下降，索罗斯决定抛出几个大的多头仓位。

但比较讽刺的是，当索罗斯抛出大量股票之后，标准普尔期货市场迅速恢复，收于 244.50 点，索罗斯一天之内损失了 2 亿美元。

❖❖❖

事实证明，索罗斯成为华尔街崩盘中亏损最多的一个。索罗斯承认，自己的判断出现了失误："我之前预测股市会出现突变，但回头想想，很明显突变开始于债券市场，特别是日本的债券市场，在今年年初，债券收益在短短的几个星期就可以翻不止一番。"结果，1987 年春天，美国的债券市场进入了失控状态。索罗斯没有看到华尔街的下降趋势，他仍然期望看到一个健康的美国股市。

电视经济评论员亚当·史密斯很疑惑，既然索罗斯已经看到崩盘即将来临，他怎么还会被套住呢？索罗斯很坦白地回答了他的问题，消除了评论员的疑虑："我犯了一个很大的错误，我预期崩盘会发生在日本，我也为此做好了准备，给自己留下了足够多的时间，来迎接日本股市的下跌。但事实上，是华尔街股市崩盘了，而不是日本，所以，是我错了。"

❖❖❖

1987 年股市大崩盘之后，报纸上的文章普遍认为，索罗斯的损失大约在 6.5 亿~8 亿美元。

比如，1987年10月28日，《纽约时报》这样报道，1969年，量子基金每股的净资产价值是41.25美元，大崩盘前一天上升到了9 793.36美元。文章中提道："今年可能是量子基金有史以来亏损的第二年。从市场在8月份下跌以来，量子基金已经损失了30%的价值，从26亿美元缩水到18亿美元。仅上一周，索罗斯就抛售了价值几亿美元的股票。"

1987年11月2日，美国财经杂志《巴伦周刊》（*Barron's*）中，费洛伊德·诺里斯（Floyd Norris）在"交易员"的专栏中写道，大崩盘使得量子基金净资产价值损失了32%，第三季度末，量子基金净资产价值为26亿美元，这年增长了60%，但是大崩盘之后下降到18亿美元。根据《巴伦周刊》的说法："在短短不到2周的时间内，索罗斯损失了8.4亿美元。"在《巴伦周刊》对索罗斯的一次简短的电话采访中，他承认，他的确有一些交易损失，但是他表示，量子基金当年仍然增长了2.5%。

自此以后，索罗斯在1987年崩盘中损失多少这个问题就一直困扰着他。根据艾伦·拉菲尔的叙述，索罗斯一直在试图说服媒体，他的损失远没有谣传的8亿美元那么多。

拉斐尔说："这是非常不幸的事情，其他人喜欢将自己的快乐建立在他人的痛苦上。《纽约时报》曾要求对我们进行一次采访。今天，人们有更多的渠道了解基金价值的信息，但是在1987年，外界了解基金价值的唯一信息来源就是《金融时报》在'其他的海外投资信托'栏目中引用的话。"

"这不是基金的净资产价值，如果你想加入基金，你就必须支付净资产价值加上溢价。净资产价值反映了基金的资产价值，但不是你在《金融时报》看到的价格，然而人们不会意识到这点，而这就是他们怎么计算出8亿美元的损失的。"

"这些人说，进入10月份时，如果每股是20 000美元，10月结束时，每股只有16 000美元，因此，你一定每股损失了4 000美元。但是，我们认为，他们的计算包括了溢价在内。我们的损失实际在3.5亿~4

第 12 章
意料之中的大崩盘

亿美元。每个人都觉得,真的损失了 6.5 亿~8 亿美元。这太糟糕了,加里·格莱德斯坦(Gary Gladstein)以索罗斯的名义向《纽约时报》解释了溢价,但是这些人基本上已经做出了自己的定论,这令索罗斯很不高兴。"

索罗斯说:"这不是真的,他们怎么能这样写?怎么能这么做?""我告诉他'对于将自己封闭在错误中的人,不要跟他争吵(意思是不要跟媒体的不实报道争辩),就这么简单。'但是这件事真的让索罗斯很不愉快,从那之后,对于他来说,再没有理由和媒体说话了。"

◆ ◆ ◆

实际上,这次大崩盘消耗了索罗斯 1987 年一年的所有利润。大崩盘一周之后,量子基金的净资产价值缩水了 26.2%,每股下降到了 10 432.75 美元。比起美国股市 17% 的跌幅,量子基金的跌幅则有过之而无不及。这是唯一的一次,索罗斯没有将基金的损失保持在 20% 以内。也有报道称,自 10 月 8 日以来,量子基金损失了 31.9%,索罗斯个人损失了 1 亿美元。

《时代》杂志的一位记者问索罗斯对于这次挫折的反应。"我觉得很好笑。"这就是索罗斯能说的全部,他也只能这么说。索罗斯很明显地意识到,事情可能原本会变得更糟糕,他说:"我现在仍然在笑。"

尽管 10 月份的崩盘是索罗斯遭受的最严重的挫折之一,这是自 1981 年债券大溃败以来他损失最严重的一次,他非常镇定地接受了这次打击。

索罗斯的一位投资伙伴说:"在崩盘过程中,他表现得非常镇定,比我见过的任何一个人都更镇定,他坦然接受了全部损失。索罗斯可能认为,市场没有按它应有的方式反应,也就是说没有像他预测的那样运作,但他一旦发现错误,会很快明白过来,并且继续前进。"

◆ ◆ ◆

对于索罗斯来说,萧条没有结束。他觉得,可能还会出现另一个大的金融崩溃(结果看来,他错了,这个崩溃没有到来)。接着,他固执地说道，"很多投资者会发现市场实际上非常复杂，很多人都在抬高这个市场，但是正如20世纪60年代和70年代的衰退，使50年代和60年代建立起来的财富化为乌有一样，在困境中股市将面临考验。"

"反身性理论并不是在任何时候、任何市场都会发挥同等作用，尽管如此，还是有相似点，例如，1987年与1929年的崩盘离奇相似，在上升和下滑的阶段，美元涨溢的趋势都很引人注意。"

"在货币市场上，国际资本流动的相对重要性与汇率的过分波动之间存在互相强化的联系，而且国际资本流动跟随趋势的特征变得越来越明显。"

"然而，在股市上连续增长的趋势被很大程度上忽略了。当人们将股价与市场平均价格对比的时候，很难脱离市场趋势而做出独立的判断。"

"最终，对跟随趋势的依赖会超出市场所能容纳的限度，当市场开始下降的时候，这种下降会加速，直到一切变得极其紊乱，一些市场自动调节机制也无法运行。"

"许多关于流动性以及缺乏流动性的讨论都是放错了地方，真正有关系的是买卖双方的平衡。跟随趋势的推论（比如指数、绩效评估和技术分析），以及跟随趋势的策略（比如资产组合保险、沽出期权）打乱了平衡。金融市场需要一定的流动性，允许买卖的执行，没有过多的交易成本，但是超过了一定范围，流动性或者是流动性的错觉都可能是有害的，因为它鼓励了跟随趋势的行为。"

虽然如此，让人难以置信的是，到了1987年年底，量子基金仍然增长了14.1%，达到18亿美元。的确，这次崩盘并没有丝毫动摇索罗斯在华尔街的地位。

《金融世界》公布了一份年度调查，在华尔街收入最高的人中，索罗斯名列第二，仅次于保罗·都铎·琼斯（Paul Tudor Jones II），琼斯的收益估计在8 000万~1亿美元。即使出现了大崩盘，索罗斯1987年的收入仍然有7 500万美元，无怪乎他对于崩盘造成的损失镇定自若。

追梦之初

第五部分
The World's Most Influential Investor
SOROS

"我很愿意被看作是一个务实的哲学家，但如果说我是一个受挫的哲学家，我也很高兴。""我面临的最大风险就存在于承认金钱使我变得更强大、更有影响力的过程中。""我不想死后留名，我只想影响现在发生的事情。""有一个临界点，超出这一点，展现自我是有害的，而我性格中的一个缺陷就是有展现自我的渴望。"

——索罗斯

13 金钱与哲学

SOROS
The World's Most
Influential
Investor

驱使乔治·索罗斯前进的动力是什么？

金钱？很少有他的朋友或合伙人会这么想。他的挚友拜伦·韦恩曾说："如果再赚上10亿美元，也不会让索罗斯感到多么快乐。他赚第一个10亿美元时，就没有感到很快乐。"

当然，赚钱肯定能带给他一些乐趣，但不会很多。乔治·索罗斯是个很复杂的人，他思考的不仅仅是金钱和财富。不管有多少钱流进他的银行账户，他都永远不可能满足于做一个简单的、有钱有闲的人。从这点上看，他和20世纪90年代的许多富豪是相同的。

前几代人中，有钱人常常重视闲暇时间，他们尽可能地无所事事。但是到了20世纪90年代一切都变了，正如英国作家安东尼·桑普森（Anthony Sampson）所指出的："富人不再渴望拥有悠闲的生活，而工作已经成为象征他们身份的一个重要部分。"

说到人们所推崇的身份象征，奢华的酒店套房、游艇和私人飞机早已取代了美轮美奂的住房和景色迷人的花园。但是，新富一族与之前的富人间最大的区别在于流动性。索罗斯追求悠闲生活以外的一些东西，他觉得在私人飞机上比在游艇里更舒适，而酒店套房比大房子更有用，满世界忙碌比坐在泳池边更有收获。

然而，索罗斯和许多当代的富人还是有着显著的区别，那就是他对智慧生活的追求。除了卡尔·波普的作品以外，还有两本对索罗斯影响最大的、晦涩难懂的书，一本是道格拉斯·霍夫施塔特（Douglas Hofstadter）的《哥德尔、艾舍尔、巴赫：集异璧之大成》（*Godel, Escher, Bach*），另一本是葛雷格里·贝特森（Gregory Bateson）的《朝向心智生态学》（*Steps to on Ecology of Mind*）。索罗斯将自己看作是一个投机者，同时还是一个哲学家，或者，更准确地说，是个碰巧成了投机者的失败哲学家。

"我很愿意被看作是一个务实的哲学家，"索罗斯这样说道，"但是如果说我是一个受挫的哲学家，我也很高兴。"在1992年秋天，他成为英国牛津大学赞助委员会委员时，他要求人们把他称为"一个金融和哲学探索者"。

然而，到20世纪90年代，他已经成了亿万富翁。而且不管他在金融界之外做了什么，人们常常称他为"匈牙利企业家""理财大师""亿万富翁投机家"，甚至有次他被称为"全球金融业的坏小子"（《华尔街日报》，1994年6月1日）。他想摆脱这些称号。索罗斯在基金会向新闻界推出的报道上，将自己描述为"国际慈善家"。他等于在说：如果我不能被称为一个哲学家，至少不要说我是金融家。

索罗斯更渴望得到别人的尊重，尊重他的思想、他的见解以及他通过慈善活动对社会的贡献。如果他称自己为慈善家，但自己却不名一文，那么没人会认真对待他的话。他不止一次说过，在华尔街上的成功至少给他提供了被人聆听的机会，而被聆听则是被尊重的开始。

他将自己看作是具有欧洲传统的知识分子。华尔街是个赚钱的好地

第13章
金钱与哲学

方,但是除此之外,索罗斯对华尔街以及以办公室为家的人毫无兴趣。"我没有花很多时间与股市里的人泡在一起,"他向记者丹·多尔夫曼坦言道,"我觉得他们很乏味。"他说,他感觉和知识分子在一起远比与商人们在一起更自在。

他可能向往放手所有的投资活动,做个全职的哲学家,但这是不可能的。他在华尔街太成功了。因为赚钱确实给他提供了一些机会,而这些机会是端坐在象牙塔里的哲学家很少能获得的。

不论他对自己在华尔街上的成就多么满意,他绝不喜欢在日常投资决策中的种种痛苦:"我真的是在冒险,这是个非常痛苦的经历。一方面,当决策失误时,我经历了难以想象的精神打击;另一方面,我不想以赚钱来判断自己的成功,我必须否认自己的成功,这样才能维持成功的原则。"

他在另外一个场合中提到,在投资时感到痛苦源于金钱的损失。他想要指出的是,如果想赚钱,你就必须要承担风险。在20世纪80年早期发生的"认同危机",就是因为他感觉仅仅是赚了很多钱的人生是不圆满的。

正如经常思考的人一样,索罗斯常常会担忧钱财的积累会产生负面的影响,担忧人们关注他仅仅因为他赚了很多钱。"我必须同时接受成功所带来的权力和它所产生的影响。我面临的最大风险就存在于承认金钱使我变得更强大、更有影响力的过程中。""认同危机"的到来给他带来了解脱。

◆ ◆ ◆

他享受着优越的生活。在20世纪90年代中期,他有4处住所,分别在曼哈顿、长岛的南安普敦、纽约的贝德福德和伦敦。但是,他比其他有钱人谦逊得多。他既不抽烟也不喝酒,也不喜欢享受很多的美食。

他的伦敦合伙人埃德加·阿斯泰尔常常在办公室外面看见索罗斯。

索罗斯的品位不是用来炫耀的："他喜欢戏剧和音乐。他不喜欢收藏。他有几件匈牙利艺术品。他喜欢服装，他总是穿着得体。"

每次出国去他的慈善基金会的时候，特别是在20世纪80年代和90年代，索罗斯总是不用私人司机和保镖。有时参观大学校园的时候，他待在学生区。他自己叫出租车，或者从城镇的这头走到那头，或者乘坐公共交通工具。

对于索罗斯如何拒绝过亿万富翁的生活，他的很多朋友都有一些趣谈。蒂伯·瓦莫斯（Tibor Vamos）是一名匈牙利知识分子，隶属于索罗斯在布达佩斯的慈善基金会，他回想起有次和索罗斯坐在匈牙利科学院的大楼里的情景。

索罗斯问他："我怎么去那所大学？"瓦莫斯告诉他："你可以坐出租车。""为什么不坐有轨电车呢？"索罗斯很认真地问。瓦莫斯解释说，索罗斯这么做不是为了省钱，他只是很务实。如果此刻从一地到另一地的最快方式是坐电车，那么为什么不这么做呢？

索罗斯在南安普敦的房子是一座石灰粉刷的西班牙瓦片装饰的别墅，配有游泳池和网球场。1990年，索罗斯举办了一个宴会，庆祝自己的60大寿。草地上放置着一个白色的大帐篷，晚饭跳舞时用。根据一个客人的说法，被邀请的500个客人都是很重要的商业巨头和匈牙利的富翁。

虽然索罗斯希望给人的感觉是自己过着简朴的生活，但是有时可能会误导别人。从南安普敦到曼哈顿和他的四处住所都可乘坐水上飞机，但是索罗斯没有游艇，没有劳斯莱斯。20世纪90年代，索罗斯出差或旅行的时候，他通常是乘商务飞机（商务舱），而不是坐私人飞机。索罗斯有次想买一架飞机，这样从纽约到欧洲之间往返会很方便。他咨询拜伦·韦恩的意见。韦恩告诉他："这不是个好主意。如果你有一架飞机，你会发现，只有当飞行员想用它的时候，你才会用飞机。"韦恩向索罗斯建议，需要的时候，他可以包机。索罗斯听取了他的建议。

第13章
金钱与哲学

对于一些人来说，索罗斯特别腼腆，但是他喜欢人们伴他左右。据韦恩观察："索罗斯喜欢住在舒适的地方，他不喜欢带你四处参观他的房子，跟你说，看这个钟，或者是那幅雕像或名画。索罗斯欣赏的是物质的东西。他喜欢过舒适的生活，他喜欢把人们带到家里，提供美味佳肴，尽可能地让他们过得很舒服。"

他经常举办聚会。有时，他会在最后一分钟给苏珊打电话，他要邀请一些朋友回家共进晚餐。苏珊会问有多少人。索罗斯回答："哦，可能有50或75人。"然后，苏珊就会为70个俄罗斯的持不同政见者和他们的伙伴准备晚餐。

每年新年前夕，索罗斯都会在纽约的公寓举办晚会。夏天在南安普敦，每个周六的晚上，索罗斯都会用来消遣娱乐，对于索罗斯来说，这样的晚会就如商业会议、社交活动一样重要。韦恩参加过这些晚会，在他看来，索罗斯在人群中表现得很好，他跟每一个人打招呼，能记住每个人的名字。

"参加聚会的人中，有的来自艺术界，有的是网球伙伴或者商业人士，还有些是政府官员。总是有很多人参加，让他应接不暇，但是他总能从这些聚会中有所收获，更重要的是，人们可以互动。"

因为爱好社交，自然而然，索罗斯不喜欢久坐不动的生活。他喜欢处于活动当中，看看世界上其他地方，让头脑积极地转动，与要人交往。简而言之，他渴望冒险，并且在人生中积极大胆地寻找冒险。无怪乎他觉得商业人士和交易室很乏味。

和知识分子在一起的时候，特别是当他们不是美国人的时候，索罗斯常常会感到特别舒服。

◆ ◆ ◆

乔治·索罗斯总保持着狂热的前进步伐，因为他坚信自己是一个特别的人，是对生活有着特殊目的的人。请大家不要忘记，这是一个小时候认为自己像神的人。

成年后，索罗斯明白这样的想法会让自己陷入困境，例如，人们会因此说他是完完全全的"自大狂"。1987年，索罗斯写道："唯一能伤害到我的事情就是，我的成功促使我回到儿时对于自己全能的幻想，但是只要我身在金融市场，这似乎就不太可能发生，因为它们会不断地提醒我，我是有局限的。"

金融市场也在不断地提醒索罗斯，他似乎有点石成金的本领。虽然他不可能一直正确，但是那的确是他擅长的领域。在他投资最为成功的一年，记者丹·多尔（Dan dole）问他："如果再来一次，你会打算怎么做？"索罗斯说："这基本上是不可能再发生的事情，但是在我的经历中，这确实重现了。"这里的关键在于，对于乔治·索罗斯而言，甚至不可能再发生的事情都重现了。

如果索罗斯能让不能再发生的事情重现，那么还有什么能阻止他用同样的方式使用自己的知识的力量呢？有什么能阻止他为人类的知识做出伟大的贡献呢？索罗斯的人生中有个阶段，即20世纪50年代，他遇到了绊脚石，因此不得不放弃了成为一名学者和哲学家的计划，但是挣的钱越多，他越确信，或许有可能重返知识的王国。

有了这些想法，他开始构建理论，关于知识、历史和金融市场的理论。他宣布了他的"发现"，即关于参与者的偏见在探索人类知识中的作用，是理解所有包含参与者的思考的历史过程的关键，"正如基因突变是理解生物进化的关键"。

索罗斯认为自己的思想与众不同，因此对于那些他觉得不太有天赋的人，他很难忍受。毕竟，他认为他能透过现象看见本质，而其他人做不到。举个例子，谈到自己理解金融市场的能力时，索罗斯说："我认为我真的了解正在发生的过程——革命性的过程，而且比其他人了解得都

第 13 章
金钱与哲学

好、都透彻,因为我有一个理论,一个知识的框架,可以在框架内处理这个过程,这是我的特长,我在金融市场中处理类似的过程。"

对于那些试图探测金融市场的人,索罗斯说:"我很看不起那些职业投资者的'聪明',他们的地位越显赫,我越不会觉得他们能够做出正确的决策。"

詹姆斯·马克斯在 20 世纪 80 年代中期与索罗斯共事,对这一点他有深刻的体会:"索罗斯总是觉得,他能够比别人理解得更好。这是一个斗争,不是因为他要将思想从匈牙利语转换为英语,而是他试图要将你拉入他的思维中。"

"但是他很清楚,他不能让你很快地跟上他的思维。他有一种感觉,当他理解了什么事情的时候,好像他在和上帝说话。这就是为什么他非常确信要发生的事情,当这个事情不能如愿发生的时候,他会是最吃惊的人。但是如果事情发生了,他认为那是理所当然的。

14 自由值多少钱

索罗斯早期的职业生涯中,慈善是他最不会想到的事情,因为他不太喜欢"慈善"这个词。可问题在于,他的巨额财富如何才能花掉呢?索罗斯本人是犹太人,所以帮助自己的犹太同胞不是件很自然的事情吗?

索罗斯从来没有否认抑或掩饰过自己的犹太身份,他只是将它暂时搁到一边。他以前一直在刻意避免给以色列捐钱,直到20世纪80年代的后半期,他结交了以色列的公共事务评论员丹尼尔·多伦(Daniel Doron)后,他才给多伦的耶路撒冷智囊团捐了一小笔钱。后来,耶路撒冷希伯来大学的经济学教授格尔·奥佛(Gur Ofer)努力接近索罗斯,希望这位投资家能建立一个基金会,希望借此帮助前两年涌入以色列的50万苏联犹太人。但索罗斯坚决反对这个想法,并中断了他们的谈话。

为什么索罗斯如此反对帮助以色列?奥佛回忆说:"在索罗斯的思维中有非犹太复国主义,或者说是反犹太复国主义的成分。他认为,犹太人应该在他们所生活的社会中踏踏实实地过日子。"

索罗斯在寻找一片天地,以期能够成为"拯救苍生的人"。他意识到，自己人生的分水岭就是从出生地匈牙利的"封闭社会"中逃离出来。离开匈牙利后，他才体会到了自由的滋味，起初是在英国，然后在美国。为什么不为东欧和前苏联的人也提供这样的机会呢？

索罗斯决定用自己的经济力量来推动开放社会，在开放社会中，人们可以自治，能够自由地表达自己的思想，追求自己的目标。

乔治·索罗斯资助东欧和苏联的革命。革命不是发生在路上或大街上，而是发生在平民的思想中，这种革命是平和的、缓慢的、渐进的，但又是坚持不懈的，最终，革命会给这些国家带来民主的诞生，无论如何，计划是这样的。

有些努力会成功，有些则可能会失败。索罗斯知道自己的能力有限，因此选择一个能够让他和他的慈善发挥最大影响的地方至关重要。如同罗斯恰尔兹贴现公司（Rothschilds）一样，他要利用自己的财富重新规划欧洲的政治版图。

- - -

索罗斯知道，仅仅靠捐款，他是无法改造东欧和苏联的。除了用钱之外，他要给东欧灌输热爱西方的观念，毕竟，西方才是开放社会这一概念繁荣的地方。

索罗斯反对那些不习惯别人随便花钱的人。杰弗里·萨克斯（Jeffrey Sachs）是哈佛大学的国际贸易教授，也是波兰、俄罗斯、爱沙尼亚等国政府的经济顾问，他曾说："人们从多棱镜的不同角度看乔治·索罗斯，政府领导人对索罗斯的反应比较积极，而反犹太人、极端的民族主义者以及其他的排外集团对索罗斯则持否定的态度。"

的确，索罗斯要想在这些东欧国家取得立足之地不太容易。罗马尼亚人讨厌索罗斯，因为他是匈牙利人；而匈牙利人也讨厌索罗斯，因为他是犹太人；而在斯洛伐克，因为既是匈牙利人，又是犹太人，他陷入双重不利的境地。

第 14 章
自由值多少钱

而在西方,他也不是安然无恙,他被人指责是"现代罗宾汉","拿"富有的西方的钱去帮助贫穷的东方。1992 年 9 月,当他将所有的筹码都押在英镑上,并且赢了赌注时,人们愤怒地指责索罗斯从每个英国公民身上平均"窃取"了 12.5 英镑去帮助东方。对于这个批评,索罗斯欣然接受:"我真的认为西方应该帮助东方,并且应该做更多的事情来帮助东方,所以我很高兴能代表西方人去做这些事。"

并不是每个英国公民都不满索罗斯的慈善举动。当尼尔·麦金农(Neil Mackinnon)被问及,对人们指责索罗斯从每个英国公民的身上"拿"走 12.5 英镑支持东欧有何想法时,这位伦敦花旗银行的首席经济师回答道:"以这个价钱换取自由真的是很便宜。"

◆ ◆ ◆

实际上,索罗斯最初的慈善尝试开始于 1979 年,那是在南非。当时他认为开普敦大学似乎是实行开放社会理念的地方。因此,他为黑人学生设立了奖学金,但是结果令人失望,索罗斯发现他的钱大部分被用于资助已经入学的学生,而不是资助新生。他撤回了给这所学校的资助。他后来解释说:"南非充满了泪水,如果不与体制相容,做任何事情都举步维艰。"而在东欧,索罗斯感觉自己有更多的优势。

当索罗斯决定专注于东欧时,他感到自己需要一个示范点,他权衡再三,最后选择了自己的故乡匈牙利。凑巧的是,走强硬路线的亚诺什·卡达尔(Janos Kadar)政府中一些立志改革的人士也注意到了索罗斯,他们需要外国资金帮助他们的政府。其中之一便是费伦克·巴萨(Ferenc Bartha),他当时负责政府的经济关系。1984 年,巴萨和索罗斯见面,索罗斯说,他有兴趣建立一个慈善基金会。随后谈判开始了。代表政府指导他们的是乔治·艾克塞尔(George Aczel),匈牙利政治局中唯一一位犹太成员,匈牙利非官方的"文化沙皇",同时也是总理卡达尔的知己。

索罗斯选择令人敬畏的匈牙利持不同政见者克罗斯·瓦莎里（Miklos Vasarhelyi）作为自己在匈牙利的私人代表。索罗斯和瓦莎里于1983年初次见面，当时瓦莎里还在纽约哥伦比亚大学国际变迁研究所工作。瓦莎里曾是1956年起义中匈牙利总理伊姆雷·纳吉（Imre Nagy）的发言人，也是圈内人士。

瓦莎里猜测，建立索罗斯的慈善基金会，成功机会不会超过一半。对索罗斯有利的一面是，匈牙利政府希望提升自己在国外的形象，以求获得西方的贷款和硬通货；但不利的一面是，索罗斯所面对的这个国家，以往没有外人经营慈善基金会，更不用说让外人推动开放社会。

即使匈牙利政府同意索罗斯建立基金会的计划，他们也不会给他很大的自由，但是索罗斯却坚持要保持独立性。索罗斯反抗说："我将到匈牙利，把钱交给我认为值得托付的人。"但是这些政客的反应却是："索罗斯先生，你只管把你的钱拿来，我们将会为你分配它。"

谈判拖了一年。索罗斯想捐200万~300万美元，但是对于这些政客来说，这笔钱太微不足道了。政府倾向于支持科研，但是索罗斯倾向于资助那些想要旅行、写作或从事艺术的人。政府希望基金会提供设备，但是索罗斯却想要资助个人。

最终，索罗斯和巴萨似乎克服了分歧。匈牙利人签署了相关文件之后，他们其中一个人说道："太好了！现在你的秘书处可以告诉我们对外文化关系部，你们想做什么，我们就会去做。"

换句话说，匈牙利政府现在坚决主张，新的索罗斯基金会隶属于文化部的管辖。让匈牙利的谈判代表感到震惊的是，索罗斯起身离开他的椅子，走向房门，他不会签署这些文件。他说道："很遗憾，花费这么多的时间和精力，结果却一事无成！"他是个精明的谈判者。当他的手搭在门把手上时，匈牙利官员同意给予索罗斯基金会更大的独立性。

有了这个让步，索罗斯签署了文件，承诺在可预见的将来，每一年

第14章
自由值多少钱

出资 100 万美元用于基金的运转。到了 1993 年,这个数字已经增加到每年 900 万美元。

索罗斯基金会在匈牙利的伟大突破归功于捐赠复印机这件事,从此索罗斯基金会被确立为积极寻求改革的力量。在那之前,匈牙利当局一直严格控制任何机器,因为一旦落入地下组织的手中,他们可能会用于煽动反动言论或行动。在匈牙利很少有人见过复印机。索罗斯决定为匈牙利的图书馆、大学和科研机构提供 400 台复印机,但是前提是匈牙利政府同意不会监控这些机器的使用,只有这样索罗斯才会捐赠。无论如何,索罗斯赢得了政府的同意和保证,可能这一切都是因为匈牙利政府急需硬通货。

◆ ◆ ◆

匈牙利政府对索罗斯和他的基金会越来越不信任。成立之初的 4 年,即 1984—1988 年,基金会被政府禁止在大部分匈牙利媒体上做宣传。大部分媒体提都不能提"乔治·索罗斯"或者"索罗斯基金会"。索罗斯和基金会在匈牙利得到的宣传极为有限,但即便如此,政府还是感到不安。1987 年,他们的不安终于爆发了。

基金会给一位年轻的记者提供了奖学金,那位记者想要为 20 世纪 50 年代早期的匈牙利总理马加什·拉库奇(Matyas Racozi)写一本传记。传记即将面世,《世界经济》(*World Economy*)杂志刊登了一篇与此相关的消息,该杂志是匈牙利唯一一家被允许刊登基金会广告的媒体。不巧,当时的总理亚诺什·卡达尔(Janos Qatar)看到了这条消息后觉得:"这不可能!明天,索罗斯要资助给我写传记的人。"卡达尔立即将《世界经济》列入被禁媒体中。

政府对自己和基金会的无礼待遇让索罗斯怒不可遏,他已经准备关闭索罗斯基金会了。"接下来的两周气氛非常紧张,"瓦萨里回忆说,"最终事情解决了。"《世界经济》又可以为索罗斯和基金会做宣传了，而且拉库奇的传记最终也得以出版，但是那是在风暴平息了之后。

1988年，卡达尔以及他所有的党羽几乎都被推下台，不久之后，新的领导人执政，索罗斯应邀与新上任的总书记卡罗利·格罗什（Karoly Gros）见面，这标志着基金会现在受到政府的优待了：索罗斯从来没有被前一届领导人接见过。

好景不长，这种良好的关系只持续到了1989年，政府中的反犹太情绪已经昭然若揭了，基金会在匈牙利的地位也岌岌可危。索罗斯在匈牙利受到的右翼批评比在其他任何东欧国家的都要尖锐。1992年9月3日发表的一篇8页的文章用了醒目的标题："白蚁正吞噬着我们的民族——对索罗斯政权和索罗斯帝国的反思"。索罗斯明确地表示，自己不会被民族主义者吓倒："这些人实际上是想在民族主义的基础上建立一个封闭社会。所以，我真心反对他们，并且也乐意与他们为敌。"

1994年，索罗斯在布达佩斯的基金会成立10周年，此时基金会运作的项目已经达到了40个，主要支持图书馆和健康教育，提供奖学金，优先考虑出国留学和培养青年人的项目。索罗斯基金会甚至有个项目支持学校举行辩论。蓄着黑色胡须的基金会主管拉兹罗·卡杜斯（Laszlo Kados）说："这里的人们对辩论这个概念很陌生，人们习惯于接受命令，而没有任何争辩。"

尽管取得了一些成就，索罗斯基金会的负责人却感觉他们要做的还有很多。卡杜斯说："还有很多的结构和思想需要我们改变。你可以建立一个政党，建立议会，实施自由选举，实际上这些已经存在于现在的匈牙利。但是这些都不足以成为开放社会，仅仅是开放社会的起点而已。"

对于通过基金会的项目达到的目标，索罗斯非常坦诚地说道："我们不是通过政治运动反对政府来直接实现我们的目标，而是间接地削弱教条主义的思维体系来达到目的。不同思想的碰撞才是民主的本质所在。"

第14章
自由值多少钱

◆ ◆ ◆

1984年在匈牙利成立基金会之后,索罗斯决定扩展他的慈善活动。1986年,他来到了中国,梦想在这里建立一个基金会。但是他没有成功。索罗斯发现中国文化很难理解:"中国人信奉孔子的伦理观,而不是犹太—基督教的伦理观,如果你给一个人一些帮助,这个人会对你感恩戴德,忠诚于你,并且下半辈子都指望你来照顾他,这与开放社会的概念完全背道而驰。"尽管在中国遭遇挫折,但索罗斯并没有停下脚步,他继续在东欧和前苏联推行开放社会。

1987年,他将慈善事业推广到了前苏联,1年之后,他来到了波兰,1989年到了捷克斯洛伐克。但是,最让人印象深刻的挑战是在罗马尼亚。

在罗马尼亚,人们忍受着贫穷的折磨。20世纪90年代中期,罗马尼亚人的平均月收入是50美元,1994年3月我来到罗马尼亚,看到单调的百货商店前排起长队,人们等着购买廉价的、政府补贴的牛奶。在这个百货商店里,西方可以买到的商品,寥寥无几。几年前,高达400%的通货膨胀率吞噬了罗马尼亚人民的购买力,许多年轻人离开了家乡,到国外寻求生计。

1989年12月,罗马尼亚革命爆发。索罗斯和纽约人权观察署的官员谈话,坚持认为:"我们必须采取一些行动,必须做些什么,否则这些人将会自相残杀。"

战斗还没有爆发,但是索罗斯感觉,一场大灾难即将来临,他是对的。1989年12月16日,罗马尼亚的警察对蒂米什瓦拉(Timisoara)的示威者开枪,造成了几百人的死亡。随后,大规模反政府的游行和示威活动蔓延到罗马尼亚的其他城市,齐奥塞斯库立即宣布全国进入紧急状态。

5天之后,即12月21日,示威游行在布加勒斯特展开,保安部队对示威者开枪。次日,军队力量加入反抗者。有一组自称"救国阵线",并且宣布他们已经推翻了政府。

齐奥塞斯库见势不妙，赶紧逃跑了，激烈的战斗爆发了。军队受到新政府的支持，极力镇压忠诚于齐奥塞斯库的势力。1989年12月23日，逃跑的独裁者齐奥塞斯库也被逮捕。两天之后，军事法庭迅速判决齐奥塞斯库和他的妻子犯有屠杀罪，被执行枪决。这时是索罗斯进入罗马尼亚的最佳时机，赫尔辛基观察委员会组织了一个小组在1990年1月前往罗马尼亚调查情况。

罗马尼亚出生的桑德拉·普拉朗（Sandra Pralong）加入了这个小组，担当指导和翻译。1974年，年仅15岁的普拉朗来到瑞士，后来到了波士顿，就读于塔夫茨大学（Tufts University）弗莱彻外交学院（Fletcher School of Diplomacy）。她熟悉纽约人权观察的工作。

动身离开美国之时，普拉朗接到索罗斯的一个电话，说他要资助在费城的兄弟们的兄弟组织（Brother's Brother），当时这个组织给罗马尼亚输送药品和其他物资。"我想要付钱给他们，将药品运送到那里，但我不想药品落入到其他人手中。"索罗斯问她是否能够帮忙，通过官方渠道将药品直接送到需要的人手里。

普拉朗承诺会尽最大努力。索罗斯接着决定在1月份亲自前往罗马尼亚，希望可以在那里建立基金会。对于基金会的管理者，索罗斯心里已经有了人选，那就是罗马尼亚的持不同政见者——现年39岁的阿林·特奥多雷斯科（Alin Teodoresco）。

1989年12月22日，反抗真正开始，特奥多雷斯科发现自己家门外停着5辆载满警察的汽车，电话线被切断，他被软禁在家中，实际上像个囚犯。特奥多雷斯科从来没有听说过乔治·索罗斯，他对基金会也完全没有概念，更不知道应该做什么。无怪乎他和索罗斯在1990年1月6日的第一次见面进展得并不顺利。索罗斯没有事先预约，就登门拜访特奥多雷斯科。陪同索罗斯的还有索罗斯基金会在匈牙利的私人代表克洛斯·瓦莎里（Klose Vasari）。

第14章
自由值多少钱

特奥多雷斯科那一整天都很忙碌，会议一个接着一个，他的同事告诉他："外面有两个美国人等着见你，其中一个说他是亿万富翁。"特奥多雷斯科却无动于衷。"哦，去他们的。"这就是他不太礼貌的反应。在罗马尼亚革命之后，很多美国人蜂拥而至，告诉特奥多雷斯科和其他持不同政见者，他们有钱，想要帮忙。所以，特奥多雷斯科让索罗斯他们在门外等了足足两个小时。最后，秘书急匆匆地跑进特奥多雷斯科的办公室，告诉他那两个人还没走。

"让他们进来吧。"

亿万富翁和他的助手走了进来。

"你好，我是乔治·索罗斯。"

"好的。"特奥多雷斯科反应平平。

然后，索罗斯介绍了瓦莎里。

特奥多雷斯科听说过瓦莎里，知道他本身也是一位伟大的持不同政见者，曾入狱，在东欧地区成为很多人心中的英雄人物。由于瓦莎里的出现，特奥多雷斯科愿意给索罗斯一些时间。亿万富翁没能让这位罗马尼亚的持不同政见者动心，但其他的持不同政见者却给他留下了印象。

第二天，三人在布加勒斯特的洲际酒店共进早餐。这位罗马尼亚人和匈牙利人第一次进行了半小时的谈话。最后，乔治·索罗斯切入了正题。

"我是一个亿万富翁。"他这样开场。

"好的。"特奥多雷斯科只能想出这样的答复。

"我想在罗马尼亚建立一个基金会。"

"基金会是什么？"特奥多雷斯科很真诚地问道。

索罗斯耐心地解释："你从我这儿拿钱，你有一个董事会，然后你做广告说你有钱，人们到你这儿申请，然后你把钱分发出去。"

索罗斯说他想邀请特奥多雷斯科来领导他的基金会，索罗斯会捐出100万美元供他使用。特奥多雷斯科认为，将外部的基金会引入罗马尼亚，这个想法很奇怪，也很困难。

1个月以后，当索罗斯再度回到罗马尼亚的时候，他迫切地想知道为什么特奥多雷斯科似乎对是否接受这个职位很犹豫。索罗斯问他："建立这个基金会，你是否需要什么帮助？"

"是的，"特奥多雷斯科答道，"我需要帮助，我不知道怎么建立一个基金会。"

没关系，索罗斯说。他知道谁可以帮忙——桑德拉·普拉朗。"你一定要见见她，她是我见过的最有创造力的人，尽管有一点点神经质。"

索罗斯回到纽约后打电话给桑德拉·普拉朗："你觉得我的基金会怎么样？"

"什么基金会？"她很困惑地问道，根本不知道索罗斯在说什么。

"你想去罗马尼亚建立基金会吗？"

索罗斯看起来是在给她提供一份工作，桑德拉·普拉朗感觉很兴奋。最后，索罗斯正式邀请她担任基金会的第一位执行董事，普拉朗欣然接受了。1990年4月，索罗斯和特奥多雷斯科又见面了，他们达成一致，由特奥多雷斯科担任基金会的首任总裁。

现在，两个最主要的位置已经有人担任了，基金会的建立水到渠成。

1990年6月，基金会正式开始运作，名为"开放社会基金会"。桑德拉·普拉朗于9月到达罗马尼亚，担任她的新职务。

在特奥多雷斯科看来，与索罗斯相处不太容易，因为索罗斯这个人没什么耐性。索罗斯想尽快把钱花掉，然后转向其他国家、其他项目。特奥多雷斯科习惯于对话，他回忆说："当我第一次见他的时候，他就像老板一样。"他这里的"老板"是带有贬义的，指那些希望员工不需要很多指示就能立刻投入工作的人，不给员工问老板问题的机会。

随着时间的推移，特奥多雷斯科开始对索罗斯充满敬畏。他研究出了一个关于乔治·索罗斯的理论：索罗斯似乎比其他人有更高的道德修

第 14 章
自由值多少钱

养。特奥多雷斯科觉得了解索罗斯的秘诀在于将他想成是与自己竞争的人，而不是与对抗。这个想法是特奥多雷斯科从哲学家伊曼努尔·康德（Immanuel Kant）那里学来的。

要从零开始创立基金会并不简单。按照惯例，第一步是在报纸上刊登招聘广告，同时也要宣传第一批奖学金。尽管革命已经结束，但是罗马尼亚还是疑云重重。1991 年 1 月 2 日，当索罗斯资助的第一批 60 位学者到达布加勒斯特的火车站，准备前往爱丁堡大学的时候，一位学者哭了起来。她承认，看到报纸上的广告时，她认为那只是一个玩笑。那时，仅有一些身居高位的罗马尼亚人才能出国，而她绝不是那样的人，这就是她为什么哭了。

甚至连那些在基金会工作的人都觉得，在基金会开放氛围里运作是很困难的。安卡·哈拉西姆（Anca Haracim）是一位高挑的、颇有风韵的女人，1990 年 10 月，30 岁的她开始在基金会担任项目协调员，到了 1993 年，她接替桑德拉·普拉朗担任执行董事。当年，她的预算高达 600 万美元。

哈拉西姆的成长环境使她相信，每一项活动都应由团体制定决策。但是，在基金会的工作冲击了她的这个思想。她脸上的笑容掩盖了她开始时所感到的恐惧。到了 1994 年，她已经能够说："我已经完全被灌输了基金会的意识形态，我甚至能将这种意识形态付诸我的私人生活，我负责更多的工作。现在，我已进入了下一个阶段，我必须给别人授权，这比主管事情还要难。"

❖ ❖ ❖

索罗斯始终不能让人们忘记他曾经在匈牙利生活过，至少在罗马尼亚不可以。1994 年，罗马尼亚拥有 2 310 万人口，其中，240 万是匈牙利人。对于有些罗马尼亚人来说，一个在匈牙利出生的亿万富翁来到罗马尼亚，宣扬资本主义、经济改革和开放社会，这仅仅是以伪装的方式让罗马尼亚的匈牙利人反抗政府。

基金会建立后不久，索罗斯就受到了攻击。一些报纸指责索罗斯试图将有180万匈牙利人居住的特兰西瓦尼亚"卖给"匈牙利。基金会力图保持公平，不特别优待或者歧视罗马尼亚的匈牙利居民。但是，这很不容易。在罗马尼亚的克鲁日市，有大量的匈牙利居民提出申请，基金会别无选择，只能给他们提供赞助，这使得资助的比例似乎有些失调。

然而，索罗斯对这些攻击视而不见。基金会的官员没有得到索罗斯的任何指示，他们只能采用尽可能公开的方法来予以反击。在遭受这些攻击前，基金会从来没有公布过奖学金获得者的名字，但是攻击开始后，基金会就把奖学金获得者的名单公开了。安卡·哈拉西姆说道："这是向他们表明，我们不仅仅只是将特兰西瓦尼亚卖给匈牙利人，我们也做了好事。"

1987年，索罗斯决定在前苏联开辟一片新的慈善领域，他将前苏联称为"典型的封闭社会"。那一年的3月，索罗斯开始和前苏联政府协商，也就是前苏联释放安德烈·萨哈罗夫（Andrei Sakharov）的3个月后，萨哈罗夫是前苏联异议人士的代表人物。索罗斯希望他们能允许自己在前苏联建立一个据点，他心存抱负，希望能推动经济改革。

那一年，索罗斯向美国的苏联政治避难团的成员征求意见。莫斯科出生的科学家亚历克斯·戈德法布（Alex Goldfarb）是一位经验丰富的持不同政见者，他和索罗斯第一次见面是在索罗斯的纽约公寓里。戈德法布和他的朋友充满疑虑："我们实际上很消极，我们觉得这样的努力马上会被克格勃扼杀的，无论你如何聪明，他们都会比你更聪明。"索罗斯消除了他们的消极情绪。

第14章
自由值多少钱

实际上，索罗斯做到了。1990年，他建立了"开放的爱沙尼亚基金会"，并且在拉脱维亚和立陶宛建立了类似基金会，旨在提供工商管理培训，为学者提供旅费补助、奖学金和英语语言培训，其中的一个管理培训项目由索罗斯的老朋友赫塔·塞德曼（Herta Seidman）负责指导，培训对象是从阿尔巴尼亚到苏联的劳动者，内容是企业管理技巧。1994年，管理培训项目完成了一个审计项目，35个俄罗斯人接受了该培训。塞德曼说："这些国家的经济在不断地发展，他们需要当地的专业人员提供服务，而这就是我们努力在做的事情。"

1992年9月的狙击英镑中大获全胜，索罗斯说："我一直在寻找一个宏大的项目，可以发挥更大的影响。"1992年12月，索罗斯宣布了他的一个最大的资助项目，捐资1亿美元，支持苏联的科学家和科学研究。

索罗斯的项目旨在减缓人才外流。当时，已经有5万名科学家离开苏联，放弃了他们的研究，以便在利比亚或伊拉克这样的地区找到报酬更高的工作。这生动地说明了索罗斯努力在做的事情。当美国和欧洲对于如何帮助俄罗斯的不断瓦解的科学团体不知所措时，索罗斯已经向前迈进，开始了他的资助项目。

从1987年开始，索罗斯在东部地区陆续建立了索罗斯基金会办事处，他的开支急剧上升。1990年，他加大了对东欧的投入，建立了中欧大学（Central European University），校园设在布拉格和布达佩斯。来自22个国家的400名学生在这所大学就读，中欧大学是索罗斯的梦想，是他最引以为傲的项目。

到了1994年春天，索罗斯的慈善帝国已经发展壮大，在26个国家设立了89个办事处。此前两年，他已经捐出了将近5亿美元，并且承诺会再捐出5亿美元。

一些观察索罗斯的人认为，索罗斯慈善事业唯一目的就是获得更好的信息渠道，这样他可以更加谨慎地投资。一位多疑者注意到，在索罗斯欧洲基金会召开的会议上，其投资的国家的内阁部长都会前来参加。

甚至特奥多雷斯科也相信，索罗斯推行慈善有双重目的，通过基金会的工作，索罗斯可以接触到一些人，使得他能更好地了解世界经济。他说："通过基金会花钱之后，索罗斯变得更加成功，两者之间并不是毫无关联。"

◆ ◆ ◆

1992年9月成功狙击英镑之后，索罗斯吸引了众多媒体的注意，他们想了解索罗斯的投资方式，然而索罗斯没有兴趣泄露自己的秘密，因此他采取了一个策略，转移媒体的注意力：他让记者同自己一起待在东欧，以此分散媒体的注意力——花在他投资上的时间更少，而花在他资助项目上的时间则更多。

有个英国电视纪录片制作小组似乎乐于关注索罗斯的慈善事业，他们在1992年12月3日做了索罗斯的专题报道。他们报道索罗斯在飞往布拉格的飞机上说自己已经很少做投资了，"我大部分精力都投到了资助项目中，具体来说大约80%~90%的精力。我和我的办事处每天都保持联系，但是我实际上并不制定任何决策，我有一个专业的团队。事实上，我发现花钱比挣钱要难得多。"说到这里，乔治·索罗斯咧嘴一笑。

飞机在布拉格降落，索罗斯下了飞机。捷克电视台的工作人员赶上了索罗斯，其中的一位记者问索罗斯："请问你是怎样的一位资本家？"

对此，索罗斯答道："我并不认为自己是个商人，我投资别人经营的企业，所以确切地说，我是一个批评家。某种程度上，你可以说，我是世界上报酬最高的批评家。"摄像机又一次捕捉到了索罗斯大大的微笑。

索罗斯在布拉格四处走动，视察他的基金会以及中欧大学的校区，索罗斯表现出了极大的满足感："我已经得到了我所需要的钱，所以我打算加快我的慈善活动。我在考虑将2.5亿美元尽快花出去。"

第 14 章
自由值多少钱

2.5 亿美元！很少有人像索罗斯这样轻易地捐出这么多钱。但是与政府官僚比起来，做同样的事情时，索罗斯有一个很大的优势：行动前不用获得各种各样的批准。

◆ ◆ ◆

在中欧大学的开学典礼上，索罗斯站在瓦茨拉夫·哈维尔（Vaclav Havel）的旁边，这位持不同政见者成为了总统，索罗斯站在一个麦克风的后面，麦克风对于他来说太高了，看起来好像是挂在他的鼻子上。索罗斯将右手放在上衣口袋里，左手做手势。

"最初，我承诺连续 5 年每年捐出 500 万美元给中欧大学，也就是总共 2 500 万美元。而我们现在已经远远超过了这个数字。"人群中的学生听得懂英语，知道这是鼓掌的时候了。

索罗斯避免通过资助项目将自己塑造成偶像人物，他当然也想要得到人们的认可与尊重，但是他并不主张在他所支持的机构里，张贴自己的名字和照片，他并不想通过基金会传播自己的思想。1994 年春天，笔者访问了东欧的索罗斯基金会，在那里几乎看不到索罗斯的书。即使是在位于布达佩斯的中欧大学也看不到他的一本书，尽管这所大学号称馆藏丰富，这所学校被命名为"中欧大学"，而不是"索罗斯大学"。

索罗斯曾宣称："我不想死后留名，我只想影响现在发生的事情。"

◆ ◆ ◆

对于索罗斯来说，帮助别人比挣钱要让他更快乐。他似乎有了新的生活追求。索罗斯决定巩固他的 18 个基金会，于是在 1993 年 9 月，索罗斯雇用了阿莱·奈尔（Aryeh Neier）作为基金会第一任领导，在奈尔接手之前，基本上是索罗斯一个人管理基金会。只有他知道每个基金会发生的事情，而每一位工作人员也只处理一小部分业务。然而，一段时间之后，索罗斯明智地做出结论，随着基金会的不断壮大，必须有人来接手，将不规范的基金会变得井然有序。

在负责开放社会机构之前，奈尔曾担任了12年的人权观察执行董事，在那之前，他在美国民权同盟（American Civil Liberties Union）工作了15年，其中有8年担任执行董事。

◆ ◆ ◆

1993年末，索罗斯感到很满意。《说谎者的扑克牌》（*Liar's Poker*）一书的作者迈克尔·刘易斯曾陪同索罗斯在东欧进行了为期两周的旅行，他说："当我从他后面大声问他，如何诙谐地说明他在德国和中国之间的活动的复杂关系时，索罗斯会转动他的座椅说：'你就写苏联帝国现在叫做索罗斯帝国。'"说完他就转回身去，自己笑了。

索罗斯的帝国不断扩张，活跃在很多地方，索罗斯似乎感觉自己应该同时出现在每一个地方。他很难遵循行程表，他可能一时兴起，在最后一分钟改变计划，这让那些已经为他安排好计划的人十分恼怒。1992年末，他原定于从阿尔巴尼亚的地拉那飞往维也纳，但是当他登机时，他突然改变计划，告诉飞行员说："去伦敦。"

飞行员做了个鬼脸，笑了，想起自己花了2个小时准备飞往维也纳。他说："索罗斯先生，您是我见过的最有挑战性的乘客。"

从一个项目奔波到另一个项目，索罗斯似乎想尽力弥补损失的时间。零零碎碎的项目，不管多么重要，都不如大项目能够吸引索罗斯。索罗斯要的是影响，而且必须立刻产生影响。

克罗斯·瓦莎里解释说："如果事情已经在进展中，并且行之有效，那么索罗斯对这个项目就没有多大兴趣了。他的决策不一定都是最佳的，但是他能及时纠正自己，一旦发现事情不对，他会坦白承认。"

蒂伯·瓦莫斯（Tibor Vamos）曾经在匈牙利的索罗斯项目中工作，他将索罗斯在慈善工作中的冲动和易变归因于他的"证券交易头脑。仅

第14章
自由值多少钱

仅在说一句话的时候，他都可能会改变主意，这真的是证券交易头脑。在9点半的时候，买入纺织品工业的股票，15分钟后全盘抛售，然后又买入完全不同的东西。所以，如果我们和他谈论长期的影响，或者不是立即见效的工作时，索罗斯会有点不耐烦"。

到了1994年春天，因为慈善方面的努力，索罗斯已经在西方赢得了良好的信誉。《新闻周刊》将他的慈善事业称为"一个人的马歇尔计划"，并且该计划广受好评。1982年，从他第一次将钱交给基金会起，他的年度捐赠从44.8万美元增长到1992年的53万美元。1994年，索罗斯捐赠了3亿美元给他的基金会，较前一年的1.838亿美元的捐赠有显著的增长。

◆ ◆ ◆

索罗斯清楚，东欧和苏联要达到真正的开放，要做的还有很多。

单枪匹马的作战让索罗斯有很大优势，他可以制定自己的决策，而不用提交建议给他人，更不需要他人的批准。哈佛大学经济学家杰弗里·萨克斯（Jeffrey Sachs）曾担任波兰和苏联政府的经济改革顾问，他说道："乔治·索罗斯的运作方式很灵活。并不涉及大笔资金，只要有一小笔钱，就可以发挥大作用，例如支付某人的机票和旅费。世界银行要做到这些可能得花费两年的时间，而索罗斯可以在一夜之间完成。"

由于索罗斯在东欧和苏联的慷慨捐赠，《新共和》（*New Republic*）将他称为"整个苏联最有影响力的一个外国人"。《商业周刊》封面报道索罗斯，将其称为"莱茵河与乌拉尔地区之间最有影响力的一个公民"。

即使声名鹊起，20世纪90年代早期，索罗斯似乎对于资助努力的缓慢进展仍感到沮丧。他开始时希望自己擦亮一根火柴，能够点燃一场革命："我觉得自己比预想的陷得更深，正因为如此，到头来，让人疲乏不堪。"

15

平衡低调与高调

早期的职业生涯中,乔治·索罗斯认为名声是发生在自己身上的最坏的事情,名声意味着立刻被人们认出来,意味着不断地被媒体的电话打扰,意味着享受私人生活的结束。名声被视为是对投资者职业的致命打击。

根据《格兰特利率观察家》(Grant's Interest Rate Observer)的编辑詹姆斯·格兰特(James Grant)的说法,并不只有索罗斯一个人躲在隐蔽处,实际上华尔街的投资者大都如此。流行的观点认为:"财富就像是蘑菇,似乎只有在暗处才能长得更好。华尔街的人们并不想在《纽约时报》的商业版块里解释自己如何赚钱。他们不想让人们知道自己拥有多少财富,因为他们明白,随着政治风向的改变,敬慕可能会演变为嫉妒,这种事情他们早有耳闻。"

在早些时候,要回避媒体很容易,商业新闻和商业人物对记者来说没有什么吸引力。有关索罗斯的报道以前也出现过,但是直到1981年6月,《机构投资者》将乔治·索罗斯作为封面人物时,他才引起了公众广泛的关注，但即使是那时，关注也只限于行业内部。

《机构投资者》的报道是正面的，但是接下来发生的事情却让索罗斯疑惑，到底媒体的关注是不是令人高兴的事。在这篇报道之后的几个月里，索罗斯经历了他职业生涯中唯一的一年亏损。1982 年，索罗斯在雇用詹姆斯·马克斯之前，和他进行了数次谈话，索罗斯明确地表示，他发现"出名"的经历很让人不快。

马克斯说："对于索罗斯来说，公众的关注与金融损失之间几乎存在着因果关系。索罗斯很清楚媒体报道给自己带来的风险，它会使自己满足于既得的荣誉，只旁观，而不参与其中。他通过媒体和别人分享了自己所知道的事情、如何投资，但是看看这样做带来的后果是什么吧！不仅如此，在这一过程中，他还失去了长期的投资者和朋友。所以，索罗斯步入了非常秘密的阶段。"

1983—1984 年，马克斯担任索罗斯的得力助手，经历了这一"秘密阶段"。那段时间，商业记者经常打电话到量子基金，希望了解基金正在做的事情，或是索罗斯和马克斯对一些新闻的看法，这些新闻可能会对华尔街产生怎样的影响。马克斯加入公司的时候，索罗斯跟他明确表示，不要和新闻媒体谈话。马克斯回忆说："我最后一次上报纸是我来索罗斯基金工作的那天，即 1993 年 1 月 1 日。"事实上，马克斯是一个很友好的人，乐于和记者交流，尽管索罗斯有禁令在先。但在马克斯看来，在公众面前明确一些问题很重要。

马克斯同时向记者明确表示，他的话只能作为背景报道。"我会跟记者说，我告诉你我所知道的事情，或者我觉得自己知道的事情，但是绝对不能说这是我说的。"不能提及他或者量子基金，这就是他的原则。

索罗斯可能感觉到马克斯和记者交流过，他要求马克斯不能泄露信息。有时，马克斯确信，索罗斯知道他就是某篇报道的信息来源。"他总是有办法知道我干了什么，他会说'天那，这篇报道看起来好像是你写的。'

第15章
平衡低调与高调

我可能在某天跟他说过支持什么事情，第二天这个事情就见报了。"

1984年，艾伦·拉斐尔加入索罗斯的公司时被告知，永远不要和媒体说话。他照做了。他说："量子基金被看作是秘密的索罗斯基金，在我看来，这是正确的做法。我们经常进行相当大的投资，而你最不想让别人知道的事情就是你在做什么。"

为什么？"因为有人会抢先。如果你在运作一个全球范围的基金，人们想知道你在做什么，但你不想让人们轻易地追踪到你，原因很简单，如果你想买入什么，而每个人都发现了的话，他们会抢在你前面购买，这无疑会让你陷入困境。"

拉斐尔说索罗斯的客户都在美国以外，都非常神秘，他们不想看到自己的名字见诸报端。20世纪80年代的早期和中期，索罗斯的新闻政策就是没有任何宣传。索罗斯的公司没有新闻发言人，也不会对外发布新闻，拉斐尔说："我们想要的就是，静悄悄地来，静悄悄地走。"

1987年9月却出现了一次重大的例外，当时索罗斯被《财富》（Fortune）杂志采访，作为封面人物报道，标题为："股价是不是太高了？"在索罗斯看来，美国的股市不会衰退，但是日本的股市则有可能。不久之后，华尔街股市崩盘。

拉斐尔说："这就好像出现在《体育画报》（*Sports Illustrated*）的封面上，你的球队备受青睐，似乎对世界杯胜券在握，但是瞬间一切幻灭了。我们开玩笑地说，好像出现在封面就是一个不祥之兆。"

❖ ❖ ❖

为了实现其他目标，特别是在东欧和其他地区推动开放社会计划，索罗斯不能再隐蔽起来。他渴望得到尊敬，希望那些愤世嫉俗者可以认真地将他看作是一位思想家。他明白，如果自己成为公众人物，为东欧人民说话，会有助于他在东欧的慈善事业。索罗斯好像在和自己进行拔河比赛。

一方面出于投资的考虑，索罗斯想尽量保持神秘，但另一方面出于慈善的考虑，他又倾向于公开。索罗斯的一段话很好地刻画了这种拔河的状态："有一个临界点，超出这一点，展现自我是有害的，而我性格中的一个缺陷就是有展现自我的渴望，这一点连我自己都不完全了解。"

索罗斯的反身性理论使他攀升到投资的高层中，而在1987年，他已经准备好让公众对他有更多的了解。他充分利用自己最强大的资源，即他的头脑，他现在很有信心，认为时机已经成熟，他要在思想的世界中取得一席之地。过去，他没有取得这一席之地，现在他能成功吗？

索罗斯一直渴望著书立说，渴望对全人类的知识组成有所贡献，但是他知道，他必须将自己的思想更清晰地呈现给公众。他曾说过："我的思想之所以没有被人们理解，是因为我不善于解释它们，而且它们确实很复杂。"

尽管出版一本哲学著作仍然是个难圆的梦，但索罗斯很自信，出版一本解释自己金融理论的书还是可以的。冒险尝试之前，索罗斯有点犹豫不决，担心如果将金融理论暴露在公众面前，可能有炫耀的嫌疑。如果，书出版之后，他遇到了更多的金融挫折该怎么办？到那时公众会说些什么？人们会怎么看他的金融理论？

无论如何，索罗斯决定还是冒险尝试一下。

后来成为《金融炼金术》的手稿来源于以前从未见光的写作。索罗斯只需将这些个人的写作准备好公开即可。回溯到1969年，他曾经把后来成为《金融炼金术》书中的几章内容给别人看。有些人看后，一言未发；有些则评论说，这本书太晦涩难懂了；只有很少的人提过具体的建议。因为这些人都明白，索罗斯想要的是对书的赞扬，而不是批评。

曾经见过这本书早期版本的一个人是詹姆斯·马克斯，其实那是装订成册的笔记手稿。他说："他给了我许多笔记看，这是一个苦差，对于很多人来说，这绝对是个催眠的好东西。"

第15章
平衡低调与高调

纽约《格兰特利率观察家》的詹姆斯·格兰特算得上是华尔街的智者之一了，但他对《金融炼金术》的评价不高："我试着读下去，结果却一无所获，我没有看到任何清晰的说明。"

另外一个见过早期章节的人是艾伦·拉斐尔："这本书应该是供研究生阅读的，而不是大众读物。我们不得不阅读他每一章的草稿，坦白地说，这并不令人兴奋。从读者的角度看，这本书并没有描写如何在10天内挣到巨额财富，这也不是他所做事情的日志，他的思绪一直是在跳来跳去。索罗斯没有让任何人编辑这本书，我觉得这是个错误。"据拉斐尔的说，西蒙与舒斯特公司（Simon & Schuster）想要为索罗斯提供一个专业编辑，润色全书，这是出版惯例，但被索罗斯拒绝了。

如果说这个手稿完全没有编辑，也不完全正确。索罗斯的老朋友，也是摩根斯坦利的投资策略师拜伦·韦恩曾经很认真地编辑过这本手稿。"索罗斯写的草稿，我会提出修改意见，会认真编辑。有些人说，这本书还是难以理解，我跟他们说'你们应该看看它以前是什么样子。'"

起初，索罗斯想将这本书命名为《盛衰》，但是韦恩说服他放弃了这个想法，"已经是陈词滥调了，这会贬低这本书的内容。"

◆ ◆ ◆

索罗斯不想让读者误解这本书的意图，不想出版一本在华尔街的致富指导书。读者可能会在每一页上寻找投资诀窍，但索罗斯的目的并不是向他人提供如何挣钱的方法和诀窍，他写作的目的只有一个：向读者解释，他的金融理论如何成为更大的关于世界如何运转的通论中的一部分。他写道："他是用在金融市场的经验研究出的方法来研究普遍的历史过程以及目前这个特定的历史时刻。"

为了使人们能够认真对待他的看法和思想，为了吸引公众对其思想的注意，索罗斯必须要让自己被人们理解。他必须清楚地阐释自己的理论，以便让人们理解起来没有太大的困难。他必须明确，他是如何将理论应用到投资的决策制定中的。如果他能做到这点，他将会打开通往自己思想的一扇窗户，并有可能赢得自己向往已久的尊敬。如果他做不到这点，那么他只会使人们更加困惑，最终不可避免地让大部分迫切渴望获得启发的读者感到厌烦。

这本书最终还是出版了，并且得到了认真的对待，特别是得到评论家的认真对待，但是，却没有为索罗斯赢得金融界的尊重。原因很简单，索罗斯没有清楚地阐释自己的金融理论到底是什么。这本书的内容非常混乱，这一点似乎他自己并不知道。对于任何一个想花时间读下去的人来说，这本书真的是非常非常难读。

- - -

索罗斯真诚地相信，即使他在金融上惊人的才能越来越公开，他还是可以继续躲在暗处。他真诚地相信，虽然《金融炼金术》一书的出版会有助于他的声望，但是不会将他过多地暴露在镁光灯下。

可他很快发现，他的这些想法大错特错。《金融炼金术》于1987年出版的时候，索罗斯希望金融界和金融界以外的人都能给予他一些尊敬——作为知识分子应有的尊敬。可他却不知道，媒体对于书中的想法漠不关心。当索罗斯意识到，人们对自己的理论的兴趣比不上对他的投资的兴趣时，他大受刺激。

当西蒙与舒斯特公司跟索罗斯商讨如何推销这本书时，索罗斯欣喜地以为自己即将开始与媒体探讨思想的伟大历程。然而，与此相反，当索罗斯与媒体见面讨论这本书的时候，他发现，自己要面对一大堆问题，而这些问题却是他在过去的职业生涯中一直极力回避的。

出版社的一位高层人物对索罗斯说："你必须宣传这本书。"

"我想是的，"索罗斯很勉强地说，"可我应该怎么做呢？"

第15章
平衡低调与高调

出版社的人说，你应该让《财富》《纽约时报》这样的杂志来采访你，我们会给你安排。索罗斯安慰自己，采访会围绕他的书展开。但是，这样的想法很天真，他的同事试图纠正他的想法：他们不是想和你讨论你的书，他们想要发现你刚买了什么股票，这就是他们想要问的，这就是他们想要知道的。

一个星期五的下午，索罗斯正和基金经理们开会，突然，他宣布要去赶开往华盛顿的火车："我要去上《华尔街周刊》（*Wall Street Week*）的节目。"他自豪地说："他们要讨论我的书。"

基金经理艾伦·拉斐尔知道索罗斯从来没看过这个节目，他想帮帮索罗斯："你知道这个节目是关于什么的吗？"

"是的，他们想讨论我的书。"索罗斯坚持己见。

拉斐尔继续说："他们并不想讨论你的书。他们只是想知道你在买什么，你最喜欢的股票是哪些。他们会问你一大堆你不想回答的问题。"

"不是的！"索罗斯说，但是这一次他的语气不那么坚持了，"他们会讨论我的书。"

当天晚上，索罗斯如约出现在了电视节目中。很确定，寒暄2分钟后，问题就开始逼近索罗斯："你最喜欢的股票是什么？"然而，索罗斯有备而来。"我不会告诉你的。"他没有告诉他们。无论如何，这次遭遇是索罗斯进入公众世界的开始，他觉得很不舒服。

在此之后，索罗斯"惊讶"不断。唐纳德·卡茨（Donald Katz）想为《时尚先生》采访索罗斯，但索罗斯坚决地拒绝了，正当卡茨似乎没辙的时候，他听说索罗斯写过一本书，他后来形容说："很晦涩难懂的一本书，却是一本有时能让你眼前一亮充满智慧的书。"

卡茨给这位投资家写了一封很长的信，请求能准许采访。谁能拒绝一个读过自己的书的读者？几天后，索罗斯同意10分钟的访问。很显然，他并没有完全相信卡茨真的读了《金融炼金术》。

卡茨来到索罗斯基金的办公室，被领进接待室，里面到处是书，诸如《规范的定量风险评价》《社会主义的政治经济：马克思主义观点》等。他还发现了一本中文书以及关于某个画家的一本书。

这时，索罗斯来了，他穿着一身漂亮的灰色西装，看起来神采奕奕，他亲自将卡茨带入自己宽敞的办公室。

接着，索罗斯发问了，这更像是一个声明，带着嘲讽或者怀疑："你说你看过我的书。"卡茨说："是的。"与此同时，他感觉到了索罗斯的语气充满了怀疑。"你理解书的内容吗？"索罗斯问。不知他的具体回答是什么，但他确实让索罗斯相信同这位记者的谈话是值得的。索罗斯再次提到了他在华盛顿的电视节目中所希望说明的，他只关注慈善，根本不关注赚钱。

"我真正的兴趣在于分析，"索罗斯向卡茨解释说。"我在乎的是我的理论，我在市场上的成功仅仅给我提供了一个平台，我希望人们能够认真地对待我。但我要说的是，我没有兴趣去发展新客户。"

说到这里，索罗斯脸上闪过了一丝微笑："当然，我也不希望从这本书上赚钱。"

第六部分 合作蜜月期

The World's Most Influential Investor

SOROS

"我成为教练，而他是参赛者，我们的绩效提升了……""我玩游戏玩得比其他人都好，而且玩得比他们都大，事情就是这样。""我知道会有负面的结果……但我根本不会去想它。如果因为道德上的顾忌而从某个行动中退缩，那么我就不会是一个有效的投机者了。""我可以肯定地告诉你，我完全没有负罪感，因为如果我不这样做的话，其他人也会这样做。"

——索罗斯

16

理想的接班人

乔治·索罗斯把主要心思都放在了东欧和前苏联，他越来越没有兴趣继续打理量子基金的日常运作了。他有足够的资本分心做其他的事情，因为自20世纪80年代中期以来，量子基金的净资产价值已经达到了10亿美元，索罗斯正在成为美国最富有的人。但此时的索罗斯却希望将自己的大部分时间放在推动东欧的开放社会上，并尽可能地少为赚钱操心。

1988年的秋天，索罗斯毅然决定挑选一个接班人，这个人不仅接管基金的日程运作，甚至将来有一天会接管整个基金，这个人必须能够对广泛的投资领域做出恰当的决策。找到这个人，并且让他掌舵——这是索罗斯做出的最重要的决定之一。

索罗斯挑选的这个人就是斯坦利·德鲁肯米勒。出生于费城的德鲁肯米勒和索罗斯一样，他早期的职业生涯基本上没有引起媒体的关注。他是个投资能手，但很少有人知道他。他以优异的成绩从缅因州鲍登学院（Bowdoin College）毕业，获得英语和经济学的本科学位，在密歇根大学攻读经济学的硕士研究生，但是他发现课程过于量化和理论化，很乏味，似乎很少强调现实世界。

1977年，德鲁肯米勒开始了他的职业生涯，在匹兹堡国民银行（Pittsburgh National Bank）担任股票分析师，年薪10 800美元。不久，德鲁肯米勒被提升为股票研究的负责人，年薪也上涨到23 000美元。之后不到一年的时间，他又成为部门经理，年薪48 000美元。两年后，即1980年，28岁的他离开了银行，开始创立自己的资金管理公司。促使他采取这一行动的是一家证券公司高管打来的一个电话，他们愿意给德鲁肯米勒月薪10 000美元，只是想跟他谈谈投资。德鲁肯米勒将自己的公司命名为杜魁斯资金管理公司（Duquesne Capital Management）。

6年之后，1986年，德鲁肯米勒被德莱弗斯公司（Deryfus）聘为基金经理，但同时他还可以继续经营他的杜魁斯基金。在德莱弗斯，他经营股票、债券和货币，在市场上买进卖出，既做多头也做空头。他的才能得到了高度赏识，德鲁肯米勒被委以重任，负责几个特别为他建立的基金。其中，最有名的一个基金就是成立于1987年3月的战略进取投资基金（Strategic Aggressive Investing Fund）。在接下来的17个月里，该基金一直是业内运作最好的基金。

德鲁肯米勒在运作战略进取投资基金的成功，引起了乔治·索罗斯的注意。根据索罗斯的说法，德鲁肯米勒对《金融炼金术》一书很有兴趣，然后他找到了索罗斯。当时，索罗斯正在寻找最佳人选，而德鲁肯米勒看起来出类拔萃。尽管德鲁肯米勒一直想着回去全职经营自己的基金，但是索罗斯是他的偶像："索罗斯似乎早我20年就在实施我采用的交易哲学。"这种交易哲学就是保持一些关键的股票多头，另一些关键的股票空头，然后运用信贷杠杆来交易标准的普尔期货、债券和货币。

索罗斯邀请德鲁肯米勒见过几次面。德鲁肯米勒不知如何是好，他应该回到杜魁斯基金吗？抑或冒一冒险，为这位投资大师效力？

关于索罗斯的传言，德鲁肯米勒早有耳闻：索罗斯可能心血来潮地

第 16 章
理想的接班人

炒人鱿鱼,但量子基金的收益却十分惊人。

当德鲁肯米勒向投资界的朋友提及,自己正在考虑进入量子基金时,所有人都建议他不要接受这份工作,但这并没有困扰德鲁肯米勒。会发生什么?最坏的情况不过就是,他在量子基金只待了1年,就被索罗斯解雇;但在那1年期间,他至少可以学到很多,而当他重回杜魁斯基金时,这1年的经历对他来说有利无弊。

与此同时,为了能够吸引德鲁肯米勒,索罗斯全面紧逼,甚至在正式雇用德鲁肯米勒之前,就将他称为"我的接班人。"德鲁肯米勒既感到受宠万分,同时又觉得恐惧。"当我走进他家接受面试时,索罗斯的儿子告诉我,我是他的第10位'接班人',其他人没有一个持续了很长时间。而第二天当我走进索罗斯的办公室时,工作人员都叫我'接班人'。他们也觉得这很好笑。"

1988年9月,德鲁肯米勒接受了这份工作。索罗斯找到了他的接班人。现在,德鲁肯米勒要做的就是用行动证明,他可以胜任这份工作。

正如德鲁肯米勒担心的那样,刚开始的6个月很严酷。尽管两个人可能拥有相似的投资哲学,但是他们实施这一哲学的策略却不相同。德鲁肯米勒想要独立地进行操作,不想让索罗斯在一旁监督,批评他的每一步操作,而这正是索罗斯对之前的经理人詹姆斯·马克斯的一贯作风。对索罗斯来说,他不想在一开始就给德鲁肯米勒很大的自由。德鲁肯米勒必须靠自己来赢得这些自由和独立,然后索罗斯才会考虑是否将决定权交给他。

这位新人不想顶撞老板,所以,当索罗斯提议某事的时候,德鲁肯米勒就照做。毫无疑问,他被这位指导者所震慑,他一直将这个人描述为"这个时代最伟大的投资者"。

但是对索罗斯的唯命是从最终激怒了德鲁肯米勒。好像不应该对索罗斯说出的任何事情提出异议,但是德鲁肯米勒又不想只做一名办事员。

最后，他告诉索罗斯："一山不容二虎，这样做是行不通的。"索罗斯口头承诺会改变，但实际上却没有改变什么。有一段时间，德鲁肯米勒只好睁一只眼、闭一只眼。

到了1989年8月，德鲁肯米勒加入量子基金将近1年，两个人终于第一次公开交锋。

德鲁肯米勒自作主张建立了一个债券的仓位，而在没有与德鲁肯米勒商量的情况下，索罗斯就卖出了这些债券，这是索罗斯第一次背着德鲁肯米勒操作。德鲁肯米勒气炸了，两个人对彼此说了很多气头上的话，最后，索罗斯平静下来，承诺他会保持一定距离。

几个月后，1989年稍后那段时间，德鲁肯米勒终于得到喘息的机会。通过非暴力的柔性革命，东欧发生了剧变。那年11月，柏林墙倒塌，索罗斯每天都关注东欧的局势。德鲁肯米勒眉开眼笑了："因为索罗斯去了东欧，他不能干涉这里的事情了，即使他想干涉也不行。"

索罗斯的说法是："1989年夏天，我告诉德鲁肯米勒，他必须全权负责基金的运作。自那以后，我们没有什么困难了，我成为教练，而他是参赛者，我们的绩效提升了。"

新赢得的独立对德鲁肯米勒来说是及时的恩赐。索罗斯不在，德鲁肯米勒为量子基金做了他的第一笔大交易，他确信柏林墙倒塌后，德国马克会变得坚挺。尽管索罗斯不在视线之内，但是他在德鲁肯米勒的脑子里。这位年轻的基金经理人回想起《金融炼金术》的内容，特别是索罗斯关于货币的理论。该理论的一部分内容认为，如果随着扩张的财政政策和紧缩的货币政策，又出现了巨额的赤字，那么这个国家的货币会升值。这是下注德国马克的正确时机了。

而在实践中，索罗斯的理论似乎与事实相悖。柏林墙倒塌的头两天，德国马克也随之贬值。人们相信，赤字会继续上升，但是赤字的增长会损害德国马克。虽然如此，德鲁肯米勒遵循了投资大师的建议，在接下

第16章
理想的接班人

来的几天里，在德国马克上建立了20亿美元的仓位，并且斩获大笔利润。

德鲁肯米勒相信，日经指数上涨得太高了，他知道日本银行（Bank of Japan）正在实施紧缩的货币政策。看到这个不祥之兆，德鲁肯米勒在1989年后期做空日本股市，量子基金再次命中，获利颇丰。

1991年早期，斯坦利·德鲁肯米勒在美国和日本的货币市场上建立了30亿美元的空头，在美国和世界的债券市场上也做空头。这一年的头两个星期中，美国正以战争恐吓伊拉克，一旦战争爆发，市场似乎会一落千丈。

德鲁肯米勒却不同意这一看法，他将量子基金在标准普尔期货上的空头改为多头，他在股票，特别是在银行股和不动产股上都持有很大的空头。战争爆发的时候，量子基金已经完全是多头了。事实证明，德鲁肯米勒的猜测是正确的，尽管在刚进入1991年1月时仓位不太合理：30亿美元的美元对马克的空头，加上日本和美国债券的巨大空头。调整后，量子基金在1991年1月末保持了正增长。

那一年，量子基金的收益增长了53.4%，总资产达到3 157 259 730美元。基金的一位发言人说："这一年，我们真的很幸运，我们没有这么好过。我们在股票、货币和债券上都挣了钱，像这样在每一样上都取得了高收益是很不常见的。"这一年较早时期，海湾战争之后，投资市场看涨，但是那一年的后来，索罗斯的基金经理认为将是熊市，抛掉了几十亿美元的短期和长期国库债券。

德鲁肯米勒最大的也是最为成功的一次投资是1991年投资了120亿美元在欧洲、日本和美国的债券和货币市场上。这一年的八九月份，经济衰退、债券上涨，量子基金赚了几亿美元，在生物科技股上的投资回报也不错，量子基金在墨西哥电话和其他股上赚了2亿美元。由于德鲁肯米勒的投资业绩极为出色，索罗斯成为1991年美国收入最高的人，赚了1.17亿美元。

德鲁肯米勒表现得相当突出，他终于赢得了索罗斯的称赞，索罗斯称他为"另一个我"。

从分工上说，德鲁肯米勒依然是12位总经理之一，但是事实上，他已经在负责整个基金的运作。而量子基金的增长惊人：自从德鲁肯米勒接管量子基金以后，基金净资产价值年均增长40%，比索罗斯从1969—1988年间30%的年均增长还要高。1989年，在德鲁肯米勒领导的第一年，量子基金增长了31.6%，1990年增长了29.6%，1991年增长了53.4%，1992年增长了68.2%，1993年增长了72%。

20世纪90年代中期，在接受的为数不多的采访中，德鲁肯米勒将自己的辉煌业绩归功于乔治·索罗斯。他遵循了索罗斯的哲学——关于如何建立长期回报，以及如何实施。

德鲁肯米勒解释说，索罗斯主张建立长期回报的方法就是"保持资本和成功。当你赢利的时候，你可能变得更加有闯劲。但大部分的经理，一旦增长达到30%或40%，他们会变得保守起来，也就是这一年剩下的时间里，他们会谨慎地交易，这样不会威胁到已经取得的好回报。"

"要得到很高的长期回报，你需要苦干，直到达到30%~40%的增长，如果你有信心，就继续朝着100%的方向努力。如果你连续几年保持近100%的增长，没有一年亏损的话，那么你就会取得可观的长期回报。"

德鲁肯米勒表示，索罗斯教给他最重要的一课就是："问题不在于你是对是错，关键在于，你对的时候挣了多少钱，错的时候又损失了多少钱，索罗斯很少批评我，仅有的几次批评，是因为我对市场判断正确的时候，却没有最大限度地利用好这个机会。"

在量子基金开始工作后不久，德鲁肯米勒就学到了这点。他对于美元不是很热心，于是做了美元对马克的很大的空头，这个仓位开始对他

第16章
理想的接班人

有利了,他对自己的判断很高兴。索罗斯来到办公室,顺道去看他,并且和他讨论了这桩交易。

"你有多大的仓位?"他问道。

"10亿美元。"德鲁肯米勒回答说。

"你管那个叫'仓位'?"索罗斯嘲笑地问道。这个问题成为了华尔街民间传说的一部分。索罗斯暗示德鲁肯米勒将仓位翻一番,而德鲁肯米勒照做了,正如索罗斯所预测的,量子基金因此大赚。

德鲁肯米勒说:"索罗斯教会我,当你对一桩交易很有信心时,你必须要直击要害,你需要勇气。通过巨额的信贷杠杆来获得利润需要勇气。对索罗斯而言,你对某事的判断正确的时候,赚再多也不算多。"

◆ ◆ ◆

量子基金的增长速度如此之快,以至于索罗斯和德鲁肯米勒相信,是时候开几家小公司了。于是,1991年和1992年,索罗斯扩大了业务。正如量子基金一样,建立于1991年的恒星基金(Quasar)投资范围广泛,从货币到初级产品。恒星基金由15位外部经理运作,索罗斯负责该基金的货币交易。

1992年,索罗斯建立了量子新兴增长基金(Quantum Emerging Growth Fund)和配额基金(Quota Fund),可以在美国和欧洲投资,可以在货币和债券上投资,但前者更多关注的是亚洲和拉美地区的新兴股市。配额基金又被称作"基金的基金",投资是由10位外部经理来负责。到了1993年初,所有的基金资产组合价值总计500亿美元,德鲁肯米勒直接控制量子基金,同时监督其他小的基金。

17 瓮中之鳖

乔治·索罗斯最伟大的一次出击是在1992年,那次出击使得索罗斯"一举成名天下知"。

1992年,索罗斯在英镑上下了惊人的赌注,结果,他搞垮了英格兰两个最强大的体系。一个是曾经无所不能的英镑。在过去的200年里,英镑一直是世界的关键货币,与黄金挂钩。正如英国的海军一样,英镑是英国力量强大的标志,在此之前,第一次世界大战,加上1929年的股市崩盘,很大程度上削弱了英国的力量,英国只能对英镑采取浮动制,放弃了金本位,后果是英镑的价格每天都在变动;被索罗斯攻击的另外一个令人崇敬的体系则是英格兰银行。多年以来,英格兰银行一直象征着大英帝国的繁荣与强大,是英国金融的坚强基石。英格兰银行是英国对抗市场变动的最持久、最稳定的堡垒,它的这一坚定地位无人能够撼动。

乔治·索罗斯要测试一下这两个体系的力量,他以人们想都不敢想的方式来测试,他打算要做以前从来没有人胆敢尝试的事情,而且他为此准备了很长时间。

◆ ◆ ◆

在索罗斯采取这一行动之前，需要几个必备条件。

成立于 1979 年的欧洲汇率机制，是旨在建立统一欧洲货币这个宏大项目的第一步。人们希望，通过统一欧洲货币稳定欧洲经济，削弱交易者和投机者的力量。这些交易者和投机者可能使得政府银行处于困境，特别是当这些政府单独采取行动时。

欧洲汇率机制运行后，西欧的国家就能联系到一起，他们的货币不是盯住黄金或美元，而是盯住彼此。每一种货币交易必须在一定的范围内，即"浮动区域"。如果任何一种货币超出浮动区域，双方都有义务实施干预，卖出强势货币，买入弱势货币，将汇率拉回到浮动区域内。在这些浮动区域内，成员国货币可以与其他成员国货币以及基于德国马克的中央汇率保持相对浮动。

◆ ◆ ◆

1992 年 2 月 7 日，马斯垂克条约（Maastricht Treaty）签订以后，人们对建立一个更加统一的欧洲寄予了更大的希望。马斯垂克条约由欧洲共同体的 12 个成员国签订，旨在准备区域货币和经济体制，进而逐步实现全面统一。该计划拟在 2000 年前建立一个统一的中央银行，发行统一的货币（新的统一货币欧元于 1999 年 1 月 1 日生效，是 31 个国家和地区的官方货币。到了 2008 年，又有 10 个国家加入欧元）。人们也希望马斯垂克条约能够推动欧洲建立政治联盟。

事实证明，这是一个极其宏大的愿望，当然也是一个幻想。这一愿望所暗含的意思是：欧洲国家能够统一行动，并为了统一的欧洲共同体的利益而压制本国利益。

问题在于：有人忘了告诉欧洲人，他们必须统一行动。

第17章
鉴中之鉴

这一愿望成功与否极大地依赖于各国彼此经济政策的协调程度。但不管彼此之间签署了多少文件，不管发表了多少宏大的演说，西欧的政客们始终无法做到一个统一的西欧所要求他们必须做的事情。

乔治·索罗斯在1992年秋天赌的几十亿美元仅仅是世界金融市场上巨额资本的一小部分。随着技术的进步和管制规定的解除，世界上每天货币交易量达到了1万亿美元，比1986年的3倍还要多。美国的养老基金有1 500亿美元投资海外，是1983年的20倍。从日本的保险公司到美国的共同基金，所有的机构都在全世界寻找投资机会。

自1987年以来，主要的欧洲货币都"盯住"德国马克。例如，英国英镑对马克的比价降到了1英镑兑2.95马克，这使得英国加入欧洲汇率机制的代价很高。

到了1992年，显而易见，很多欧洲货币——不仅仅是英镑，还有意大利里拉，相对于坚挺的货币，比如法国法郎和德国马克来说，都被高估了。鉴于英国的经济衰退，人们没有理由相信，英国能够将英镑对马克的比价保持在那么高的水平，投机者都嗅到了血腥味。他们开始相信，英国会被迫退出欧洲汇率机制。

乔治·索罗斯打赌，欧洲汇率机制将不能维持一个统一的立场。索罗斯明白，欧洲能牵制投机者的唯一方法就是将所有国家的利率维持在同一个水平。一旦利率变动，像索罗斯这样的投机者就会随时准备攻击那些薄弱的货币，而这就是在1992年夏天发生的事情。

索罗斯早就看出来，这一切将不可避免地发生。索罗斯基金管理公司首席行政官加里·格莱德斯坦（Gary Gladstein）说："索罗斯的天才就在于，他会比其他人更早地看到市场的发展趋势。实际上，从柏林墙倒塌的那一刻开始，索罗斯就意识到要发生什么事情了。因为他从更广泛的角度去思考，他知道东西德统一所付出的代价比德国总理科尔预测的还要高，比任何人预测的都要高。索罗斯对于宏观经济的现实理解意味着我们已经准备好了，他不需要看到现实发展，在他的头脑中，他已经想象到了。"

欧洲的麻烦仍然在不断增加。马斯垂克条约签订后不到一年的时间，很多欧洲国家都没有协调行动。

当英国在决定如何增强他们的经济时，索罗斯和其他投机者都越来越确信，在这样的困境之中，英国无法保持高利率。

唯一可能的解决方案似乎是让英国降低利率，但是这样会削弱他们的货币，这也会迫使英国退出欧洲汇率机制，而英国坚持说他们无论如何也不会这样做。与此同时，像索罗斯这样的投机者已经下赌注与英镑较量，他们开始为未来几个月建立相当大的仓位。

谁会是对的呢？是时任英国首相的约翰·梅杰（John Major）还是世界上最伟大的投资家乔治·索罗斯？

◆ ◆ ◆

1992年，随着时间无情地推移，英国政府的处境越来越尴尬。英国政府迫切地希望德国政府降低利率，但他们知道，这几乎是不可能的。英国政府希望迅速恢复经济，但这需要推翻以前的政策，而这可能会动摇政府的地位，甚至会导致政府垮台。

约翰·梅杰必须要做出决定，而他的决定就是熬过去：英国会继续坚守他们的政策，将英镑的价值维持在欧洲汇率机制的范围内，约翰·梅杰每一个字都在如此强调。而他的财政部长诺曼·拉蒙特（Norman Lamont）也反复强调这一点。

尽管首相不顾一切地誓死捍卫英镑，反对的压力仍然在不断增大。正如首相对议会成员所说的，英镑对马克的比价已经降到了2.85。

第17章
瓮中之鳖

1992年6月初

6位领先的货币主义者联名给《伦敦时报》写了一封信，督促英国退出欧洲汇率机制。他们认为，这样做可以使政府降低利率，帮助英国度过经济衰退这一难关。

然而，不管怎样，英国政府都不想降低利率，因为这样会削弱货币，而一旦货币被削弱，投机者和货币套期保值者将乘虚而入，货币将不堪一击。如果德国能够更多地降低利率，英国或许也能够降低他们的利率。然而高度独立的德国中央银行却顶住了压力，不愿意降低利率。

1992年6月末

批评的声音越来越大。更多的伦敦金融专家质疑政府的汇率政策，以及在面临英国经济衰退不断加剧的情况下，梅杰和拉蒙特是否有能力坚守这一政策。

英国的企业领导人要求重新调整英镑，中央汇率调到1英镑兑2.60马克。他们希望降低利率，至少降3%，但是这些企业领导人的请求没有打动政府。

1992年夏天和秋天，财政部长拉蒙特排除英镑贬值的可能，他称之为"傻子的淘金"。

1992年8月中旬

怕有人没有听清，拉蒙特又重申了一遍："如果，如一些人所希望的那样，我们退出欧洲汇率机制，降低利率，那么事情会变得更糟。英镑会一落千丈，还会引发通货膨胀。"

英国绝不会退出欧洲汇率机制。拉蒙特在一家报纸中写道："我意已决，不会毁掉我们已经取得的进步。"

1992年8月28日，上午8:28

拉蒙特排除英镑贬值的可能，希望使金融市场平息下来，避免利率上升。他再一次宣称，英国绝不会退出欧洲汇率机制。这位财政部长坚定地说："政府的立场绝对明确，绝不会贬值，也绝不会退出欧洲汇率机制。我们对欧洲汇率机制负有责任，这就是我们的政策，是我们的核心政策。"

他重复近来在唐宁街经常可以听到的话："我们采取一切必要的行动。"暗示必要时，政府会毫不犹豫地提高利率。对所有的问题，他都置之不理，在离开时他所说的话就是"我们正在采取行动"。

拉蒙特发表公开声明的时候，英格兰银行开始大举买入3亿英镑。这一步旨在明确财政部长的信息，并且试图阻止投机者将英镑压低到2.778马克的下限。

当天结束时，英镑收于2.794 6。但拉蒙特强硬的话语，英格兰银行积极的买入，都没有财政部长的肢体语言来得有分量。

1992年8月28日

拉蒙特又发表了一项声明，这一次是在欧洲财政部长会议之后。

拉蒙特宣布，欧洲汇率机制不会重新调整。但这些话显然空洞无力。

1992年8月末

乔治·索罗斯看到了不祥预兆。他与德国中央银行总裁史勒辛格（Helmut Schlesinger）谈过话，感觉德国没有拯救其他欧洲国家的计划。

索罗斯从史勒辛格那里获悉，德国不会做任何有损自身经济利益的事情。既然史勒辛格不愿意拯救英国和其他国家，梅杰和拉蒙特更不可能将英国保持在欧洲汇率机制之内。

看着这场灾难逐步形成，索罗斯开始相信，可以进行大笔投资了。

第 17 章
瓮中之鳖

索罗斯的一位未经确认的发言人说:"这就好像花了 6 个月的时间准备一场考试,而现在我们终于要考试了。"

1992 年 9 月初

在欧洲汇率机制和欧洲中央银行下赌注的不只索罗斯一个人,在货币套期保值上一直都很活跃的共同基金和跨国公司也开始抛售疲软的欧洲货币。

外汇交易员很快就注意到,他们为客户处理的交易量在增加,很明显,欧洲的中央银行承受的压力越来越大。这些银行必须花费大量的资金来支持他们的货币。英格兰银行能继续捍卫英镑的可能性越来越小,希望越来越渺茫。但是,英国仍在坚持着。诺曼·拉蒙特在为四面楚歌的英镑拖延时间。

1992 年 9 月 3 日

拉蒙特宣布,政府计划向一些国际银行借贷 75 亿英镑的外汇,用以买进英镑。这一史无前例的举动意味着要复苏英镑。伦敦城里,人们欢欣鼓舞,有了片刻的安慰,在这些人看来,拉蒙特已经使出了绝招。或许他可以成功地将英镑保持在欧洲汇率机制内,避开贬值。

1992 年 9 月 10 日

拉蒙特再一次排除英镑贬值的可能。

同一天,约翰·梅杰在格拉斯哥的英国工业苏格兰联合会发表了一篇演讲,他的手指猛地挥向空中,语调非常强硬:"选择疲软,选择贬值,抑或选择通货膨胀,此刻在我看来,都是对我们未来的背叛。我可以明确地告诉你们,这断然不是政府的政策。"

演讲赢得了群众的欢呼。

乔治·索罗斯听到了约翰·梅杰和诺曼·拉蒙特的话，但他不相信。"这对我来说没有可信度，"危机过后索罗斯这样说道，"因为现实更为紧迫。"

对于索罗斯来说，"现实"指的就是在目前经济停滞的情况下，英国要维持高汇率必须承受巨大的压力。一个电视记者后来问索罗斯，为什么他不相信诺曼·拉蒙特的话。索罗斯大笑："我能说的我以前都说过了，这对我来说没有可信度。"

索罗斯一直在密切关注这里的局势，伺机而动。他感觉到定时炸弹已经开始引爆倒计时了，但何时爆炸还不确定。

"我没有预见到欧洲汇率机制的解体，"索罗斯说道，"我只是看到当局的紧张和压力。接着趋势愈发明显，压力如此巨大，人们步调又是如此不统一，当时《华尔街日报》上发表了一篇对德国中央银行总裁史勒辛格的采访，他对人们发出了强有力并且感人至深的号召，他希望每个人都退出英镑。"

史勒辛格暗示，旨在呼吁意大利贬值里拉以换得德国降低利率的那份协定远不能解决欧洲货币市场的危机。他恐吓说，通过贬值可以避免动荡。这则采访无异于向投机者发出了抛售英镑的邀请函。

对于斯坦利·德鲁肯米勒来说，史勒辛格的"感人号召"使得对英镑的赌注清晰明了。"真正的决定不是是否要投资，而是投多少。起初，我考虑投30亿~40亿美元，但是索罗斯的直觉，或者使得他成为伟大的投资家的那些东西发挥着作用，对于他来说，问题不在于你是对是错，而在于你知道你是对的时候，要最大限度地把握住机会。实际上，我们可以下更大的赌注，但是我们没有时间了。"

尽管在狙击英镑的投资上，德鲁肯米勒功劳不小，但如往常一样，是索罗斯给他提供了极度自信。索罗斯鼓励德鲁肯米勒加大赌注，"我告诉他要直击要害，"索罗斯说，"这就像瓮中捉鳖。只要瓮在那里，

第17章
瓮中之鳖

你就尽管上前捉鳖。"

当市场爆发的时候，乔治·索罗斯已经准备好大赚一笔了。

他玩的这个游戏很复杂，复杂的原因在于他相信欧洲汇率机制的解体已经不可避免，而解体将带来一系列的变化：第一，欧洲货币的重新调整；第二，欧洲利率的急剧下降；第三，欧洲股市的下跌。

于是，索罗斯决定做空疲软的欧洲货币，在利率和证券市场上下注。索罗斯和他的同事采取了一个更大胆的举动，卖空了70亿美元的英镑，买入了价值60亿美元的德国马克，也购买了少量的法郎。

与此同时，索罗斯买入了价值5亿美元的英国股票，他的设想是一国的货币贬值后，股票会上涨。索罗斯又采取了另外一个举动，他做多德国和法国债券，做空德国和法国股票。索罗斯的想法是，德国马克的升值会损害股票，但是有助于债券上涨，因为利率会降低。索罗斯很有信心，所以他能够以10亿美元作为担保，借贷了30亿美元完成了100亿美元的豪赌。

索罗斯不是唯一一个下赌注的人。全世界的货币交易者都在打赌，英镑已大势所去，贬值不可避免。然而，索罗斯下了最大的赌注。"我们有70亿美元的股票，我们总投资在100亿美元左右，这是我们总资本的一倍半。"索罗斯如是说。用量子基金的资产担保，索罗斯借贷了50亿英镑。然后，他以欧洲汇率机制的2.79马克对1英镑的比价将英镑换成了马克。他现在手中持有的是强劲的德国马克。

索罗斯在等待时机。

18

成竹在胸

1992年9月15日，星期二上午

约翰·梅杰原计划去一趟西班牙，但因为要处理欧洲汇率机制危机，他被迫取消了这次行程。

英格兰银行依然有信心拖延像乔治·索罗斯这样的投机者。在午餐时间前不久，交易员们开始注意到，意大利里拉下跌。他们开始大举交易英镑和马克。

星期二下午

英镑一路下挫，英镑与马克的比价跌到1英镑兑2.8德国马克。下午稍晚点的时候，有消息传来，英格兰银行买入30亿英镑，但是此举并没有让英镑反弹。

星期二晚上

在伦敦市场收盘时，英镑对马克的比价只比2.778欧洲汇率机制规定的下限多了 0.2 德国铜币（德国铜币是 1 马克的 1%），这是英国加入欧洲汇率机制以来英镑价值的最低点。英国政府越来越担心，除非采取一些猛烈的措施，否则英镑将会贬值，一旦贬值，这将是 1967 年以来的首次贬值。

当一国的货币受到攻击，金融官员通常有几个方案来应对。一种是干预外汇市场，买入市场上所有的英镑。如果这个方法行不通，那么下一道防线就是提高利率，高利率能够吸引一国的货币，从而起到稳定货币的作用。然而，英国政府不愿意提高利率，因为这一举措可能会抑制经济。

英镑的价值处于最低点，嗜血的投机者倾巢而出，财政部长无奈之下采取了绝望的一步。他与美国大使共进晚餐的时候，每隔 10 分钟就要停一下，试图跟德国央行的官员取得联系。

他要恳请别人帮一个大忙：请降息！如果拉蒙特能让德国同意降息的话，这会缓和英国面临的压力，英国可能，只是可能，会平安度过接下来的几天，金融系统不会出现混乱。但是，德国中央银行的官员态度很坚决，他们不会降息。

晚餐过后，在财政部，英格兰银行的高级官员们聚在诺曼·拉蒙特的身边，做出应对危机的姿态。他们坐在两个闪闪发光的支形吊灯下面的大橡木桌周围，策划第二天的战略。他们计划次日一开始，英格兰银行就进行大规模干预，当然还留有一手，如果需要的话，他们会提高利率。

投机者知道英国财政部与德国中央银行的商议不欢而散，他们预测英国将先动摇。英国政府最有可能采取的措施就是提高利率，不管长远看来这个措施对经济的影响是多么糟糕。于是，他们纷纷下注。

星期二晚上 8 点

财政部的商谈破裂了。官员们从这个阴沉的会议走出来，他们最害怕的一点就是不知道自己决定做的事情是否足够应对这一切。事情变化得太快，快得让他们的计划赶不上。官员们不知道，5 个小时以前，史

第18章
成竹在胸

勒辛格接受了一次备受争议的访谈。他后来表示，自己没有授权他人引用他说的话，但是这已经不重要了。交易者猛烈地攻击英镑、意大利里拉以及其他疲软的货币，大举抛售，并买入德国马克。

听到史勒辛格的评论，诺曼·拉蒙特惊呆了。他试图减轻这件事的影响，但是伤害已经铸成。

星期二晚上，星期三早上

纽约联邦储备银行和日本银行支持英镑，这是最后的努力了。

星期二晚上 10 点半

纽约时间下午 5 点时，乔治·索罗斯正坐在他位于曼哈顿中城区的办公室里，在摩天大楼的 33 层之上，从办公室里可以俯瞰中央公园。

他越来越有信心，英国会退出欧洲汇率机制。"这是很明显的赌博，必胜的赌博，"他后来说道，"最坏的结果无非就是，我需要还贷的利率和借贷的时候一样，我最多会损失 4%。所以，这其中的风险很小。"

他已经预见这场风暴的来临，并感觉一切不可避免。而现在一切正在"有条不紊"地进行当中，索罗斯丝毫不怀疑自己会从中获得巨额利润。后来，在第五大道的公寓里，索罗斯享受了一份很简单的晚餐，是他的厨子做的。晚餐后，索罗斯就睡觉去了。即使他刚刚下了 100 亿美元的赌注，可能是他有史以来下过的最大的赌注，他还是要睡觉的。

他就是那么自信。

星期三上午 7 点半

在伦敦的斯瑞尼德街，8 位外汇交易者汇集在英格兰银行副总裁伊迪·乔治（Edie George）的办公室，乔治负责银行的市场操作。他们弓着背坐在电脑屏幕前，开始买入英镑。他们得到的指示是在 3 个分开的干预中花费 20 亿美元。

这个操作惨败。几百家在英国有工厂和办事处的公司手中持有英镑的股票和债券,他们急切地想消灭手中持有的这些股票和债券。

英国的金融界阴云笼罩。

星期三上午 8 点半

财政部危机处理小组聚集在财政部长诺曼·拉蒙特的办公室里,他们的表情都很阴沉。拉蒙特刚与英格兰银行负责市场操作的副总监伊恩·普伦德莱斯(Ian Plenderleith)以及英国首相通了电话。挂上电话之后,拉蒙特下令英格兰银行动用外汇储备进行更多干预。

星期三上午 9 点

英国首相约翰·梅杰乘坐防弹捷豹,2 分钟的时间就从白厅(英国政府所在处)到达原海军总部,因为唐宁街 10 号正在进行维修,所以他暂时住在这里。在原海军总部,按计划他要和政府官员举行一个会议,比较讽刺的是,会议的主题是马斯垂克条约。

当金融灾难即将临近的消息传到这个房间时,出席会议的人感觉,他们好像成了一个事实上的战时内阁。

星期三上午 10 点半

诺曼·拉蒙特打来电话,他说英国金融界的每一个人都在惊恐不安。约翰·梅杰从马斯垂克会议上退出来,转到一个秘密电话上,听着拉蒙特描述英镑持续下挫。德国的利率已经冻结。德国人不会向他们提供任何缓解措施。必须不惜一切代价,避免英镑贬值。风险无非就是损害政府的可信度。拉蒙特请求首相批准将利率提高 2%~12%。

梅杰同意了。

第18章
成竹在胸

星期三上午 11 点

政府宣布提高利率。拉蒙特说当目前巨大的压力和不确定性有所减轻后,他希望再把利率降下来,但很少有人相信降息会很快发生。

而最糟糕的是,尽管拉蒙特做了这样的声明,英镑却纹丝未动。此时,金融官员们知道,游戏已经结束,一切都将结束。货币市场将拉蒙特的这一花招看作是惊慌之举。

与此同时,约翰·梅杰想召回休会的议会,讨论欧洲汇率机制危机和英国经济。9 月 24 日,议会被召集开会,这是非同寻常的,因为自第二次世界大战结束后,议会只被召回过 10 次。

星期三中午 12 点

英格兰银行实施了更多的干预,但为时已晚。这决定命运的一天,后来被称作"黑色星期三",有 440 亿英镑外汇储备的英格兰银行将花费相当于 150 亿英镑的外汇储备来买入英镑,为支持英镑做出了最后的努力,但无济于事。

纽约时间上午 7 点,电话响了,吵醒了乔治·索罗斯。电话是斯坦利·德鲁肯米勒打来的,他有好消息要报告。通过他自己的信息来源,德鲁肯米勒了解到大不列颠即将认输。"乔治,你刚刚赚了 9.58 亿美元。"

德鲁肯米勒的结论或许有点草率,但这没关系。他知道,一切已成定局,英国肯定会认输。而他和索罗斯将会是最大的赢家(后来索罗斯了解到,他还有更多的收益,因为他支持法国政府,打击攻击法郎的投机者)。

总的来说,在黑色星期三的事件中,索罗斯挣了将近 20 亿美元,其中 10 亿美元来自狙击英镑,另外 10 亿美元是从意大利和瑞典货币以及东京股市的混乱中获得的。

如果是其他人赚了这么多钱,他们可能会开瓶香槟庆祝,但是索罗斯不会(毕竟,现在是早上 7 点,索罗斯也不是一个大酒鬼)。他说:"我玩游戏玩得比其他人都好，而且玩得比他们都大，事情就是这样。"

星期三下午

围绕在部长周围的小组开始表达那些可怕的想法了。

星期三下午 1 点半

到了美国市场开盘的时间。有个交易者描述当时的情景说："英镑就像水龙头里的水一样源源不断地被倾倒。"

星期三下午 2 点 15 分

英格兰银行又做了一次努力，试图扭转败局，再一次地提高利率，这是星期三那天的第二次了。利率已经提高到 15%。

在英国历史上，一天之内两次提高利率是史无前例的。目前的利率回到了两年前约翰·梅杰任财政部长时英国加入欧洲汇率机制时的利率水平。

投机者们没有后退，英镑对德国马克的比价仍然处于欧洲汇率机制规定的 1 英镑兑 2.778 马克的下限以下。事情已经越来越清楚，政府的政策是无法持续的。

市场上，英国的利率一天之内从 10% 提高到 12%，又进一步提高到 15%，人们知道，任何国家都无法长期保持如此高的利率。所以，英镑继续下滑，英格兰银行继续买入英镑。

挽救局势的措施已经是徒劳了。很明显，英国必须退出欧洲汇率机制，英镑必须贬值。首相约翰·梅杰再一次打电话，这一次是打给法国总理皮埃尔·贝雷戈瓦（Pierre Beregovoy）和德国部长赫尔穆特·科尔（Helmut Kohl）。梅杰告诉了他们这个可怕的消息。他宣布英国退出欧洲汇率机制，他别无选择。

19 黑色星期三

1992 年 9 月 18 日，星期三下午 4 点

黑色星期三的下午，气氛越来越阴沉。英国认输，退出欧洲汇率机制。像乔治·索罗斯这样的赢家笑了；像约翰·梅杰和诺曼·拉蒙特这样的输家只能沮丧地认输。英格兰银行的官员们和欧洲其他中央银行的成员进行电话会议，传递这样一个消息：英镑已经退出欧洲汇率机制，自由浮动。

英镑对德国马克的比价跌了 2.7%，在纽约交易上的比价是 1 英镑兑 2.703 马克，远远低于之前欧洲汇率机制的下限水平。

星期三下午 5 点

约翰·梅杰召集内阁，得到他们的同意，英国退出欧洲汇率机制。意大利明确表示会紧随其后。现在，英国和意大利的货币可以自由浮动了，他们的中央银行无须继续在开放市场上依靠"全部买入"来捍卫本国货币了。

星期三上午 7 点

宣布的时刻最终来临。诺曼·拉蒙特出现在镜头前面,承认自己被打败。他看起来筋疲力尽,面容憔悴。《经济学人》杂志说他是"不幸的"。他将手放在背后,好像自己是一个双手被绑着的囚犯。

拉蒙特勉强挤出了一丝笑容,但只持续了短短的一秒。他用右手拨了拨挡在前额的几缕头发,然后沉重地说:"今天是一个极度困难、极度动荡的一天。巨大的资金流持续地扰乱欧洲汇率机制的运作。与此同时,政府决定,只有结束我们在欧洲汇率机制中的成员国身份,才能保障英国的最佳利益。"

星期三下午 7 点半

英国允许英镑自由浮动。黑色星期三这天,英镑收于 1 英镑兑 2.71 德国马克,仅仅下降了 3%(然而,到了 9 月底,英镑下滑到 1 英镑兑 2.5 马克)。

1992 年 9 月 17 日,星期四

英国的利率回到了原来的 10%,意大利紧随英国,也将本国货币退出了欧洲汇率机制。英镑兑马克的比价立刻暴跌到 2.70,接着稳定在了 1 英镑兑 2.65 德国马克的水平,比之前最低水平降低了 5%,最终定在了比黑色星期三那天的比价低 16% 的位置。英国不是唯一贬值货币的国家。西班牙的货币贬值了 28%,意大利的货币贬值了 22%。

随着英国退出欧洲汇率机制的消息传来,在纽约交易市场,一开盘英镑对马克的比价就跌至 2.7 以下,比欧洲汇率机制限定的 2.7780 低了 7 铜币。这年夏天,英镑危机又有了新的脚注,欧洲汇率机制将浮动汇率范围扩大为中心汇率上下 15% 的区间内,但这已毫无意义。

◆ ◆ ◆

乔治·索罗斯看起来像个天才。

第19章
黑色星期三

其他人也在英镑贬值上大赚了一笔,但是他们的利润没有被报道。卡克斯顿公司(Caxton Corporation)的布鲁斯·科夫纳(Bruce Kovner)和琼斯投资公司(Jones Investments)的保罗·都铎·琼斯(Paul Tudor Jone)也是大赢家。科夫纳的基金估计赚了3亿美元,琼斯的基金赚了2.5亿美元。拥有大量外汇操作的美国大银行,也从中赚了钱,特别是花旗、摩根大通和美国纽约化学银行(Chemical Banking)。在第三季度,美国的银行在货币交易上的收益比它们正常的季度收益多8亿多美元。

1992年10月24日,伦敦《每日邮报》将索罗斯的赌注公之于众,《每日邮报》的头版头条用了巨大的、黑体加粗的标题:英镑崩溃,我狂赚10亿。

《每日邮报》的这篇报道中还配了一张索罗斯的照片,照片中的索罗斯满脸笑意,手举酒杯。报道的导语是:"一位国际金融家从上个月的货币危机中赚了将近10亿美元。"不到5个星期,英国的公众以及全世界都知道了索罗斯的举动。

《每日邮报》那篇关于索罗斯的报道出现在一个周六的上午,当时,《泰晤士报》的经济编辑安纳图·凯莱斯基(Antole Kaletsky)正和女儿一起走路回家。路上,他们停留了片刻,在一个糖果店买巧克力,这时凯莱斯基看到了这个醒目的标题,他感到很震惊。凯莱斯基买了报纸,直接就在店里看了起来。一小时后,凯莱斯基家里的电话响了,是乔治·索罗斯打来的。

"发生了什么事情?"《泰晤士报》的编辑问道,他听到电话那头有点骚动。

"我在伦敦,"索罗斯答复道,他的声音有些激动,"我不知道你是否看见了《每日邮报》的那篇报道。"

"是的。"凯莱斯基开始明白怎么回事了。

"我的房子被记者和摄影师包围了,我想出去打网球,但我没法出去。我应该怎么办？你有什么建议？"

在提出建议之前，凯莱斯基必须要了解一件事情："这个报道是真的吗？"

索罗斯很快答道："是的，大体上是真的。"

凯莱斯基建议他不要跟门口的任何一个记者说话。"如果你想公开地说明你做了什么，没做什么，你为什么不写一篇文章说清楚，或者我过去跟你谈谈。"

"我考虑考虑。"

一小时后，索罗斯给凯莱斯基回了电话，他想约《泰晤士报》的编辑下午过来和他谈谈，这也许是个不错的主意。凯莱斯基去了，关于自己如何策划这起对英镑的狙击，索罗斯第一次接受了采访。对凯莱斯基来说，1992年10月26日出现在《泰晤士报》上的采访是把乔治·索罗斯塑造成为公众人物的一个转折点："从那篇采访开始，索罗斯在全国成了名人，在此之前，没有人听说过乔治·索罗斯。"

如果说没有人听说过索罗斯，这并非完全正确。然而，如果说几百万以前从来没有听说过索罗斯的人，包括许多投资界之外的人，他们现在知道了索罗斯，这是很正确的。

凯莱斯基的文章开头实际上是这样将索罗斯介绍给读者的："乔治·索罗斯是个知性的人，作为一个政治家和教育慈善家，他在东欧度过了很多时间，也是世界上最大的货币投机者。在黑色星期三之前的两周内，索罗斯先生和英国政府进行了有史以来最具风险的一次扑克牌游戏。"

凯莱斯基写道，索罗斯承认从英镑崩溃中赚了10亿美元，"他虽有些尴尬，但无法掩盖恶作剧式的自我满足感。"

在解释黑色星期三之前的举动时，索罗斯告诉凯莱斯基："我们确实在英镑上做了大量的空头，我们也确实赚了很多钱，因为我们的基金规模很大。在欧洲汇率机制解体之前，我们可能是市场上最大的投机者。

第 19 章
黑色星期三

到了黑色星期三，我们整个仓位价值几乎达到 100 亿美元。我们计划卖出更多。实际上，贬值之前，当诺曼·拉蒙特表示他会借贷 150 亿美元来捍卫英镑时，我们被逗乐了，因为那就是我们想要卖出的量。"

"但事情进展得比我们预料的要快，我们没有能够建立满仓。所以，我们的利润估计是 10 亿，单位不是英镑，而是美元。"

索罗斯和他的办公室核对过，发现现在英镑仓位的流动利润已接近 9.5 亿美元，但他的收益仍在继续增大，因为他把钱投资到了其他非英镑的货币上。在 9.5 亿美元的利润中，索罗斯个人占了 1/3。索罗斯在英国、法国、德国的利率期权上做多头，在意大利里拉上做空头，这样一来，估计他的利润将增加到 20 亿美元。

当被问及如果首相梅杰在黑色星期三之前早一点提高利率，情况是否会好一些，索罗斯的回答是："完全扯淡。如果利率提高，这会鼓励我们加速抛出英镑，进程会加快。事实上，我们预料本周末会发生贬值。但是在黑色星期三利率被提高，我们意识到不能再等了。必须要加快抛售、建仓，我们已经没有时间了。"

在和笔者的一次面谈中，凯莱斯基回想起 10 月的那个周六下午他与索罗斯的对话，他说给他印象最深的是索罗斯似乎非常平静："他看起来一直完全不带任何感情，对赚钱总是持着探讨理论的态度。我那时当然不知道赚钱对他是否有情感上的重要性，但在索罗斯的身上，这真的看起来只是保留得分的一个方法。索罗斯显然对自己这次完美的狙击感到非常骄傲，这也是为什么他决定在采访中跟我讨论这次出击。"

"他很高兴自己敏锐地判断出将要发生的事情，能够挑战当局，挑战英格兰银行，并且最终获胜。他也乐意通过宣传让人们看到他在东欧地区在慈善方面的努力。"

这次狙击英镑恰好印证了他的金融理论，这让索罗斯感到很开心。欧洲汇率机制危机是 20 世纪 90 年代金融混乱之一，而索罗斯对这一混乱很着迷。

索罗斯的理论之一就是所有的事情都由认知造成，错误的认知能够引发市场的反身性行为，因为有了这一理论，在欧洲汇率机制危机前夕，索罗斯能够辨认出一个关键性的误解：即德国中央银行会在任何情况下支持英镑。当德国中央银行充分地表明，不会屈服于英格兰银行的意志，不会降低利率时，索罗斯下注了。

索罗斯的理论也使自己相信，其他投机者的行为将是随波逐流，为市场的反身性行为创造条件。正如他所说："在一个自由波动的汇率机制中，投机交易将越来越有分量，投机在性质上变得更加随趋势而动，进而导致汇率的更大波动，最终汇率机制崩溃。"

这是乔治·索罗斯职业生涯的转折点。现在，每个人都想知道，这位策划狙击英镑的人到底是谁。从狙击英镑的新闻出现那刻开始，索罗斯就被人们称为"打垮英格兰银行的人"。索罗斯没有打垮英格兰银行，但是他确实耗尽了英格兰银行的宝贵资金。

对于大多数英国的公民来说，索罗斯成了民间英雄。"没有预料的敌对情绪。"凯莱斯基回忆说。"相反，英国的公众以一种典型的英国人的方式说道：'对他来说是好事，如果他从我们愚蠢的政府那里赚了10亿美元，那么他肯定是个精明的家伙。'"

伦敦华宝证券（S.G.Warburg Securities）的首席国际经济学家乔治·马格努斯（George Magnus）表示："一些媒体报道说，这里有一位有眼力、有见解的金融家，不说大话，以实际行动证明自己。反之，英格兰银行和英国政府被惩罚，因为他们对正在发生着的事情置若罔闻。而在另一些媒体的报道中，索罗斯被看作是不择手段的投机者，从政府身上获利，所以，这是一把双刃剑。"

索罗斯看起来很喜欢他新赢得的名声。现在，或许他能够让人们注

第19章
黑色星期三

意到他生活中的其他部分，他一直都想宣传的部分：他的知识思想和他的慈善事业。

◆ ◆ ◆

曾担任法国外交部长的罗兰·杜马（Roland Dumas）说，"盎格鲁撒克逊"（Anglo-Saxon）投资者，指的是像索罗斯这样的英国和美国的货币交易者，他们削弱了欧洲的雄心壮志。他指责道："你必须看看是谁从这个罪行中获利。"

如果英国媒体的目的是希望让索罗斯为他获胜感到内疚的话，那他们并没有成功。尽管英国人都把10月16日称为"黑色星期三"，索罗斯却把这一天称为自己的"白色星期三"。对那些批评，他一概置之不理。"我知道会有负面的结果，但我根本不会去想它。不能想。如果因为道德上的顾忌而从某个行动中退缩，那么我就不会是一个有效的投机者了。"

"对于从英镑贬值中赚钱，我一点也没有感到悔恨。正如事情发生的一样，贬值可能还是件好事。但是这里的关键是，我并不是通过投机英镑来帮助或者伤害英国。我这么做的目的纯粹是为了赚钱。"

英国媒体可不会就此放过。索罗斯的利润难道不是大不列颠的损失吗？索罗斯不是让每个英国纳税人损失了25英镑？让每个英国男人、女人和小孩损失了12.5英镑？

索罗斯说："是的，这对英国来说是个损失。在这种情况下，我知道对手是谁。在任何一笔交易中，总有人赢，总有人输。但是在一般正常的事情发展中，你不知道你的对手是谁。我可以肯定地告诉你，我完全没有负罪感，因为如果我不这样做的话，其他人也会这样做。"

再者，索罗斯相信捐钱是一个善举，特别是因为西方没有人愿意帮助东方。

由于成功狙击英镑，1992年对乔治·索罗斯和量子基金来说是非常好的一年。

让索罗斯增光添彩的是，他被称为华尔街收入最高的人，1992年他的个人收入是6.5亿美元，是他1991年收入的5倍多。迈克尔·米尔肯（Michael Milken）1987年创造的5.5亿美元的辉煌纪录不再是最高纪录了。

《金融世界》编辑了一份清单，列出了华尔街收入最高的人，索罗斯从基金的利润中获得了4亿美元，还有2.5亿美元的管理费。排在索罗斯之后4位的是斯坦利·德鲁肯米勒，这位39岁的交易员在1992年赚了1.1亿美元。

这一年底，量子基金成为领先的海外基金，总资产达到了37亿美元，增长了68.6%。如果某人在量子基金创立时投资10 000美元，以后红利继续投资的话，那么到了1992年底，这个人可以获得12 982 827.62美元。

引人注目的是，业绩最好的6个基金里，有4个属于索罗斯基金：量子新兴增长基金排第三，增长57%，恒星基金国际排在第四位，增长了56%，配额基金排在第六位，增长了37%。索罗斯在4家海外基金中运作的资金超过60亿美元。

索罗斯是如何做到的？除了9月份从欧洲汇率危机中赢利之外，索罗斯从国际证券市场上也赚了很多钱，特别是1992年上半年在日本的股市上大捞了一笔。他从美国证券市场上也赚了很多。

◆ ◆ ◆

对于索罗斯来说，1992年是辉煌的一年。不仅是因为索罗斯赚的钱让人眼花缭乱，而且索罗斯被公认为能够创造奇迹的人。这一年年底的一天晚上，在布拉格为知识分子举办的一个晚宴上，人们谈话的内容总是围绕着索罗斯总共赚了多少钱这个话题上。索罗斯和他最喜欢的那些

第19章
黑色星期三

人坐在一桌，他说，如果他个人的高调能够帮助自己在东欧的慈善事业的话，他很高兴，即使这样会损害他在西欧的利益。索罗斯现在是名人了，他忙于给群众签名，在5磅的英国纸币上签上他的名字。但索罗斯寻找的是一些仍然难以捉摸的东西：尊重。

突然之间，他成为一个公众人物，人们希望得到他的亲笔签名，媒体想刺探他的职业和生活，想描述是什么激励着他，这对于他们来说已经足够了，但是对索罗斯来说还不够。即使捐钱也不能完全让索罗斯心满意足。

他想要更多。他一直渴望得到人们的尊重，而且现在比任何时候都想要得到这样的尊重。他从来没有公开阐明自己的目标，只是私下偶尔提起过，他的目标就是能在华盛顿行使权力，但不是通过选举或者是被提名，来担任一个重要的内阁职位。如果在国家资本方面能得到总统和其他显赫政客的注意，索罗斯就心满意足了。

索罗斯常常给人感觉，他是一位民主党人，1992年11月，民族党人比尔·克林顿被选举为美国总统。索罗斯知道，要想引起这位新任总统的注意不太容易。许多积累了很多财富的人都认为他们在华盛顿政府有话语权。什么能让索罗斯觉得，他比别人更有资格呢？他如何能让自己与众不同，使他说出来的话有人倾听呢？"我必须要改变人们对我的看法，"他告诉同事说，"因为我不想只是成为另一个有钱人，我有话要说，而且我想被人倾听。"

第七部分 君临天下

The World's Most Influential Investor

"在货币投机上，我从来都不犹豫，即使我说应该稳定货币市场；但作为一个公民，如果体制有错，那么你有责任改变体制。""我承认。我怎么能否认呢？我觉得这只是一个短暂的称号。我希望，通过我对人们思维的影响，他们能够知道，寻找缺陷和批判性思考是多么重要的一件事情。""似乎赚钱比花钱更容易。""或许商业上的成功最终给了我足够的信心，让我承认自己的犹太人身份。"

——索罗斯

20 对冲基金之王

SOROS
The World's Most
Influential
Investor

如果你想知道对冲基金的业绩到底如何，最好的办法就是去看看《金融世界》列出的 1993 年赚钱最多的人。在这张单子上，大概一半的人要么经营对冲基金，要么就是在对冲基金工作。其中，对冲基金经理占了前 5 位。

乔治·索罗斯以 11 亿美元的收入高居榜首，他是首个年收入超过 10 亿美元的美国人。上榜的 100 人中有 46 人是对冲基金经理。排在第 4 位的是斯坦利·德鲁肯米勒，收入为 2.1 亿美元。在这 100 人中，有 9 个人是为索罗斯基金工作的。1994 年，索罗斯基金管理的资金超过 110 亿美元。

华尔街着迷于这些人，这些人似乎比大多数人能够更好地掌握金融运作，他们曾经可能是摩根或斯坦利，古尔德或巴鲁克，但到了 20 世纪 90 年代初期，则属于乔治·索罗斯和其他对冲基金的优胜者。

根据纽约《格兰特利率观察家》编辑詹姆斯·格兰特的说法，这些华尔街巨头实际拥有的影响力，并没有人们想象的那么大。但是，华尔街似乎对相信某个人或某个机构能够控制事情的进展，能够促成一些事情发生这样的想法让人感到更舒服。

"在我的眼里，索罗斯既有神秘的一面，又有真实的一面。"格拉特说道，"人们必须把自己的焦虑、怨恨或者是嫉妒投射到有生命的东西身上。人们渴望有人能够左右市场，他们不相信实际上是供求关系在发挥作用，市场本身已经预示了将来的事情。他们想让自己相信，有一个像索罗斯这样的人物在左右着市场。"

"在熊市时，这个人可能会成为替罪羊，但在我看来，任何时候，人们总喜欢认为有些人成功了，有些人要负责任，有些人可以通过电话找到他们，有些人可能被传唤。"

"我认为，今天人们口中频繁讨论的'他们'就是对冲基金。他们以光的速度飞快地运作着巨额资金。他们大胆无畏，近来取得了辉煌的业绩。乔治·索罗斯、朱利安·罗伯逊（Julian Robertson）①、利昂·库珀曼（Leon Cooperman）②，以及保罗·都铎·琼斯，这些人共同组成了'他们'。"

◆ ◆ ◆

要成为"他们"中的一员很容易吗？要加入对冲基金很容易吗？根本就不容易。对于很多投资者来说，这也不是非常明智的选择，因为对冲基金风险太大，而且加入对冲基金要求有很多的资金。

证券交易委员会认为只有有钱人才能够或是才想要承担这样的风险，鉴于此，委员会要求美国的对冲基金投资者必须拥有净资产价值100万美元，或是连续两年的年收入至少在20万美元，或是两年的总收入在30万美元以上。索罗斯的量子基金没有最低额度的要求，但投资者若想参与进来，则必须支付高额酬金。

---

① 朱利安·罗伯逊，避险基金界的教父级人物。纵横全球金融市场的老虎管理基金以选股精准著称。——译者注
② 利昂·库珀曼，凯雷投资集团（Carlyle Group）的创始合伙人。——译者注

第20章
对冲基金之王

有流言认为对冲基金完全没有管制,其实这是没有事实根据的,也是错误的。证券交易委员会于1934年通过一项法案,该法案要求超过1亿美元的基金投资,基金经理必须向管制机构提出申请。所有的对冲基金经理都会受到反欺诈法案的约束。然而,如果一个对冲基金能将投资者的数量控制在100人以内,并且将自己的投资作为私募的话,那么该基金可以不用注册为一个投资公司。

索罗斯的海外基金与美国的对冲基金一个很大的区别在税上。只要基金中的大多数股东不是美国人,那么海外基金的股东就不用上交资产收益税。在有些情况下,美国人可以在海外基金中投资,但是他们不符合税收优惠政策。然而,因为对冲基金承担的风险很大,大多数海外基金禁止或至少劝阻美国投资者加入。

乔治·索罗斯在1961年成为美国人,但他却是对冲基金惯例的一个例外。尽管他是美国公民,索罗斯依然有资格加入自己的海外基金。大多数索罗斯基金的投资者是欧洲人。尽管风险很大,但是对冲基金提供了很多的诱感。当然,其中一个诱惑就是成为基金会员是件很光彩的事。

最大的吸引力还是在于巨大的利润前景。大多数对冲基金的投资者会被要求在很长一段时间内,不能将个人资金从基金中赎回,他们通常会将收益进行再投资,这样一来,利润就会不断地增加。

传统的资金经理——那些经营共同基金和养老基金的经理总是力图保守地投资,他们只使用有限的金融技巧,希望得到不多但相对稳定的回报。对冲基金经理人不受保守主义的约束,他们雇用其他人,使用风险更大的金融技巧,其中最让人眼花缭乱的就是信贷杠杆。华尔街一位匿名的领先对冲基金经理,这样形容巨额信贷杠杆的残酷:

"精神上极为痛苦,处理乔治·索罗斯或是迈克尔·斯坦哈特(Michael

Steinhardt）①的信贷杠杆，你必须拥有特别的能力、特定的精神状态，对自己的能力有信心，因为对你不利的很小变动都可能产生很强的放大效应。1994年2月的一天内，美元对日元的汇率变动了4%~5%，这让索罗斯损失了6亿美元。在我们生活的世界，4%~5%的变动没有什么大不了。联邦储备局将利率提升了0.25%，道琼斯指数相应下降了97点。你必须乐于承担一定的风险，当然你还要非常聪明。"

"乔治·索罗斯善于使用信贷杠杆，这需要有勇气、决心、对赌注的确信和一套基本的金融控制工具。你必须确信，你能掌控信贷杠杆。"

这位匿名的对冲基金经理总是将信贷杠杆和卖空放在一起考虑。他注意到被誉为证券分析之父的本杰明·格雷厄姆主张，股票有其"内在价值"。

实际中，内在价值指的是一只股票在给定情况下的真实价值，考虑了利率、经济状态和公司赢利状况。"分析师或者是基金经理的工作就是界定那些市场价值超过内在价值的股票。所以，一个传统的投资者会卖掉这只股票，而一个对冲基金经理会做空头，当这只股票跌到内在价值以下的时候，投资者就会买入，传统的投资者和对冲基金投资者不同之处就在于前者用现金买入，而后者会用信贷杠杆买入，因而其投资就超过100%。"

金融技巧越来越多，对冲基金不但更有可能做多、做空，同时还可以做期权、期货和其他衍生工具，只要市场有这样的要求。他们的投资更加集中，与传统的基金相比，对冲基金交易的次数更加频繁，1988年，索罗斯将投资组合改变了18次，1992年，改变了8次。对冲基金为投资者提供了在全球任何金融市场投资的机会，传统的基金经理却相反，他们只依赖单一领域或单一市场上的专业技能。

对冲基金经理有更大的动机来使用各种金融衍生工具来获取利润。

---

① 迈克尔·斯坦哈特，世界级短线杀手，避险基金教父，投资天才，华尔街历史上经营最成功的基金经理人之一。——译者注

第 20 章
对冲基金之王

不管资产业绩如何,传统基金经理都会得到 1% 的资产酬金,因此,他们没有强烈的动机进行大胆的操作。相反,对冲基金经理通常得到基金 20% 的利润。他们有充足的理由在全世界获利。

❖ ❖ ❖

1994 年,对冲基金已经变得十分强大,政客们开始讨论对其实施新管制的必要性。他们害怕对冲基金经理有能力对市场产生不利影响,因为他们投入到市场中的资金实在太庞大了。1994 年早期,债券市场遭遇大挫折时,政客们更加确信,是对冲基金在幕后作祟。这遭到了对冲基金经理的反驳,他们说同投资银行、商业银行相比,他们的投资仓位要小得多。就乔治·索罗斯而言,他对待管制的立场很矛盾。

他有充足的理由反对管制。毕竟,没有管制的时候,他挣了钱。索罗斯喜欢将自己称为不稳定性的专家,靠金融市场的混乱状态为生的人,他怎么会希望受到管制呢?但事实上,他支持建立一个专为国际金融界服务的集中的银行系统。

这就是矛盾所在。"在货币投机上,我从来都不犹豫,即使我说应该稳定货币市场,"他说道,"我们必须区分参与者和公民。作为一个参与者,你要按规则玩游戏。作为一个公民,如果体制有错,那么你有责任改变体制。"

当时,似乎对冲基金会继续生存在相对没有管制的状态中。1992 年,证券交易委员会做了一份长达 500 页的海外基金报告,那时人们怀疑包括量子基金在内的三大对冲基金购入了大量标售的美国国库债券,纽约的所罗门兄弟(Salomon Brothers)被指控违规投标。政府调查人员给三个基金一份健康证书,证券交易委员会的结论是,对冲基金无须加强管制。

21 点石成金

SOROS
The World's Most Influential Investor

由于在 1992 年 9 月成功狙击英镑，乔治·索罗斯更加光彩夺目。

索罗斯似乎有先见之明，他天生具备投资技巧，关于他的神话自然而然就产生了：凭借他选择的投资仓位，他能够左右市场。实际上，他似乎具备了精神领袖的力量。

当他公开讨论某种货币、某只股票或是某家公司的时候，相应的这种货币、股票或这家公司的市场就会变化。一切看起来都如此简单，因此你所要做的就是等着索罗斯发表声明，然后快跑出去购入"领袖"所建议的任何东西。

问题是：领袖不经常公开说话。那如何才能发现他在做什么呢？其他投资者是如何发现索罗斯在买什么的呢？他们寻找市场专家所谓的"足迹"，暗示投资方向和投资重点的线索。他们认为必须搜寻索罗斯这样的投资家的足迹，即使在他们的公开声明中，没有表明何时投资以及投资多少。

找到这些足迹并不容易，有个方法就是注意通常变化不大的同一类股票在朝着同一个方向稳定变化的趋势。

迪恩·雷诺兹公司（Dean Witter Reynolds）的证券研究高级副主管和首席投资策划师比尔·道奇（Bill Dodge）解释说："如果道琼斯指数跌了50点，而交易人员却说看不到有很多交易，我会开始考虑相关事情，发现所有交易的都是道琼斯股票，美元相对德国马克疲软，我可能得出正确的结论，有个外国交易者在卖出美国股票，可能是从德国卖，或者是转移到德国金融资产上。无论是在不相关的市场上还是相互关联的市场上，这种行为都是不寻常的。"

因为人们对乔治·索罗斯有着浓厚的兴趣，所以很容易相信是索罗斯在幕后操纵某只股票。道奇说："今天，让别人很快上当的方法，就是当你看见事情变化很快的时候，你就说这是因为索罗斯在买入，如果市场相信是索罗斯在买入，那么就会有所反应。真是一言定乾坤呀。"

对于他们在做的事情，索罗斯的交易人员都守口如瓶。其他的交易者有时可能会察觉到索罗斯何时活跃在市场上。

尽管交易者中没有人有索罗斯组织内的消息来源，至少不是当前的消息，但他们还是能够推论出了索罗斯在干什么。

道奇接着解释说："我可能给你打电话，说我想买入你的股票。目前交易场中有25个交易者。3个月以前和你喝酒的时候，你告诉我，你在和索罗斯做很多交易，但是你没告诉我是何种交易。现在我给你打电话，说我想向你买入某种股票，可你说不行。于是我们就处于竞争的状态中，你是25个人中唯一不愿意卖出的那个，其他24个人都不断卖出，你似乎和索罗斯有点关系，接着市场就得出推论：你是在为索罗斯买入。"

因为散发着精神领袖的气息，乔治·索罗斯似乎能够点石成金。

房地产就是一个很好的例子。在1993年之前，索罗斯一直远离房地产投资。然而，有一段时间，房地产领域陷入了金融萧条。20世纪80年代，一些开发商过度建房，房地产进入了低迷时期。而现在，这个领域出现

第 21 章
点石成金

了危机，但这没有吓到索罗斯，他突然对房地产投资产生了兴趣。他将这次危机看作是买入的机会。无论如何，索罗斯进入这个领域还是很奇怪。更奇怪的是他会选择保尔·赖克曼（Paul Reichmann）作为合伙人。1993年2月8日，索罗斯宣布建立价值2.25亿美元的房地产基金，将由赖克曼负责管理。新的基金叫做量子房地产市场基金（Quantum Realty Fund），这表明索罗斯在打赌，低迷的房地产市场将在近期内回转。

赖克曼兄弟包括保尔、艾伯特（Albert）和拉尔夫（Ralph），当房地产市场崩溃的时候，他们都非常震惊。在那之前，赖克曼家族在加拿大、纽约和伦敦持有的房地产股票价值几十亿美元。由于开发伦敦金融中心的加纳利码头大厦（Canary Wharf），他们的公司蒙受了巨大的损失，进入了申请破产程序。

对乔治·索罗斯来说，这些似乎都无关紧要。他告诉《纽约时报》："他们（赖克曼家族）曾经是世界上最成功的房地产开发商。我主要是想投资，而我想与最优秀的人合作。"索罗斯和赖克曼承诺将注入7 500万~1亿美元到新基金中，大部分资金来自现有的量子基金。

接下来的9月份，新的索罗斯—赖克曼基金进行了他们的第一次购买：他们从旅行者保险公司（Travellers Corporation）手中买来价值6.34亿美元的丧失抵押品赎回权的房地产和有问题的抵押贷款。这次购买是房地产历史上最大的整批销售之一。1993年11月，索罗斯和赖克曼宣布，计划在墨西哥城建造3个房地产项目，耗资15亿美元。

◆ ◆ ◆

一旦人们知道乔治·索罗斯正在交易某种股票、货币或者是初级产品，乔治·索罗斯就可能成为市场支配者。实际上，他能够成为市场上跟风行为的催化剂。1993年4月的确发生了这样的事情。这一次，索罗斯瞄准的目标是黄金。

最近几个月，通货膨胀率很低，可在索罗斯看来，通货膨胀率最终会再次上涨。这会使黄金成为更好的保值品，比股票、房地产和债券更好，尽管黄金没有红利。

据此，量子基金以1盎司①345美元的价格购买了200万~300万盎司的黄金。索罗斯还在纽蒙特矿业公司（Newmont Mining Corporation）投资了将近4亿美元，以每股39.5美元的价格从雅各布·罗斯柴尔德（Jacob Rothschild）和收购大师詹姆斯·戈德史密斯爵士（Sir James Goldsmith）手里买入1 000万股。索罗斯在纽蒙特公司持有13%的股份，成为该公司的第二大股东，戈德史密斯持有30%的股份，而罗斯柴尔德的股份少于5%。

索罗斯、戈德史密斯和罗斯柴尔德都是熟人。索罗斯和罗斯柴尔德公司之间的一个联系就是尼尔斯·陶布（Nils Taube），他是罗斯柴尔德公司的首席投资官，也是量子基金的非执行董事，更是索罗斯多年的亲密合伙人。

毫无疑问，当交易者发现了像乔治·索罗斯这样的投资家的足迹，金属的价格就会上涨。消息一经传出，市场中出现了巨大的投机性黄金购买。在伦敦，1盎司黄金上涨了5美元，涨到了350美元，这是自1992年以来，黄金价格首次突破350美元每盎司大关。

关于索罗斯投资黄金有一个额外的情况：到1993年夏天，索罗斯显然已经挣到了钱，并从中退出。据《伦敦周日时报》（Sunday Times London）8月15日的报道，索罗斯以1盎司385~395美元的价格卖掉了他持有的所有黄金，索罗斯似乎在斩仓，减少损失，因为两周以前，伦敦的黄金价格涨到了1盎司400美元以上，但接着大幅下跌。

1993年的上半年，量子基金的业绩很好。在头4个月，基金增长了18%，部分是因为在日经指数上的成功下注，当时日经指数为16 000点。到了1993年5月11日，日经指数涨到了20 000点。

---

① 1盎司≈28.35克。——译者注

第 21 章
点石成金

如果有人对乔治·索罗斯的市场能力有所怀疑，他会以正视听。1993 年 4 月 26 日，索罗斯接受了 CNN《今日全球商情》节目黛博拉·马奇尼（Deborah Marchini）的访谈。在访谈中，马奇尼认为，近来黄金价格的上升是由于俄罗斯传来的好消息造成的。好消息指的是叶利钦和他的经济改革在全民投票中获胜。索罗斯反驳了她的观点。

索罗斯认为，来自俄罗斯的消息与黄金价格的上涨毫无关联。价格的上涨是因为他购买了钮蒙特矿业公司的股份。除了在 CNN 上大胆地声称之外，索罗斯似乎并不急于利用领袖地位去获利，即使所有的标题都将他吹捧为"市场的救世主"。那年夏天，"对我的精神领袖地位，我感到很好笑，"他告诉《商业周刊》说，"我承认。我怎么能否认呢？我觉得这只是一个短暂的称号。我希望，通过我对人们思维的影响，他们能够知道，寻找缺陷和批判性思考是多么重要的一件事情。"

赖克曼和纽蒙特矿业公司的情况都似乎提供了坚实的证据，证明了如果索罗斯在市场中有所行动，那么其他交易者一旦听说，就会引发新一轮的市场活动。新的市场活动是仿效索罗斯的行为，这确定无疑会增加索罗斯投资仓位的价值。这是一种新的、强有力的地位。《每日邮报》在 1993 年 4 月 30 日的一个标题问道："为什么我们会对现代迈达斯（Midas）如此着迷？"

答案显而易见。乔治·索罗斯看起来就是现代迈达斯。大家很容易就被他迷惑，以他为榜样会让人们变得更加富有，受他迷惑又何错之有呢？

在索罗斯看来，对于他新的身份，他不能做什么，即使他想做也不行。"我的职业就是交易，这是我的角色，是我的职业活动。如果没有在股票、债券和货币上的投资，我不可能继续管理一个基金。所以我投资纽蒙特矿业公司，看看会发生什么。"

其他的金融投资者也对索罗斯特殊的身份印象深刻。"机构投资者比索罗斯控制的钱要多得多，但是他们非常信任索罗斯的判断，"曾是投资银行家的彼得·罗纳（Peter Rona）说道，"这就是索罗斯的影响。"

然而，其他人却没有什么特别的印象。有一些人还喜欢揭穿索罗斯，他们说索罗斯并不能操纵市场。其中之一便是阿西·诺兰（Arthea B. Nolan），《对冲》（Hedge Mar）新闻通讯的副主编。他说，管理很多资金的经理人的确会在短期内推动市场，但就长期而言，他们不能影响市场背后决定价格的供求因素。"

还有一些人否认索罗斯有什么神奇的直觉，他们坚持认为，索罗斯在进行某些恶毒的事情。索罗斯身居高位的朋友们认为这不是罪行，认为这不是能把人送进监狱的行为。但他们依然觉得，在索罗斯关系网的背后似乎隐藏着一些阴险的事情。

譬如，《观察家》报在提到索罗斯和吉米·戈德史密斯和尼尔斯·陶布的关系时说："这种内部人员拉帮结派的关系，使主流的投资者对索罗斯偶尔会感到不满。索罗斯的同事们可能会谈论索罗斯具有第六感，但是即使是在这些谈论中，有时也会让人感到索罗斯在为自己建立一个全面的关系网，用于收集信息。"但是，交到正好可以利用的朋友又有什么错呢？

索罗斯基金管理公司的业务经理加里·格莱德斯坦解释了索罗斯能了解世界任何地方的宏观经济趋势的能力，他指出索罗斯交友广泛："索罗斯有很多知识分子朋友，在全世界有广泛的联络网络，他会走进办公室说'我对A国很感兴趣，给X打个电话'。在他的职业生涯中，索罗斯一直获得着遍布世界各地的独立顾问的协助。你应该看看他的通讯录。"

到了1993年6月，索罗斯再一次投资房地产领域，这一次地点选在了大不列颠。他与赖克曼在美国建立基金的4个月之后，他又建立了一个更大的基金，用来投资英国的地产。索罗斯的量子基金与伦敦的一家名为英国地产公司（British Land Co., PLC）的房地产开发商联合，这一次索罗斯计划投资7.75亿美元在房地产上。他还购买了英国地产公司4.8%的股份。

第 21 章
点石成金

如果索罗斯买进英国房地产股份，这意味着英国房地产市场已经跌至谷底，至少这是英国投资者对索罗斯投资的解读。这对房地产公司股市上的市场价值产生了极其重大的影响：它们上涨了 6.67 亿英镑，索罗斯在英国地产公司 4.8% 的股份立刻赚了 520 万英镑。英国地产公司自己的股票也从 298 便士涨到 434 便士。很显然，索罗斯的魔力在起作用。

正如《卫报》所说的："上个月是黄金，昨天是地产，世界投资界已经决定，如果索罗斯认为某个东西值得买入，那么他们也应该这么想。"索罗斯受到自己的影响力的鼓舞，更进一步公开宣称，不管自己是否希望，他都有影响市场的能力。

这一次是货币市场。1993 年 6 月，当索罗斯大肆公开声明德国马克注定要下滑时，人们并没有感到惊讶。这是断定自己拥有非凡能力的人采取的极端行为。

在 6 月 9 日给伦敦《泰晤士报》的一封信中，索罗斯回复了 5 月 20 日该报的经济版编辑阿纳托尔·凯勒特斯盖（Anatole Kaletsky）的一篇文章。在那篇文章中，凯勒特斯盖催促索罗斯攻击法国法郎。索罗斯在他的回答中说道，他不同意凯勒特斯盖，要抛出的不是法国货币和债券，而是德国货币和债券。德国的短期利率会下降得更多，不管德国中央银行想要的是什么。"我预期马克兑所有主要货币的比价会下降，其中包括对英镑。我预期在未来几个月，德国的债券相对法国的债券会下降。尽管从严格意义上讲，当德国中央银行急剧地降低短期利率时，债券应该上升。"

"德国中央银行将利率保持得太高，时间拉得太长。它本可以在不威胁到自己声誉的情况下，逐渐地降低短期利率，但是它错失了良机。德国现在的衰退比法国还要糟糕。"

对于索罗斯而言，如果衰退变得很严重，德国迟早要屈服。"不管中央银行愿意与否，短期利率必须降低。"索罗斯补充说，德国的债券价格会上升，但一旦受汇率因素影响，债券价格会下降。

这是一个不同寻常的声明。这不是乔治·索罗斯这个专业金融家基于自己的经验和直觉给出一些建议这么简单。这是乔治·索罗斯作为投机者公开地承认，如果其他投资者遵循他的建议，会直接从投资中获利。

这是近几个月内，索罗斯第三次及时透露自己的投资，这有助于增加自己投资的价值。根据摩根斯坦利的策划师戴维·C．罗奇（David C. Roche）的说法："这是新的赚钱方法，在市场跌到谷底时，明智投资与宣传策略合二为一。"

在这封信的结尾，索罗斯试图澄清他的两个职业——投资家和慈善家——是相互分离的，截然不同的。他从事慈善事业不是为了让他的投资受益。"我想澄清我自己的角色。在你的信中，你同时提到我在货币市场和在东欧地区的活动，但它们之间其实有着鲜明的区别。在东欧，我希望推动开放社会；在金融市场，我为股东和我自己追求利润。我进入金融市场使我有资金在东欧支持基金会的运作，我在东欧并不是为了追求利润，我并不像金融市场中的慈善机构那样行事。"

"我努力避免可能具有破坏性的投机活动，但对于那些没有我参与也同样会发生的事件，我没有理由退出。当然，在做这样的判断时，我并不比中央银行更准确，更可靠。"

或许索罗斯并不比中央银行更准确，但当市场积极地响应索罗斯关于德国马克的声明时，索罗斯精神领袖的地位被进一步加强了。6月11日，马克的比价还是61美分，索罗斯写信后的几天里，马克在6月25日跌到了59美分。量子基金增长了10%，估计有4亿美元是来自索罗斯的货币交易。

6月23日，索罗斯表示，马克肯定会贬值：1美元很快能兑换2马克，而不是现在的1.7马克。他又一次指责德国中央银行没有采取措施帮助其他欧洲国家。"德国中央银行目前的立场对德国经济和欧洲经济是有害的，极大地伤害了欧洲的政治统一。之前，1美元价值4马克，"索罗斯补充说，"我确定，只要1美元少于2马克，那么美元就太便宜了。"

22 枪打出头鸟

很长一段时间以来,乔治·索罗斯一直希望政客们能够注意到他,现在,政客们终于开始注意他了。但索罗斯本来希望得到的是他们的尊重,而不是他们的疑心。事实上,他只得到了后者,这无疑充满了讽刺的意味。

索罗斯1993年的举动令人眼花缭乱,加上他在1992年挣了6.5亿美元的新闻,都使得政客们踌躇起来。他们清楚地记得20世纪80年代发生的事情——迈克尔·米尔肯、伊凡·博斯基和其他收购时代的明星们是如何聚集财富的。

收购时代给政客们留下了难以磨灭的印象,实际上米尔肯、博斯基和其他不太耀眼的投资者都是通过内部信息获利的。起初,每个人都对这些家伙的聪明感到惊讶。到了最后,事实证明,这些20世纪80年代的商业巨星们并不如他们表现得那么智慧过人。

现在,政客们认为,他们应该把目光投到乔治·索罗斯以及整个对冲基金上。他们没有理由相信索罗斯会像米尔肯和博斯基一样行事,索罗斯的罪过就在于他挣得钱太多了。华盛顿弥漫着一种不安的情绪。

这些金融家赚了巨额的财富，但在华尔街之外，有时甚至是华尔街内，没有人知道这些金融家究竟在做什么，以及他们是如何赚钱的。有一种观点逐渐在华盛顿站住了脚，即应该对索罗斯和其他对冲基金经理盘根究底，让他们给予一定的解释说明。

于是，众议院银行委员会主席亨利·冈萨雷斯（Henry Gonzalez）在1993年6月宣布，计划要求联邦储备委员会和证券交易委员会仔细审视量子基金的外汇交易。冈萨雷斯在众议院发言时表示，他对索罗斯如何赚取巨额利润感到很好奇。他希望发现索罗斯的资本有多少是来自银行贷款，美国的银行在多大程度上对索罗斯基金开放。

这位立法者承诺："近期，我将要求联邦储备委员会和证券交易委员会检查一下索罗斯先生对外汇市场的影响，以便做出判断，像索罗斯先生这样的个人是否有可能操纵外汇市场。"

"操纵"这个词太重了。对索罗斯来说，这并不像在公园里散步那样轻松。

冈萨雷斯补充说："充分了解索罗斯先生操纵外汇市场的方法，是符合联邦储备委员会和其他中央银行最佳利益的。毕竟，他们在和索罗斯竞争，努力操纵各种货币的价值。"

听证会在近一年之内不会举行，但冈萨雷斯的声明给所有的对冲基金投资蒙上了一层阴影。索罗斯和对冲基金界的其他投资者观望着，不知道等待他们的会是什么。

◆ ◆ ◆

尽管如此，1993年夏天，索罗斯自我感觉依然良好。他看起来很安逸。索罗斯泰然自若地接受了关于市场精神领袖的谈论。他看起来比十几年前更加快乐。索罗斯的伦敦合伙人埃德加·阿斯泰尔发现，索罗斯比早年对自己更加满意了，那时"他非常阴沉，闷闷不乐，对人很冷淡。现在，所有关于他能够推动市场，他是一位精神领袖的言论，都深深地感染着他。他更加开朗，开始享受生活，笑得也比以前多了"。

第22章
枪打出头鸟

索罗斯似乎很喜欢对他的这些关注，但他也感到这只是稍纵即逝的现象："我没有操纵市场，但是我不能否认，暂时有一种市场支配者的神秘感笼罩着我。现在，人们非常关心我在做什么。而在我购买了纽蒙特公司的股份之后，黄金上涨了15美元（1993年5月中旬），这个事实确实和我的买入有点关系。但在我失手几次之后，人们也会平静下来。"索罗斯非常聪明地应付着媒体。

在引起了媒体的兴趣之后，索罗斯知道，他必须抵制记者们蜂拥而至的问题，关于他在市场上做什么的问题。索罗斯想让人们把关注的焦点放在他的资助项目上，并且他也非常成功地做到了这点。1993年到1994年，大部分关于索罗斯的文章都主要关注他的慈善事业。记者觉得自己有必要提一下索罗斯的投资，但是他们只能给出非常少的有用信息，浮光掠影地提了一下这个话题。当发觉宣传能够有助于资助项目的时候，索罗斯感到了媒体亲切的一面。

1992年9月狙击英镑后，索罗斯坐下来接受了更多的采访，并且也因此得到了很多正面的媒体报道，特别是在英国。例如，1993年1月10日，《观察家》对索罗斯的报道标题为"打垮英格兰银行的人"，3月14日，《伦敦标准》（*London Standard*）对他的报道标题则为"宇宙的主宰者"。来自英国和美国电视台的人想请索罗斯合作拍摄一部关于他职业生涯的短片。索罗斯第一次允许他们在他的纽约投资办公室以及他躲避纳粹时藏过的布达佩斯地窖里拍摄。对于索罗斯来说，这当然是值得的。

1993年12月13日，在ABC电视台播放的一个电视纪录片中，索罗斯说道："（我的基金）规模已经变得非常巨大了，但是除非我能好好地利用资金，否则这没有意义。似乎赚钱比花钱更容易。我似乎在赚钱方面比在做出正确的花钱决策上更有能力。"

◆ ◆ ◆

索罗斯没有遭遇更多的认同危机。他看起来非常满足。但是，他仍然渴望从生活中得到更多,正如1993年7月他在《领导》(*Leadership*)杂志的一期采访中所表明的那样,那时,距他63岁的生日还有一个月。

记者问索罗斯,此刻他如何看待自己。索罗斯回答说:"我在不断地进步,我对事情的进展感到相当满意。相比当初纯粹挣钱的时候,我更喜欢现在的自己。现在,我觉得自己更加完整。如果我能更深入地了解事情是如何综合在一起的,这会给我带来巨大的满足感。"

简而言之,他仍然希望得到所有与"存在"相关的问题的答案。20世纪50年代早期,当他还是个学生的时候,他就对这些问题充满了好奇。记者问索罗斯,他是否有一个终止点,大概指的是退休。

索罗斯的答案是否定的:"我觉得那是一种失败。但我想将事情保持在一定的限度之内,以使我不会迈向那个阶段。很明显,总有事情多得我应付不了的时候。"

他是否感到自己不中用了?所有有钱人都可能会时不时地有这样的想法,索罗斯呢?"不会,我感觉我善于认识到风险,然后避免它。我把它看作是游戏的一部分。"

记者又问:"你谈到了拥有这么多钱以及以一种不被看作是一个自私自利的人的方式很好地处理这些钱的责任,这是一件困难的事情吗?"

索罗斯:"我并不是真的在意。我确定,即使事实还没有被写出来,将来也会被写出来的。我认为自己没有什么好辩护的。问题出在别的地方。我是自己成功的奴隶,还是自己命运的主人?"

"有这样一种状态,你可能觉得自己太成功了,以及为了成功你需要做许多事情。我需要在这两者中间找一个平衡点,不要被自己的成功弄得摇摆不定。我不能被卷入超出自己能力以外的事情,这才是我人生中真正的竞赛,这才是有风险的那部分。"

接着记者问了一个非常好的问题:"如果你没有赚这么多钱,没有捐这么多钱,那么你可能在做什么?"

索罗斯承认,他自己也思考过这个问题。20世纪60年代初期,当

第 22 章
枪打出头鸟

他第一次回到匈牙利时,他就问自己这个问题,"我得出的结论是,我可能会成为一名出租车司机,载着游客观光,仅仅为了赚一点外币。"

索罗斯本可以将自己描述为一个生活富足的中产阶级商人,但他没有。他这是在暗示,如果事情有不同的发展,他可能会去做一名普普通通的司机,为养家糊口而奔波吗?

到了1993年夏天,索罗斯成为金融界越来越大的一个谜。那时,距离1992年狙击英镑已经有9个月了,索罗斯在人们的心中几乎是个神话,他的每一句话都被看作是市场跟随的信号。但是,这个夏天,欧洲共同体动荡不断,一些观察家发现,越来越难看穿索罗斯头脑里在想什么,越来越难判断索罗斯喜欢金融市场的哪一方面了。索罗斯似乎是坐在跷跷板上,这一分钟上去,下一分钟下去。对于那些试图跟随他的人来说,这常常让人感到深深的挫败。

每个人都想弄清楚,欧洲汇率机制似乎濒临解体时,索罗斯会采取什么行动。索罗斯曾经在欧洲汇率机制上打赌,并且赢了。现在,人们又开始担心他会卷土重来。

❖ ❖ ❖

法国法郎的压力越来越大,德国的高利率将资本吸引到德国马克,资本从法郎中抽走,这导致法郎降低到欧洲汇率机制允许的最低水平,投机者纷纷抛出法郎。然而,法国却丝毫不愿意贬值。

7月26日,星期一,索罗斯告诉法国《费加罗报》(*Le Figaro*),他没有投机法郎,理由是他不希望被别人指责他破坏欧洲汇率机制。其实,索罗斯给法郎投了信任的一票,表明法郎会渡过目前的动荡,法国不需要退出欧洲汇率机制。

索罗斯似乎想远离这场纷争,但是当德国中央银行否决了改变关键的贴现率时,索罗斯非常恼火,好像他被人出卖了。"我觉得这个体制将要解体。"他这样预测。

7月30日，星期五，索罗斯给伦敦的路透社传真了一份新闻稿，他在其中声明："在德国中央银行决定不会降低贴现率之后，我觉得不用再受制于我在《费加罗报》上的声明了。当欧洲货币机制的支柱——德国中央银行不顾其他成员的利益行事时，想通过避开货币交易来保护欧洲货币机制是徒劳的。"

索罗斯将法国中央银行比作是被打扁了的妻子，尽管饱尝拳脚之苦，这位妻子仍然与丈夫厮守在一起，在这里，丈夫便是欧洲汇率机制。"我并不指望现在的安排在星期一的早上就会产生效果。"他声明，现在感觉可以恢复在法郎上的交易了。金融界一片混乱，大家都不知道乔治·索罗斯在做什么，他想要表达什么。当欧洲部长们在布鲁塞尔疯狂地试图挽救欧洲汇率机制的时候，索罗斯却很超然，想给人们鲜明的印象：他是超然于纷争之上的，这一次，对另一个欧洲汇率机制危机他漠然处之。

《纽约时报》的一位记者给索罗斯打电话时，他正在南安普敦家里的游泳池边懒洋洋地躺着。《纽约时报》的记者说，索罗斯听起来更像一位老练的政客，而不是一位货币交易者。"正是因为我不想让市场陷入疯狂，所以我不准备说出我在做什么。"他告诉记者。索罗斯没有泄露任何秘密。他所说的就是，在星期五中午之前，他还没有投机欧洲货币。这听起来好像在那之后他就开始交易法郎了。

事实是如此吗？索罗斯不会说的。他急于打消别人觉得他只是个投机者的想法，继续像个老练的政客："我非常相信欧洲和欧洲汇率机制，参与者应该关心如何维持这个机制，而不是仅仅想着为自己谋利。"但是，索罗斯感觉自己不再置身事外了。

1993年8月4日，他发表了一篇关于德国马克的公开声明。索罗斯认为，德国中央银行的政策正让德国进一步陷入衰退，因此他抛出马克。"我自己将对马克进行投机，抛出马克，买进美元和日元，"索罗斯在德国电视台上说，"从长远看来，这是对马克应该持有的立场。"他补充说，德国中央银行高利率政策弄巧成拙，必须通过降息来帮助恢复德国经济。

第22章
枪打出头鸟

起初，索罗斯似乎是正确的，当他第一次预言的时候，马克兑美元的比价是1.625马克兑1美元，到了7月下旬，比价降到了1.75马克兑1美元。但是到了9月中旬，德国马克对美元明显变得坚挺了，达到了1.61马克兑1美元。

❈ ❈ ❈

直到这个节骨眼上，很少有人质疑过索罗斯就他的交易做公开声明的权利。精神领袖就是这样做的。但是人们越来越觉得，索罗斯给世界领袖提供建议也许太过了。例如，8月1日，索罗斯出现在英国电视节目中，为西方军事干预巴尔干半岛提供明确的理由。他主张，容忍种族灭绝标志着文明的终结。但是，是谁委任他这么做的呢？1993年8月5日，《每日电讯》在一篇社论中恰如其分地总结了很多人在那年夏天对索罗斯的模棱两可的感觉："自从索罗斯下了100亿美元的赌注，打赌英镑一定会撤出欧洲汇率机制，他的每句话都被奉为神谕，他在报纸中的每封信和每篇文章都被视为经典。"

"任何人都不应该希望索罗斯先生有病，那些欧洲大陆的政客和中央银行的头目们近来都将欧洲汇率机制的崩溃归咎于索罗斯这样的投机者，但是他们应该克制自己的愤怒，过错完全在他们自己身上。他们错在试图维持无法维持下去的汇率和利率。但是仍然有必要谨慎一些。"

"近来，索罗斯先生越来越夸张地对媒体发表言论，这使人觉得他有点狂妄自大。当我们这周读到索罗斯先生支持空袭，来为萨拉热窝解围时，我们开始觉得他应该休假了。他可能相信，他能轻而易举地决定外汇外交政策。但是即使世界自愿依照索罗斯先生的每句话，也不应该使他愚蠢到对自己所说的话自以为是。"

两天以后，即8月7日，《经济学家》甚至刊登了一篇名为"健谈"的文章："乔治·索罗斯是不是疯了？报纸和广播日益充斥着这位出生于匈牙利的纽约投资者的重大声明，话题涉及任何事情，从银行业到波斯尼亚。"

"近来，欧洲汇率机制陷入重重困境，索罗斯先生的观点吸引到的注意力，至少和德国中央银行的头脑们一样多。媒体对索罗斯先生感兴趣，这不能说没有道理，毕竟，他是打垮英格兰银行的人。但很多像索罗斯一样有影响力的投资者，都倾向于保持超常的沉默，可为什么索罗斯不那样做呢？"

这家杂志还问到，为什么索罗斯经常公开地指手画脚："第一个原因肯定是索罗斯先生并不反对人们将他视作这个时代杰出的投资领袖，自己配得上这个荣誉。"

"另一个动机可能是索罗斯不再满足于继续做一个富有的绿色遮光眼罩，而是想影响当代的公共政策。这是令人钦佩的雄心，但是实现这一雄心更好的方式可能是通过他在东欧实施的慈善事业。"

"索罗斯先生明显渴望宣传的最后一个原因，可能是他对量子基金的日常管理没有以前那么关心了。"

那年夏天，《商业周刊》的一位记者有机会问索罗斯为什么他变得如此"健谈"。索罗斯答复道："我一般不想出现在公众场合，除非我有话要说。如果可能的话，我更喜欢用自己的话来表达。因为我发现了一件确定无疑的事情——如果我接受了一个采访，人们常常会断章取义。虽然引用的都是我自己的话，但本质却被歪曲了，和我的本意不同。"

"我和媒体之间没有爱憎的关系，如果发生了什么事，我保持很远的距离。如果你现在写了一篇讥讽批评我的文章，发现我的缺陷，或者挑出什么毛病，这不会伤害我。所以，你大可以这么做。"

索罗斯似乎在说，他并不是真的在意媒体，事实并非如此。索罗斯没有一个庞大、老于世故的公关机构，他已经成为了自己最好的发言人。

索罗斯聪明地了解到，如果不接受报纸的采访，而是给编辑发一个传真或者写一封信的话，他更有机会让自己所有的观点被人理解。一次又一次，这种方法行之有效。报社收到索罗斯的传真或信，然后将全部的内容刊登出来。

第 22 章
枪打出头鸟

索罗斯也知道，有时候要对媒体发表评论，有时候要保持沉默。当他采取了大胆的一步，雇用外部公关公司——享有声望的纽约凯克斯特公司（Kekst & Co.）时，索罗斯决定，凯克斯特公司应该尽可能地少提到他。

对于有些人来说，索罗斯就投资发表公开声明时，他有点聪明过头了。华尔街一位重要的资金经理很明显被索罗斯这样的行为所困扰，他坚持要求匿名。"我不明白所有这些公开声明的原因，特别是当他们在市场上积极交易的时候。"这位经理觉得："发表这样的声明是不合适的。在索罗斯的情况中，这不是一个法律问题，而是职业道德问题。"

- - -

到了 8 月底，索罗斯仍然喋喋不休。他再次在媒体上获得成功，这一次他出现在《商业周刊》的封面上，换在过去，他可能将这个成就看作是死亡之吻。可他的一些助手却为此感到极度愤怒。

看看这篇封面故事的开头，就知道多么让人愤怒了。《商业周刊》的记者说，索罗斯将要给这家杂志一个采访机会。索罗斯的资深资产组合经理杰勒德·马诺洛维奇（Gerard Manolovici）为此感到不安。

"加里，"他对索罗斯的首席行政官加里·格莱德斯坦说，"我是认真的。你必须阻止这篇报道。"

格莱德斯坦转向记者，抱歉地笑了笑说道："我们不喜欢宣传，我们希望保持低调。"

一位见多识广的华尔街观察者说道，像索罗斯这样的人物会吸引公众的注意，"这不仅仅是很鲁莽的行为，也会带来很多不幸。华尔街是一种非常俗气的商业场所。"

"在乔治·索罗斯的投资操作中，他的身边都是那些除了挣钱以外什么都不关心的人。他们并不在意自己在历史中的地位，但索罗斯在意。在华尔街，有一个很有事实根据的说法：一旦你变得很瞩目，你就成为了历史；一旦你登上了《商业周刊》的封面，你就得跟它说再见，而索罗斯刚刚上了封面。"

索罗斯从自己的助手那里感觉到越来越多的压力，其中包括斯坦利·德鲁肯米勒。他们要索罗斯管住自己的嘴巴。索罗斯基金管理公司认为，索罗斯的公开声明降低了基金的灵活性。

索罗斯以前的一位同事注意到："索罗斯或许认为自己是上帝对一般投资者的恩赐，但当他的仓位很大时，他需要大量跟进买入来证实自己。就某种意义而言，索罗斯摇身一变成为了市场。他在货币、固定收入上的投资非常大，以至于基金失去了在市场上的灵活性。"

所以，经过了1993年夏天的"健谈"之后，索罗斯采取了一个新的行动方针。当被记者提问的时候，索罗斯拒绝说自己喜欢或不喜欢什么股票或货币。他似乎感觉到，自己的每句话都被人们密切监控。如果人们能够赋予他权力，那么这个权力也能与他为敌。索罗斯明白这一点，所以他不再像以前那么健谈了。

- - -

索罗斯试图与一些欧洲政客建立良好的关系，但事实上，他很少能够赢得这些人的称赞。他们对索罗斯持续"干涉"欧洲货币感到非常恼火。

1993年9月底，时任欧洲共同体部长理事会的比利时外交部长威利·克雷斯（Willy Claes）间接地指责索罗斯试图暗中破坏欧洲统一大业。在法国周刊杂志《观点》（*Le Point*）的访问中，克雷斯表示："存在着一种阴谋。在盎格鲁撒克逊的世界里，存在着一些组织和个人，他们倾向于一个分裂的、扮演次要经济角色的欧洲，而不是一个拥有自己货币和外交政策的强大的欧洲。"

索罗斯的发言人戴维·克隆菲尔德（David Kronfeld）对克雷斯的评论不屑一顾，他表示："我们不会对这种关于盎格鲁撒克逊阴谋的无稽之谈做出回应。"他再次强调，索罗斯支持一个有效的欧洲货币体制，但是索罗斯确信，当该体制濒临崩溃时，它就不再对欧洲国家起积极的作用了。

第22章
枪打出头鸟

总的来说，1993年对量子基金来说是非常好的一年，它的资产增长了61.5%，1969年投资于量子基金的10 000美元，到了1993年升值为21 00万美元。而同期投资标准普尔500指数股票的10 000美元，如今只增长至12.2万美元，相比之下，后者的增幅简直微不足道。

索罗斯的每一个基金的业绩都十分出色。业绩最突出的是量子新兴增长基金，增幅为109%，其次是量子基金和配额基金，均增长了72%。自1969年起，索罗斯创造了约35%的年均复合增长率。而同期标准普尔500的年均增长率仅为10.5%。

索罗斯在1993年最后一个季度的最大一笔买入是派拉蒙传播公司（Paramount Communications），第二大和第三大买入的都是计算机网络领域的：新桥网络公司（NewBridge Networks）和DSC通信公司（DSC Communications）。索罗斯最大一笔卖出是迈多克药房连锁店（Medco Containment Services）的股份，尽管其他大笔卖出都暗示，索罗斯正试图从金融领域中解脱出来；在他的10大卖出中，有5笔是该领域的。

下图显示了索罗斯的几个最大持股，索罗斯大约一半的资产是股票。

公司	持有价值 （单位：百万美元）	持有数 （1993年12月31日）
纽蒙特矿业公司	488	8 461 000
派拉蒙传播公司	225	2 894 000
迪尔公司	116	1 569 000
珀金埃尔默公司	78	2 036 000
家得宝公司	66	1 665 000
新桥网络公司	56	1 019 000
摩托罗拉	47	507 000
泰克	44	1 869 000
坎贝尔	42	1 144 000

23 我是一个匈牙利犹太人

说起来有点讽刺,这个小时候觉得自己像神的人,其实很大程度上觉得自己与宗教不太相干。

索罗斯的父母和自己的经历都没能拉近他与犹太教的距离。虽然大屠杀(特指第二次世界大战中纳粹分子对犹太人的大屠杀)让索罗斯强烈地意识到自己的宗教背景,但是这也没有对索罗斯的宗教情绪产生持久的影响。1944年躲避纳粹的经历对索罗斯来说是一个大冒险,让他学会了一套生存技巧,但是这也没有让他更具有犹太人的特质。

如果说索罗斯从大屠杀中汲取了什么教训的话,那就是少数民族——如欧洲的犹太人——必须受到保护,而保护他们的最佳方法就是建立一个多样化的社会,给予少数民族应有的权利。

"1947年,我去了英格兰,后在1956年来到美国。"索罗斯写道,"我从来没有在很大程度上变成一个美国人。我将匈牙利抛到脑后。我的犹太人身份也并没有促使我通过支持以色列来表达我的民族忠诚。相反,我很骄傲自己能作为少数民族的一分子,因为这样我能够以一个局外人的身份，看到事情的另一面。作为一个匈牙利犹太人，这曾给我带来很多危险和侮辱，只有批判性思考的能力和克服某种特定观点才能够弥补这一切。"

犹太人身份对索罗斯来说是个负担。这没有给他带来任何优势，只有作为天生的犹太人"强加"在他身上的"危险和侮辱"。因此，战后的那些年里，索罗斯对自己的宗教一直轻描淡写。他的智力思想都并排源于犹太教。

他长期的朋友和商业合伙人拜伦·韦恩注意到："索罗斯从来没有认为自己不是犹太人，他也从来没有试图隐藏过自己的犹太人身份。他从来没有逃避过他的身份，但是我认为，他同时也不希望这成为他身份认同的核心。"

"在他成长的过程中，这是他身份的核心。他是犹太人这一事实意味着，他必须逃亡，必须躲避。当他来到美国，人们根据他的犹太人身份将他归类，索罗斯想摆脱这些归类的束缚。他想因为自己的身份、智力和成就被人接纳，但另一方面，他并没有回避他是犹太人这个事实。他以为每个人都知道他是犹太人，但他不会在身上贴个标志表明自己是犹太人，以防你不知道。"

◆ ◆ ◆

1992年10月初，索罗斯邀请一位叫本尼·兰达（Benny Landa）的以色列企业家到索罗斯纽约的公寓里共进晚餐。这个夜晚是他们两人度过的最难以忘怀的夜晚。

1977年，兰达在特拉维夫不远的以色列雷霍沃特市（Rehovot）成立了一家高科技公司，名叫"靛蓝"（Indigo）。这家公司很快成为世界上高品质数字彩色印刷产品领域中的领军企业。

1977年6月，兰达请美国投资银行公司——第一波士顿公司（First Boston）为靛蓝做一些战略规划。第一波士顿建议从私募开始，几年后

第 23 章
我是一个匈牙利犹太人

再进行公募。当第一波士顿公司即将完成私募备忘录，并发给潜在的投资者时，索罗斯得知了靛蓝公司的意图。在进一步调查后，索罗斯让兰达推迟私募备忘录的发布。索罗斯表示，如果靛蓝公司有兴趣的话，他愿意投资 5 000 万美元。

"这让我们很震惊，同时也很高兴。我们之前预料至少需要 6 位投资者才能募集这么多投资。" 1994 年 8 月，兰达坐在雷霍沃特 4 楼的办公室里回忆说。双方已经谈妥条件，但是索罗斯告诉兰达，他对这桩交易有着浓厚的私人兴趣，希望在一切敲定之前能见见这位企业家。索罗斯邀请他到纽约共进晚餐。

索罗斯和兰达就这样见面了。在场的还有另外两个人，索罗斯的助手 P.C. 查特吉（P. C. Chatterjee），以及第一波士顿公司的总经理罗伯特·康拉兹（Robert Conrads）。这个夜晚之所以让人难以忘怀，是因为谈话的性质。人们可能会想，这 4 个生意人聚到一起吃工作晚餐时，即使不是专门谈工作，至少谈论的主要内容应该是工作。但事实上，查特吉和康拉兹整晚都没有说什么。后来，兰达解释说，他觉得这两个人听到索罗斯和自己整晚都在谈论与商业无关的话题，他们肯定目瞪口呆，说不出话来。

将近两年之后，在描述那个夜晚的时候，兰达对每个细节依然记忆犹新，似乎他和索罗斯一起吃饭就是昨天的事情。那天晚餐从 7 点半开始，持续了 4 个小时。大家落座准备就餐时，索罗斯请兰达谈谈他自己和他的公司。这花了 20~30 分钟，兰达接着问索罗斯，是不是该轮到他来问索罗斯问题了。

索罗斯回答道："当然。"他想当然地以为兰达会问一些投资方面的问题。兰达开始说："我读过你的经济和政治哲学，但我不是非常感兴趣。"兰达可能没有注意到索罗斯听到这话时感到有些不快。"我感兴趣的是，"兰达提醒自己不要太唐突，"你对自己作为犹太人的感觉如何？和总部在以色列的公司做生意是否有特别的意义？"

219

关于索罗斯对犹太教的冷淡，兰达略有耳闻。但他也知道，这位投资家是一个犹太人，是大屠杀中的幸存者。不知何故，兰达发现很难将索罗斯在大屠杀中的幸免于难与他对犹太身份的中立态度进行调和。于是，他问了这个问题。

索罗斯似乎对这个问题感到很惊讶，但他没有感到不舒服。"无论如何，这对我并不意味着什么。我和你们合作并不是因为你们是一家总部在以色列的公司，而是我觉得，这是一个巨大的商机。"在接下来的3个半小时里，索罗斯谈到了他的犹太人身份，他童年的经历，特别是在第二次世界大战中躲避纳粹的经历。"这是我一生中最激动人心的事情之一，"他告诉兰达，"躲避纳粹就好像在玩'警察与小偷'的游戏，非常刺激！"他们也谈到了犹太的民族主义，以及犹太人的自我憎恨。有时，他们不像在谈话，好像是在辩论，但气氛自始至终都是友好的，尽管他们的谈话总是围绕后来被兰达称为"那些私密的、棘手的问题"。

当他和索罗斯交谈的时候，兰达在疑惑，是什么导致这位投资家否认自己的犹太根源呢？听索罗斯讲述战争经历时，兰达似乎找到了正确的解释。他注意到，索罗斯总是将他在"二战"中的经历描述为一个刺激的游戏。但在现实中，他肯定经历了常人难以想象的恐惧，而原因仅仅在于他是一个犹太人。兰达断定，对索罗斯来说，身为犹太人肯定是一种负担，从来都不是一件令人高兴的事情。那天晚上，索罗斯透露，只有20世纪80年代早期，他才感觉到可以轻松地公开承认自己是犹太人。在那之前，索罗斯完全回避这个话题。索罗斯表示："或许商业上的成功最终给了我足够的信心，让我可以承认自己的犹太人身份。"

谈到民族主义这个话题的时候，兰达说，民族主义有一些建设性的、积极的作用，特别是犹太复国主义，它是一股非常积极的力量，是很有价值的事业。他对索罗斯说："我想请你进一步讨论这个话题。"

索罗斯经历了太多纳粹分子的行径，以至于他无法给民族主义很高

第 23 章
我是一个匈牙利犹太人

的评价。"民族主义只能导致罪恶、破坏、沙文主义和战争。"他答道："我反对任何形式的民族主义。如果可能，只保留民族主义建设性的一面，而抛弃它负面的特征，以及它对政治和社会的破坏，那么你才能是对的——但这是不可能的。"

即使在他们说话的时候，索罗斯都在受着东欧民族主义政权的攻击。"这太讽刺了，"索罗斯说，"他们试图把我和犹太复国主义的阴谋和老牌的犹太复国主义者绑到一起。这简直太好笑了。"好笑的原因在于索罗斯几乎不把自己看作是一个犹太人。

到了晚上 11 点半，索罗斯和兰达因为谈话时情绪激动，此时都有一丝倦意了。兰达转向索罗斯，以最后下结论的口吻宣布："我感觉让你最终认同以色列，就如同让你认同你的其他政治事业那样艰难，将你带回到犹太的世界，是我的使命。""这将会很有趣。"索罗斯含糊地答道。

在电梯里，查特吉跟兰达说："这让我很震惊。在我的人生中，我从来没有见过这样的事情。我从来不了解索罗斯这方面的事情。"兰达自己也感到意外。对索罗斯和兰达来说，这个晚上一直都是个非常私人的经历。

几个月后，1993 年 1 月，兰达和索罗斯在索罗斯纽约办公室里再度见面，他们握手寒暄，签署了协议。索罗斯肯定还记得去年 10 月份他们一起度过的那个夜晚。他可能感觉到，自己给对方留下了这样一个印象：似乎他不太愿意和一家以色列公司做生意，恐怕这会过度暴露他的犹太人身份。他想消除兰达这样的想法。

索罗斯握着兰达的手说道："你知道，我很高兴这家公司在以色列。"兰达以为索罗斯的意思是，这笔生意对索罗斯终究还是有一些私人的意义。兰达借此机会邀请索罗斯去以色列，索罗斯答应了。

◆◆◆

与兰达的邂逅表明了乔治·索罗斯身上发生着一些深刻的变化。20

世纪90年代初期，索罗斯的朋友和同事都注意到，索罗斯对待犹太宗教的态度发生了改变，他对他的过去产生了新的兴趣。索罗斯开始让丹尼尔·多伦（Daniel Doron）在内的一些熟人，给他提供一些书，其中包括《犹太法典》。"他开始对犹太文明感兴趣，"多伦说，"突然间，索罗斯意识到他不是凭空冒出来的。"索罗斯的觉醒也以其他方式表现出来。在布加勒斯特的索罗斯基金会正式揭幕典礼上，索罗斯站在人群前面声明："我是乔治·索罗斯，是一个匈牙利犹太人。"桑德拉·普拉郎当时也在场，她记得人们都惊呆了。罗马尼亚人不习惯听别人公开说，自己作为一个犹太人很骄傲。

这是惊人的转变，对索罗斯这个直到五十几岁才愿意认同自己犹太人身份的人，对这个曾经觉得自己的犹太身份是个负担的人来说，这简直不可思议。然而，此时此刻，在20世纪90年代初，一切似乎都在发生变化。

是什么唤醒了索罗斯的犹太意识？

首先也是最重要的，是东欧右翼民族主义分子对他以及他的犹太身份的攻击。

其次，他不再对自己的犹太身份感到困扰。索罗斯在商界已经取得了巨大的成功。因此，一定意义上，他已经经受得起攻击了。他不再担心自己的犹太身份可能让他处于不利地位。

最后，他在东欧目睹了很多苦难，特别是20世纪90年代初的波斯尼亚战争，这些都提醒了他：他的犹太同胞们在本世纪初经历了多少磨难和痛苦。索罗斯援助萨拉热窝的供水系统和天然气管道的建设之后，一位记者问他，为什么像他这样的犹太人会同情穆斯林国家。在对他的犹太身份发表的为数不多的评论中，索罗斯说道："如果你经历过一场大屠杀，那么当你目睹另一场大屠杀的时候，你就会产生一种特别的共鸣。对前南斯拉夫的大屠杀，我就有这样一种特别的关注。"

第23章
我是一个匈牙利犹太人

然而,索罗斯对犹太教新生的热情最明显的标志还是他1994年1月对以色列的访问,这是他首次公开访问以色列。多年以来,索罗斯的犹太同事们一直试图让他更加关注犹太国家,但是他们都没有成功。索罗斯对犹太教的漠视让他们感到很生气,索罗斯似乎耻于做一个犹太人。但是他们明白,无论他们多么具有说服力,索罗斯必定是经历了某些变化之后才会进行这样的访问。

索罗斯一直都说,他远离以色列的原因在于以色列对待阿拉伯人的方式。他给出的另一个原因是,他觉得以色列的经济过于僵化,对外国投资者很不友好。索罗斯将资助的目标放在开放的东欧和前苏联的封闭社会,因此他没有理由要在民主的以色列寻找一个立足点。他认为,以色列不需要"开放"。

这并没有阻止其他人恳求索罗斯,并吸引他到以色列。

1993年秋天,以色列宣布,他们一直和巴勒斯坦解放组织进行秘密谈判,目的是达成一致。以色列经济学教授古尔·奥佛(Gur Ofer)认为,这是一个好时机,他写信给索罗斯,请他重新考虑以色列之行。

"不知您是否还记得,我们曾讨论过请您访问以色列,但您拒绝了?"奥佛写道,"在过去的几年,以色列进行了一场非常严肃的经济改革,我们将要迎来和平。是时候重新考虑您和以色列的关系了。"奥佛从来没有得到索罗斯的书面答复。但是,当索罗斯宣布他将于1994年1月访问以色列的时候,奥佛似乎得到了间接的答复。

索罗斯访问以色列的决定可能不是出于他对这个犹太国家产生了新的兴趣,而是要向世界表明,他并没有被东欧的右翼民族主义分子的攻击吓到。索罗斯被指控他为以色列的情报机关工作,他可能想表明,这样的攻击是不会让他退缩的。

尽管以色列人迫切地欢迎索罗斯这样的重要人物访问以色列,但有些以色列人对这个消息的反应还是很谨慎的。这个谨慎和索罗斯没有太大关系，而是与名叫罗伯特·麦克斯韦（Robert Maxwell）的国际金融家有着更大的关联。几年以前，以色列人为麦克斯韦铺上了红地毯，隆重接待了他。和索罗斯一样，麦克斯韦也是后来才重新认同自己的犹太根源的。麦克斯韦访问之后，以色列人非常懊恼地发现，说得好听点，麦克斯韦是一个阴暗的家伙，说得难听点，他就是个骗子。所以，有些以色列人害怕，拥有几十亿美元资产、从事神秘的金融活动的索罗斯可能是另一个"麦克斯韦"。

尽管大多数以色列人从来没有听说过乔治·索罗斯，但以色列的重要政府官员听说过他。他们要确保提供给索罗斯四星级的待遇。对他们来说，索罗斯访问结束后对以色列有个积极的印象是很重要的，因为索罗斯在国际金融界的一句美言能够增加以色列对外部投资者的吸引力。的确，单单是索罗斯为商业目的访问以色列这一事实，就能够被以色列的公关机构加以利用，表明以色列经济正朝着正确的方向前进。

以色列大部分重要的政治和经济官员都会见了索罗斯，从总理伊扎克·拉宾（Yitzhak Rabin）到索罗斯曾共事过的以色列银行行长雅各布·弗兰克尔（Jacob Frankel）。拉宾告诉索罗斯，以色列正在努力将一些国有公司私有化，欢迎投资者参与其中。索罗斯在以色列有两个小投资，他参观了那两个地方，一个是乔泰可公司（Geotek），经营专用移动无线电和无线通信业务，另一个是靛蓝公司。索罗斯在靛蓝公司持有17%的股份，1993年价值为7 000万美元，1994年，这些股份的价值翻了一番。

一天晚上，政府在荷兹利亚（Herzylia）的阿卡迪亚酒店设宴招待索罗斯，酒店位于特拉维夫以北，濒临以色列地中海海岸。以色列金融界大约有250位领军人物出席了宴会。索罗斯要对这些人发表一番讲话。那天晚上早些时候，索罗斯问兰达他应该说些什么。兰达告诉他，观众不仅喜欢听他讲商业方面的事情，他们也想听听索罗斯今天作为一个犹太人的感想，"告诉他们你那天吃晚饭的时候告诉我的话。"

第 23 章
我是一个匈牙利犹太人

索罗斯同意了。索罗斯讲了 20 分钟。通常，索罗斯很善于在公开场合讲话，但是这次的即兴演讲却让他感到胆怯。兰达记得，索罗斯"非常尴尬，说话结结巴巴，东拉西扯"。这可能是索罗斯第一次站在公众面前，以私人的方式谈论他的犹太身份。如果他一辈子都以作为犹太人为荣的话，或许他的话能说得更顺畅些。但是，索罗斯试图诚实地对待自己对犹太身份长时间的隐瞒，他肯定感觉到，在场的每位听众都以作为犹太人为骄傲，而且在大屠杀中失去朋友和亲属的人可能也不在少数。他肯定知道，他讲的关于犹太人的自我憎恨和自我否定可能听起来很难让人信服，很难吸引人。

在那 20 分钟的讲话中，索罗斯重复着自己在一年半以前跟兰达说过的话。他说起了自己还是个孩子的时候，如果朋友们称他为异教徒，这会让他很激动，说起了他从来没能与自己的犹太身份达成妥协，说起了这些年都对以色列的事情保持沉默，因为他觉得，既然自己对这个犹太国家印象不好，最好还是什么也别说。

他也谈到，因为现在的以色列似乎放弃了沙文主义，正逐步与阿拉伯邻居们和平共处，他觉得可以访问以色列了。索罗斯还谈到他的慈善哲学，以色列一直伸手跟别人索要，但在他看来，以色列不应该这样做，这个地方吸引的是投资者，而不是慈善家。他没有打算把他的慈善事业扩展到以色列，但他目前已经有两项投资了，他在考虑更多的投资。

以色列对索罗斯此次访问的反应并非都是正面的。很多以色列人根本不知道应该如何对待索罗斯，当他们听到索罗斯那天晚上在阿卡迪亚酒店的讲话时，他们都感到非常失望。"对听众中的一些人来说，那天晚上他们受了打击，"兰达回忆说，"索罗斯没有做出任何承诺，他们对此非常失望。"

"许多以色列人对这篇讲话感到失望，非常失望。虽然每个人都知道，索罗斯表现得很坦率、很亲密，他们也知道让索罗斯公开自己的事情非常困难，但有些人还是不能理解他为什么要小题大做。他们说：'我们曾在集中营待过，我们曾失去了家人，但是我们并没有因此成为反犹分子。我们抛弃以色列了吗？我们抛弃犹太教了吗？有什么大不了的？为什么我们应该理解他一定要与以色列拉开距离呢？'"

的确，索罗斯要克服这种高期望。有些以色列人原本期望索罗斯会给大家带来惊喜，宣布计划投资10亿美元给这个犹太国家。但索罗斯至少让以色列人相信，他是一个正直的、认真的金融家。即使当他们发现索罗斯对犹太复国运动缺乏热情的时候，他们会觉得失望，但是他们也很快承认，索罗斯是一个谦逊的、不装腔作势的人。索罗斯没有麦克斯韦的夸大其辞和阴暗。

索罗斯现在认为自己相当了解这个犹太国家了。以色列之行不久以后，他出现在1994年1月11日CNN的《拉里·金访谈》（*Larry King Live*）节目上。作为节目的嘉宾，美国驻联合国大使珍妮·柯克帕特里克（Jeane Kirkpatrick）对以色列和叙利亚能够很快达成和解表示怀疑。索罗斯却不以为然，他说自己刚从这个犹太国家回来："我对他们印象深刻，因为他们的内心已经发生了深刻的变化，我觉得他们真的在为此努力，他们会拥有和平的。"

事实证明，柯克帕特里克是对的。以色列没有与叙利亚达成和解，至少2008年夏天还没有，尽管在这一年早些时候，谈判又被重新启动。

第八部分 成败皆英雄

The World's Most Influential Investor

SOROS

"我依旧觉得自己是一个自私的、贪婪的人。我没有要故作圣人。我有着非常健康的胃口，我把自己放在第一位。""我反对任何说我们的活动是有害的或者是造成市场不稳定的声明或暗示。""所有的汇率机制都是有缺陷的，只能暂时发挥作用，接着就是崩溃。所以，我们要做的就是保持灵活性，不断地调整政策。""权力让人陶醉。"

——索罗斯

24 情人节大屠杀

1994年伊始,索罗斯大量卖空德国马克。有消息说他卖空了300亿美元,一部分是利用基金的资金,余下的是利用信贷杠杆。尽管在前一年,索罗斯认为德国利率会下降,但实际并没有下降。高利率无限制地破坏了德国经济,所以,索罗斯打赌,德国中央银行会降息,德国马克也会随之贬值。德国人对此很不高兴,他们不喜欢乔治·索罗斯拿他们打赌。

尽管这一年开始的时候还不错,但是地平线渐渐地乌云密布。愤世嫉俗的人指出,1月份索罗斯在《新共和》上的封面故事是一个不好的兆头。

这篇报道出自《说谎者的扑克牌》的作者迈克尔·刘易斯之笔,他基本上对索罗斯持赞同意见,关注的焦点是作为慈善家的乔治·索罗斯。索罗斯曾带刘易斯一起踏上他为期两周的"援助旅程",他经历了一系列旨在展示乔治·索罗斯在东欧的影响力的事情。

不到一个月的时间,天塌下来了。索罗斯在1994年2月遇到了挫败,让人难以置信的原因并不在于亏钱,他以前也亏过钱;甚至也不在于损失的数目巨大，尽管这一次损失非常巨大，达到6亿美元。

这次事件备受关注的原因是，索罗斯对这次明显的挫折采取了一种就事论事的态度，似乎在掩饰这次损失的规模到底有多大。这次挫败发生于1994年2月14日，量子基金内部的人员称之为"情人节大屠杀"。

一段时间以来，索罗斯都在打赌，日元对美元会继续贬值。美国政府一直鼓励强劲的日元，这是美国和日本贸易谈判中对日本施压的策略之一。如果日元升值，日本的出口会变得更加昂贵，在世界各地的销售也更加困难。索罗斯相信，美国总统克林顿和日本首相细川护熙（Morihiro Hosokawa）将会妥善解决他们的贸易纷争，他们的和解将使得美国政府允许日元贬值。

索罗斯错了。2月11日，星期五，克林顿与细川护熙之间的谈判破裂。市场在3天后重新开盘，之前一直下跌的日元突然攀升。交易者们断定，美国会抬高日元，以此降低对日本的贸易逆差。强劲的日元会使得美国从日本的进口变得昂贵。

星期一，日元在纽约市场上收于102.2日元兑1美元，相比上周五收盘时的107.18，跌幅近5%。让索罗斯感到懊恼的是，他没考虑到贸易谈判的破裂会使得日元如此急剧攀升。

在索罗斯对2月14日的损失为数不多的评论中，他指出："日元在一天之内下跌了5%，我们的资产在那一天也下降了5%，其中一半可能是受到日元的影响。我不知道哪一方更不稳固——是我们的立场还是政府的立场，两者彼此对抗，造成了这种运动。"

让人惊讶的是，索罗斯6亿美元的挫败对他的声誉造成的影响相对很小。没有人对索罗斯持异议。很少有评论说索罗斯的挣钱机器一夜之间被自我摧毁了，也没有人说这位世界一流的投资者葬送了自己，或者说他会从此销声匿迹。索罗斯不但挺过来了，而且更加繁荣昌盛。

1987年10月大崩盘的时候，索罗斯一直试图让媒体相信，他的损

第24章
情人节大屠杀

失加起来只有3亿美元,不是谣传的8.5亿美元。但他没有成功。

现在,1994年2月,传言又浮出水面,暗示索罗斯损失的钱远比6亿美元多。这一次,索罗斯知道,他要快速行动,以扼杀这样的谣言。

他转向自己的得力助手斯坦利·德鲁肯米勒,让他跟媒体交涉。德鲁肯米勒和媒体的谈话意味着要发生一场地震,1994年2月14日这天,地震终于到来。乔治·索罗斯需要有人将他的基金从废墟中挖出来。

在与媒体的见面会上,德鲁肯米勒首先聪明地指出基金的确切损失是6亿美元,一分不多,一分不少。

德鲁肯米勒承认,索罗斯基金的主要损失来自错误预期日元会对美元贬值,但他同时指出,基金持有的日元空头比谣传要小得多,只有80亿美元,而不是一些市场报告所说的250亿美元。

接着,德鲁肯米勒指出,基金在某个时刻确实曾持有过很大的日元仓位,他没有说具体是多少,但是在2月14日之前,基金已经斩仓了。

在纠正人们对索罗斯投资的误解时,德鲁肯米勒解释说,一段时间以前,他一直预期,1994年日本经济会变得越来越强大,较高的产出会降低日本的贸易顺差。所有这些因素都会压低日元。因此,索罗斯基金在日元上建立了一个巨大的空头,购买了大量日本股份,卖出日本债券。1993年夏天到这一年的下半年,日元对美元的变化对索罗斯基金来说是比较有利的。

但是到了这一年年末,索罗斯在日元上的投资"过度"了。现在,这已无关紧要了,但是德鲁肯米勒承认,当时他和他的同事应该重估日元的投资。

此时应该正确判断索罗斯的损失。德鲁肯米勒指出,6亿美元只占索罗斯总资产的5%。这绝不是对索罗斯神奇赚钱机器的釜底抽薪。索罗斯基金的第二把手坚持说道,我们还有95%的资产。顺便说一句,索罗斯那时的总资产是120亿美元。

一些简单的算术就能告诉我们：索罗斯的资产刚刚消减了几亿美元，但是他仍然有114亿美元的资产。不仅如此，量子基金已经从2月14日灾难性的挫败中恢复了一些，根据德鲁肯米勒的报告，到2月23日，量子基金的资产仅减少了2.7%。

这些钱仍足以支付俯瞰中央公园的摩天大厦上的索罗斯基金的工作人员的工资，仍有足够的钱来分配给东欧和前苏联的基金会。

基金会的工作继续开足马力前进。索罗斯可以在一夜之间损失6亿美元，却不会让人们对他运作赚钱机器的能力感到丝毫怀疑。这是索罗斯在1994年头几个月使人们产生的巨大信心使然。

当然，6亿美元的损失对索罗斯的资金管理有着严重的影响。但是，关键是在公众眼里，作为金融魔术师的索罗斯没有变，一点儿都没变。

25

掌握话语权

尽管索罗斯基金会在2月遭受了惨败，但到了4月，当索罗斯出现在华盛顿众议院银行委员会时，他依然是精神领袖，依然是世界一流的投资家。索罗斯的声望依然使他理所当然地登上了《纽约时代》的头版。

索罗斯登上头版的部分原因是金融界的唠叨，媒体也有这样的感受：索罗斯和对冲基金造成了越来越多的不安。这种不安源于1994年早期金融市场的振荡。但是，索罗斯觉得没有道歉的必要："我依旧觉得自己是一个自私的、贪婪的人。我没有要故作圣人。我有着非常健康的胃口，我把自己放在第一位。"

在日元上打赌的不只索罗斯一个，其他对冲基金也参与其中，并且同样损失惨重。让事情更加复杂的是，一些对冲基金需要筹措现金而被迫卖掉部分持有的财产，比如日本和一些欧洲的证券。这些持有很多日元被套的交易者被迫卖出之后，紧接着引发了世界范围内的连锁反应。

即使是那些没在日元上下注的人也没有幸免于这场骚乱。这些基金经理相信，高的失业率会迫使欧洲政府通过降息来刺激经济。于是，他们持有了很多欧洲债券。在他们看来，欧洲利率下降，债券的价值就会上升。

接着，因为日元的关系，对冲基金的这部分资产急剧缩水。其他对冲基金开始卖掉持有的一些欧洲债券，这使得债券的价格下降，迫使欧洲的债券发行国提高它们的利率，来吸引购买。欧洲的债券市场动荡不安，乱成一片，一些对冲基金交易者遭受重创。乔治·索罗斯希望能够保持低调，给自己一点时间来弥补损失，以确保"情人节大屠杀"这一事件不再重现。但这一愿望不可能实现。因为索罗斯作为公众人物的形象太突出了。欧洲的中央银行3月份在巴塞尔会晤。国会听证会定于4月举行。索罗斯和对冲基金的压力越来越大，因为这两个机构都威胁说要对他们采取行动。

作为回应，索罗斯那年春天成为对冲基金的代言人。他决定尽可能地采取和解的态度。3月2日，索罗斯在波恩宣布，中央银行管制对冲基金巨头是合情合理的。"我感觉到，没有管制的市场有其内在的不稳定性，"索罗斯告诉记者，"我认为，政府有必要进行管制。"

"我的确认为，没有管制的市场最终要崩溃。因此，中央银行的调查是非常合理的事情。我们已准备好配合他们的调查。我只是希望，无论他们引入何种管制，结果不要弊大于利。"

被问及他关于对冲基金增加了市场动荡和不稳定性的这些指控有何反应时，索罗斯说："我要说的是，市场有一种行动过头的倾向。因此，我根本不相信存在完美的市场。我也不认为对冲基金是完美的，否则，他们不会在一天之内损失5%。"

巴塞尔会议结束的时候，10个工业国的中央银行行长们并没有想出好的理由来为对冲基金或者使用自己的资金在国际市场上交易的银行制定出新的规章。这一年的早些时候，市场已经在动荡发生后进行了自行调整，没有理由去预期还会遇到麻烦。尽管如此，一些观察者明显感觉到，

第 25 章
掌握话语权

这次对冲基金通过各种狡辩逃脱了，它们仍然需要更多的管制。

威廉·道奇（William E. Dodge）是迪恩·雷诺兹公司证券研究高级副主管和首席投资策划师，他说道："如果你说，今天给我 50 美元，然后你可以拥有 100 盎司黄金，你随时想要随时就可以过来拿，只要你付我现在的价格与 50 美元之间的差价，我就会卖给你一个拥有 100 盎司黄金的期权。当我进入商业领域，如果我和很多人订立了这样的协议，那么这就被划定为非注册证券。"

"今天，衍生产品在没有注册的情况下迅速增长，这对我来说还是个谜。因为没有注册，它们就不会被要求在某个特定的地点交易。如果他们不在特定的地点交易，人们就得不到有关记录和交易的信息。市场的因素、交易的条件和个人交易的因素这些都不会为人所知。"

"对冲基金的投资规模很大，如果它们失败，它们会给银行系统带来风险，会威胁整个社会的金融结构。"

- - -

1994 年初的动荡为国会的听证会创造了条件。这些听证会原计划是大体调查对冲基金，但是现在，有了一个具体的案例摆在他们的面前，表明对冲基金是金融市场的头号恶棍。参议员亨利·冈萨雷斯对索罗斯和对冲基金盯了有一年之久。他不关心索罗斯遭受了多大的损失。但 1994 年初股票和债券市场如此多变，使得冈萨雷斯有足够的理由追逐索罗斯。

所以，索罗斯去了华盛顿。冈萨雷斯对听证会的目的并没有隐瞒，听证会的目的就是为了求证：对冲基金操作员是否如他们被描绘的那样诡计多端，是否通过他们的行动影响了金融市场，是否需要更多的管制。

在听证会举行的前一天，冈萨雷斯发表了立法宣言，他威胁说要将这一领域的"不当管理"视作"对法律的直接违反"，并表示希望"加强国会对衍生的监督"。

这都没有问题。但是，在考虑提出新规定之前，委员会必须解决一个更为根本的问题。尽管，委员会的管辖领域是金融，但委员会的成员中很少有人知道，对冲基金是如何运作的，很少有人对他们使用的秘密金融工具有所了解。

为了得到一些答案，他们邀请了索罗斯这位大师出席1994年4月13日的听证会，实际上这可以被称为"对冲基金入门课程"。听证会议室里座无虚席，很明显，乔治·索罗斯是那天最出彩的一个。

听证会的会议室里人满为患，最后人们只有站的位置了。"对冲基金入门课程"即将开始。"老师"阅读了一段声明，作为"研讨会"的开场，他用自己的金融理论来解释为什么立法委员攻击错了目标。

索罗斯在开始时断言，金融市场不可能正确地提前考虑到未来的情况，但是它们能够影响经济的基本面。当他们产生了影响，市场行为就会和有效市场理论中的正常行为截然不同。尽管盛衰序列不是经常发生，但是一旦发生，他们就能对经济造成混乱和破坏，原因就在于他们影响了经济的基本面。

索罗斯继续说道，只有当市场被跟风行为所主导时，才会出现盛衰序列。"跟风行为指的是：人们以一种自我强化的方式，在价格上涨的时候买入，价格下跌的时候卖出。不平衡的跟风行为是导致市场崩溃的必要条件，但不是盛衰序列产生的充分条件。"

"你需要注意的关键问题是，什么导致了跟风行为？对冲基金可能是其中的一个因素，你注意对冲基金，这是合理的，但是就我的对冲基金而言，你们看错了地方。"

更切中要点的是，索罗斯认为，造成市场不稳定的是共同基金和机构经理人，而非对冲基金，因为这两者都倾向于跟风。"当资金大量流入的时候，他们维持少于正常水平的现金，因为他们预计会有更多的现

第25章
掌握话语权

金流入。当资金大量流出的时候，他们需要提高现金的持有量，以便偿还。"结果，"他们造成了部分金融泡沫。"

索罗斯接着简要地谈了谈市场现状："我想要强调的是，我没有看到市场崩溃或者垮台的危险即将来临。我们刚戳破了资产价格上的一个泡沫。现在的市场条件比去年年底要健康得多。我认为投资者不该在这个时候过度害怕。"换句话说，投资者可以买入美国的股票或者标准普尔期货。

索罗斯攻击了克林顿政府对日本在贸易上采取的强硬态度，批评他们试图让美元贬值。"这对于美元和市场的稳定都是非常有害的。将压低美元作为处理美国与日本的贸易政策是很危险的，我们不应该采用这样的手段。"愤世嫉俗者从这位大师的话中领会到一个明显的市场信息：做多日元，做空美元，直到贸易谈判稳定为止。

索罗斯继续努力不让对冲基金成为听证会的焦点。他指出，对冲基金不是投资领域中很大的一个组成部分。即使索罗斯基金管理公司的平均每日货币交易额是5亿美元。索罗斯告诉委员会，这种货币交易水平不会影响市场，因为对冲基金最多只控制了每日外汇市场交易的0.005%。

索罗斯认为，货币危机和动荡的解决方案不是固定汇率，因为固定汇率"太呆板"，也不是浮动汇率，因为"浮动汇率本身存在缺陷，市场总是会过度反应"。索罗斯的解决方案是："7国集团的金融专家应协调他们的货币和财政政策，消除造成市场不稳定的巨大差异。"

从委员会成员向索罗斯提出的问题中可以明显看出，他们对对冲基金从事的事情感到困惑。他们一遍又一遍地问："对冲基金是什么？"索罗斯试图启发他们，但是他不得不承认，这个标签已经被贴到很多原本不属于这一领域的东西身上。"这个词被不分青红皂白地使用，以至于它包罗万象。唯一的共性在于，经理人的报酬是基于绩效，而不是所管理资产的固定的比率。"这样描述对冲基金似乎很奇怪，特别是当这样的描述是出自对冲基金之王时。然而，索罗斯并没有兴趣举办一个关于如何定义对冲基金的研讨会。他想要传达一个信息：对冲基金不是恶棍，他们实际上在金融市场上做了很多好事。

索罗斯直言不讳地为对冲基金辩护，他告诉听众："坦白地说，我认为对冲基金不是在座各位或者管制人员应该关心的事。"他认为，1994年初股票和债券价格的下降不应该归咎于对冲基金。"我反对任何说我们的活动是有害的或者是造成市场不稳定的声明或暗示。"

索罗斯被问及，像他这样的一个私人投资者是否有可能积累很多资本，足以操纵货币的价值，比如意大利里拉或英国英镑。

"不可能。"他回答说："我不相信任何一个市场参与者能够违背市场的基本面而成功地影响主要货币的市场，除了在短时间内。对于全球货币市场的规模，对冲基金只是相对很小的一部分，次要货币的市场缺乏流动性，这会阻止投资者成功地影响次要货币的价格。对于任何一个想要买入很多的货币资产来影响货币价格的投资者来说，由于缺乏流动性，在卖出资产的时候，他们将面临灾难性的结果。"

索罗斯给人们明显的感觉是，如果国会决意管制衍生工具的话，他不会介意。"你看一下最近被强行分开的工具，抑或利息和本金分开的工具，我不是很确定它们是否真的需要管制。"

提姆·弗格森（Tim W. Ferguson）在《华尔街日报》的一篇文章中写道，索罗斯有点不公平，仅仅因为其他一些人近来蒙受损失，也不应在国会面前中伤一个对他没有用处的技术。

支持管制让索罗斯感到有负罪感，他承认公司里的其他人曾试图说服他大胆抗议管制。明尼苏达州民主党议员布鲁斯·文托（Bruce Vento）问了索罗斯关于金融市场动荡的问题，索罗斯告诉他："在为这次出席听证会做准备的时候，我们稍稍讨论了一下这个问题。坦白地说，可能需要管制的是衍生工具的发行，但是我的合作伙伴指出，不幸的是，

第 25 章
掌握话语权

管制通常会产生未曾预料的结果，因为管制人员只关注不利的方面，并不关注有利的方面。换句话说，他们想避免一场灾难，因此如果你强加在委员会注册股票等衍生工具的义务因为管制人员的利益与市场利益不一致，这确实会引起人们对官僚的抵制。所以，我的合作伙伴劝我不要推荐管制。"

索罗斯不是听证会上唯一证明没有必要加强管制的人。管制人员也做了证明，他们对对冲基金和衍生工具给银行系统和投资者带来的风险轻描淡写。通货监理官尤金·路德维格（Eugene Ludwig）指出，8 家国有银行公司只有平均不到 0.2% 的资产有衍生工具的风险。美国证券交易委员会主席亚瑟·莱维特（Arthur Levitte, Jr.）在听证会上保证，几乎所有的对冲基金活动都已经处于银行和债券法的高度管制下，因此无须制定新的法规。尽管三位作证的管制人员一致认为，他们还需要更多的信息，但"我们并不支持管制"。

委员会对索罗斯的陈述有什么反应？托马斯·弗里德曼第二天在《纽约时报》中写了一篇文章，恰如其分地总结了委员会成员的想法："众议院银行委员会的成员似乎一方面对这位拥有点石成金魔力的人的讲解感到敬畏，另一方面对对冲基金的神秘世界充满了好奇，他们在两者之间摇摆不定。对冲基金是富有的投资者结成的合伙关系，他们经常投资于外国的货币、债券和股票，在全世界进行交易。对冲基金经历的大动荡不仅没有使得基金的神秘色彩暗淡下去，反而越发地引人注目，其中包括索罗斯先生在近期的一笔货币交易中损失 6 亿美元。"

索罗斯那天在华盛顿不遗余力地澄清自己的观点。但他觉得仅仅影响国会是不够的，他还试图改变媒体的看法。索罗斯将这个任务交给了索罗斯基金管理公司的一位主管罗伯特·约翰逊（Robert Johnson），他陪同索罗斯一同前往华盛顿。

在听证会后的对媒体的发言中，约翰逊表示，为了让国会和公众了解乔治·索罗斯的所作所为，他们还将付出更多的努力。他说："最大的问题在于对冲基金的神秘。我们将会跟媒体保持更多的沟通和交流。"

为了表示自己的坦诚，约翰逊透露了索罗斯如何分配他的资产，如何使用信贷杠杆。

- 索罗斯通常有60%的资本投资于个股。在这一类投资中，索罗斯很少用保证金交易。
- 20%投资于宏观交易，在货币和全球指数上下注；在这一部分中，索罗斯有时用信贷杠杆，用信贷杠杆筹到的资金是他资本的12倍。
- 其余20%被约翰逊称为"预防储备"，例如短期国库券和银行存款。这20%是用于"在不利情况下为资产组合的缓冲赢得时间"。换句话说，是满足保证金的要求。

乔治·索罗斯通过了听证会的审查。从诸多迹象看来，他也证明了自己是无辜的。

两个月后，拜伦·韦恩和美国证券交易委员会的一个成员共进晚餐。他们提起听证会和索罗斯的出席，韦恩后来说，这位委员说，他觉得索罗斯表现得非常出色，以至于证券交易委员会和国会不再为对冲基金苦恼了。

总之，索罗斯可以心满意足了。

26

富可敌国

作为知识分子的乔治·索罗斯从来没有放弃过赢得尊重的希望。《金融炼金术》一书出版已经有 7 年了，自己的观点能够以书的形式呈现给读者，索罗斯固然很高兴，但他也非常清楚，很少有读者是出于对知识的好奇而购买这本书的。

"问题在于，"他告诉伦敦《泰晤士报》的编辑安纳托利·卡里兹基（Anatole Kaletsky）说，"每个人买书的目的都是想找到赚钱的秘诀。我想我早就应该预料到这点。" 1994 年 5 月，这本书首次以平装本面世，索罗斯再一次希望，读者能够花点时间，认真地研究一下他的思想和理论，而不仅仅是寻找赚钱的线索。

索罗斯在 1994 年 6 月透露，他已经推翻了自己的一个神圣原则，这反映出索罗斯感觉到了一些压力。在过去的 10 年中，索罗斯不允许自己旗下的任何一个基金，在他的慈善基金会所在地进行投资，包括东欧和前苏联。1993 年 1 月，《金融时报》的一位记者问索罗斯，这条禁令是否意味着，他不会在东欧收购公共汽车工厂。索罗斯厉声说道："根本不会在那里投资。实际上，我认为这是利益的冲突。"

但是，现在的他已经不这么想了。1994年间，索罗斯告诉他的投资基金经理，他们现在可以随意在东欧和前苏联投资了。根据1994年6月索罗斯的一个发言人的说法，在过去的6个月中，他们已经投资了1.39亿美元到匈牙利、波兰、捷克共和国和俄罗斯等国的项目中。这位发言人表示，他们还会继续寻找更多的投资，这些将作为"我们正常的业务活动"。

- - -

1994年6月末，《金融世界》将索罗斯列为华尔街1993年收入最高的人。据这份杂志的报道，索罗斯在1993年赚了11亿美元，这也是第一次有人在一年之内赚了这么多钱。仅次于索罗斯之后、名列第二的是朱利安·罗伯逊（Julian Robertson），索罗斯的收入是罗伯逊的2倍。

比较有趣的是，《金融世界》试图让读者全面认识索罗斯1993年的11亿美元："如果索罗斯是一家公司，他的收益率排在第37位，排在第一银行和麦当劳之间。他的收入超过了联合国至少42个成员国的国内生产总值，大约相当于乍得共和国，瓜德罗普和布隆迪这样的国家的水平。或者可以这样说，索罗斯可以以每辆190 000美元的价格购买5 790辆劳斯莱斯。或者为哈佛、普林斯顿、耶鲁和哥伦比亚大学的每个学生支付超过3年的学费。可能有些家长会说，这个主意不错。"

可能最让人感到惊奇的是：上榜这家杂志的100个收入最高的人中，有9个是索罗斯公司的成员。

- - -

在整个1994年，处于巅峰时期的乔治·索罗斯感到压力不断加大。在金融市场中，大量的投资者对索罗斯亦步亦趋，希望能沾上他的一点魔力，希望自己也能成为另一个"索罗斯"。1994年秋天，有一个故事

第 26 章
富可敌国

在华尔街广为流传：在拉什莫尔山（俗称美国总统山）对面的一座山上，也有可雕刻4个头像的位置，其中的两个已经刻进去了，即乔治·索罗斯和沃伦·巴菲特，还有两个空缺。与这个故事有关的一位高级投资经理说："下面还有很多人等着被刻进去。"

媒体增加了索罗斯的负担。它们已经发现了索罗斯，就不会轻易放过他。如果说两年半以前，索罗斯还并不为人所知的话，现在的他已经被人们深入剖析，被评头论足，被衡量判断。1992年的索罗斯是一颗冉冉升起的巨星。现在，1994年，仅仅两年之后，金融媒体眼看着索罗斯的业绩黯然失色，他们断言索罗斯这次死定了。为索罗斯和其他对冲基金经理掘墓的铁铲都已经准备妥当，即使当时的对冲基金还处在襁褓期。

早几年，索罗斯是不会被这些对他职业的关注所烦扰的，但现在的他却为此烦忧。他攀升得太高，速度太快，他想尽情享受处在金融世界巅峰的喜悦。如果他在1994年的业绩更好一点的话，他或许可以休息一下，照顾他的慈善基金会，和他的投资活动拉开一定距离。

1994年的挫折让索罗斯觉得，他必须关注一下基金的投资操作。他的同事们都说，索罗斯所做的就是给斯坦利·德鲁肯米勒提供建议。事实是索罗斯还是觉得，他不可能这样一走了之，现在还不是时候，尤其当他被如此频繁地密切关注和分析的时候。整个1994年，索罗斯都在不断地寻找机会打一场漂亮的仗。他不相信，1992年9月狙击英镑只是侥幸成功，昙花一现。他既然成功过一次，就能再次成功。他仅仅需要做好准备工作。

在过去的几年，索罗斯一直认为英国房地产市场会兴旺起来，他也没有大错特错。尽管他的利润不是很壮观，但也相当不错：从建立之初到现在，17%的利润来自房地产交易。然而，这还不够优秀。据说，索罗斯告诉英国地产公司（British Land）主席兼首席执行官约翰·里布莱特（John Riblatt），他想要的收益是40%~50%。对索罗斯来说，他已经不满足于"相当不错"了,他想要的是"壮观"的收益。

因此,1994年11月的第三周,索罗斯宣布他将撤出日趋低迷的英国房地产市场。就在18个月以前,索罗斯承诺联手英国地产公司,在房地产市场上投资7.75亿美元。但是现在,索罗斯宣布,量子基金要将自己一半的英国房地产基金卖给英国地产公司。根据最初的协议规定,英国地产公司拥有优先承购权。

索罗斯谦虚地承认,他也曾做过错误的投资决策。但他骄傲地认为,自己在房地产上投资成功的真正秘诀在于他能比大多数人更早地发现错误,并及时纠正。他撤出英国房地产市场就是出于这个原因吗?

1994年整整一年之中,乔治·索罗斯对美元都有着不可动摇的信心。尽管1994年初,这样的信心让他付出了昂贵的代价,但是他依然相信美国的经济会越来越强劲,他也坚信政府会继续采取措施,阻止美元贬值,相信美国和日本迟早会解决他们的贸易纠纷,而贸易纠纷的解决将刺激美元对日元升值。尽管美国联邦储备委员会数次干预,尽管其他中央银行也做出了努力,但美元没有丝毫的反应。

索罗斯自己的公关努力也以失败告终。1994年8月2日,在纽约电视台查理·罗斯(Charlie Rose)的访谈节目中,索罗斯为美元辩护,声称美元不会大幅贬值,因为这样会影响美国经济的稳定。"如果你允许货币贬值太多,这会造成经济动荡,因为贬值有可能引发通货膨胀,并且对债券市场也有影响。"当主持人罗斯问他现在是不是在买入美元,索罗斯含糊其辞:"我不打算告诉你。在任何一分钟,我都有可能在买入或卖出,我自己可能都不知道。"

索罗斯在1994年的挫折并没有让交易者们停止跟随他的脚步,停止倾听他的每一句话。所以,10月4日,索罗斯接受路透社的采访时,他们洗耳恭听。索罗斯在采访中说道,日元对美元可能会有大幅回落。"可能有15%~20%的回落。"索罗斯预计日元会从99.55日元兑1美元回落

第26章
富可敌国

到115~120日元兑1美元。

两天之后,大型机构资金经理人在纽约一个客户家中举办晚餐聚会,大家主要的话题就是,索罗斯在美元上下了大注。那天晚上,客人们感到很丧气。他们很希望相信,索罗斯能够实现自己的预言。索罗斯在很多时候都是正确的。当他扮演精神领袖的时候,他发表的公开声明似乎会自我实现。但是,索罗斯对美元的预计却失算了。

索罗斯当时发表的公开评论表露了他对1994年货币投机的挫败感。在《商业周刊》10月3日的一期采访中,被问及在日元上的损失让他吸取了关于货币市场的什么教训时,索罗斯回答说:"教训就是,对货币投机来说,现在不是特别有利可图的时候。过去的两三年的紧张局势和导致货币大规模流动的不平衡已经不存在了。"

"目前尚未解决的最大问题是日本与美国之间就国际收支盈余进行的唇枪舌战。我们认为,这会得到妥善解决的,因为解决它是很有意义的。这就是我们年初的错误所在,我们觉得应该能很快得到解决,而不是以后才解决。但有意思的是,我们现在依然坚持这样的想法。"坚持美元会强劲的想法看起来是错误的。1994年11月初,美元跌至战后最低点。

❖ ❖ ❖

提到1994年时,索罗斯和德鲁肯米勒都试图表现得很乐观,但包括《金融世界》《华尔街日报》等在内的金融媒体都在和他们唱着反调。11月10日的《华尔街日报》标题为"据交易者称,索罗斯在日元上又遭受重创"。根据这份报纸的报道,由于打赌美元会对日元升值,索罗斯基金管理公司损失了4亿~6亿美元。他在2月份下了同样的赌注,结果也亏蚀了。

如果说索罗斯公司对2月份的损失表现出了无动于衷的态度,那么在1994年11月,他们则采取了更自卫、更愤怒、更模糊的论调。德鲁肯米勒再一次出现在媒体面前，不过这次他不再解释得那么详细了。他告诉《华尔街日报》说："通常情况下，我们不发表评论。但是这些谣言实在是荒谬至极。"量子基金的净资产价值并不是传闻中的"一年没有变化"，他补充说，"在年初，我们披露了我们的损失。但是说我们在货币投资上遭受额外的巨大损失，是很可笑的，并且没有事实根据。"他指出，基金的货币投资仍然"有利可图"，但是德鲁肯米勒没有对基金的日元和美元投资做出任何具体的评论。

索罗斯的经营业绩远比其他对冲基金经理人出色，但这一点对于圈外人来说却无关紧要。尽管1994年，量子基金遭受了有史以来业绩第二差的一年，相比前一年只有2.9%的增长，但是其他对冲基金资产却缩水了20%~30%，还损失了一些客户，有些对冲基金甚至不得不完全退出该行业。但这一切似乎都无关紧要，因为金融媒体关注的焦点是索罗斯，他们仍然觉得索罗斯是神秘的，让人着魔的，他们仍然试图探究索罗斯的投资帝国的密室。有时，这让索罗斯很不愉快。

譬如，1994年7月，《金融世界》将索罗斯列为1993年全美收入最高的资金经理人，但1994年11月8日的封面标题贬低索罗斯在1994年的努力："满目疮痍的索罗斯——炼金师失去了点金术。"封面照片里的索罗斯看起来疲惫不堪，前额耷拉在右手上，他似乎在说："我怎么会陷入今天这种混乱局面？"

《金融世界》对索罗斯的声明提出质疑。索罗斯曾说，1993年投资于量子基金的人，已经赚了63%的利润。错！这家杂志说，实际只有50%的利润。《金融杂志》也质疑索罗斯的另外一个声明，1994年前6个月，量子基金不是增长了1.6%，实际上是损失了9%。

这家杂志也提出了另一个可能让索罗斯陷入困境的方式。根据《金融世界》的说法，到了1993年底，量子基金已经拖欠索罗斯的资产管理和咨询费共计1 549 570 239美元，占基金净资产的25%。只要基金运作

第 26 章
富可敌国

良好,索罗斯没有试图通过收回债务来减轻自己的损失,那么这笔"债"就不是问题。

媒体锲而不舍地攻击索罗斯。11月末,报道指出,量子基金1994年的净资产价值收益仅增长了1%,和过去相比,交易量也大幅下降。1993年12月31日,股票的净资产价值是22 107.66美元,到了1994年11月初下降到了17 178.82美元。股份市场价值的关键指标是资产价值以上的溢价。1994年初,溢价是36%,但是到了11月初,直线下跌到16%。暗含的意义显而易见:投资者不再准备支付额外的钱给索罗斯基金。

为索罗斯辩护的人试图让人们正确看待溢价的下降。总体来说,对冲基金在1994年面临巨大的压力。但即使在这样可怕的情形下,索罗斯做得仍比其他对冲基金经理人出色,再者,由于媒体对乔治·索罗斯的大肆宣传,量子基金的溢价在以前一直被人为夸大了。

※ ※ ※

1994年年底,越来越少的人会问:乔治·索罗斯是不是太强大了?索罗斯基金管理公司的业绩不如前几年辉煌,这似乎直接回答了这个问题。但是,即使是1994年经营惨淡,这也没有损害索罗斯对冲基金之王的美誉。由于他年复一年的投资记录,被夸大的超级投资家的形象,以及他在对冲基金领域毋庸置疑的领袖地位,索罗斯仍然被看作是王者。

事实上,尽管1994年遭受了挫折,索罗斯的影响仍然很大。在索罗斯宣布不再亲自处理索罗斯基金管理公司的日常事务很久之后,在他转向东欧和前苏联地区,几乎全职地投身于慈善事业多年之后,他仍然被视作华尔街和伦敦城中最有影响力的人。如果你问任何一个纽约或伦敦的资金经理人:索罗斯是否还值得跟随?答案总是肯定的。

但是人们心中还有挥之不去的担忧,索罗斯以及其他主要对冲基金经理人变得太强大了,他们的基金规模太大了。人们不断认为,光是他们的规模和集体行动，不管是多么的不一致，都会对金融市场产生影响。举个例子，1994年秋天，对冲基金集体拥有的美元资产规模如此庞大，他们弃船而逃的愿望又是如此强烈，以至于在交易者看来，索罗斯和其他对冲基金实际上加剧了美元的疲软。他们声称，对冲基金经理几乎在每一次美元开始反弹的时候卖出美元，这进一步削弱了美元。

◆ ◆ ◆

如果华尔街有些人认为索罗斯太强大了，索罗斯并不太在意，他更加在乎的是华盛顿的政府官员如何看待他。索罗斯的确认为，他对世界某些地区的专业知识应该引起资本决策制定者的兴趣。但乔治·索罗斯发现他们对自己这位外交政策专家根本不感兴趣，这让他十分吃惊。

1994年初，索罗斯在赢得了国会委员会的赞赏之后，开始相信，可能有些合适的人最终开始倾听他、认真对待他了。

索罗斯不了解，世界上最自负的金融机构的头目们并不希望别人告诉他们做什么。人们有一种感觉，索罗斯对德国中央银行和英格兰银行施加影响的时候，他超越了限度。

"假如你是英格兰银行的一位高级管理人员，年薪大约是45 000美元，获得过3个学位，著有学术专著，在过去一年半的时间里，你一直听乔治·索罗斯先生说你是个笨蛋，你会作何感想？"《格兰特利率观察家》的编辑詹姆斯·格兰特如是说，他指出"索罗斯先生已经激起了全球监察界的公愤和敌意"。

索罗斯明白，他还没有得到同行完全的尊重。"他很难影响政策制定。"拜伦·韦恩承认这点，他说："索罗斯发表了讲话，但他感觉到'他们仍没有听我说话。他们没有按照我告诉他们的做'。这里存在'非我发明症'的问题①。"

---

① 非我发明症被公认为典型的管理病状，指某个机构或团队拒绝使用不是自己原创的技术。——译者注

第 26 章
富可敌国

索罗斯明智地知道，他要避免在自己不太了解或者没有经验的领域发表意见。但是，对于那些他有着实际操作经验的领域，他曾坐下来与政治和经济领袖谈论的领域，他觉得自己理应被倾听。索罗斯认为，西方对开放东方封闭社会的兴趣不够浓厚。"我们甚至没有意识到用新的世界秩序代替冷战的必要性，"索罗斯在 1994 年 7 月说道，"我们也没有意识到没有新的世界秩序，世界只会陷入混乱。"索罗斯让自己听起来好像是"天将降大任于斯人也"，要继续未竟的事业。"我发觉自己处在一个很奇怪的环境中，一个人比大多数国家为推动开放社会做了更多的努力。"

他指出，当他说德国中央银行高利率的政策不明智的时候，市场压低了德国马克。"但是当我强烈抗议欧洲在波斯尼亚的政策时，我不是被忽略，就是被告知要专注于自己的专业领域，莫管闲事。"有时，他得以靠近权力的堡垒，但是还不够近。1994 年 7 月，索罗斯在华盛顿参加了一个国际会议。但是他没有见到总统，也没有见到国会领导人。

索罗斯告诉记者，他想见的是总统和国会领导人。他催促全世界主要国家达成一致，形成一个新的经济合作体制，帮助稳定汇率。他说："我们正处在非常严峻的形势之下，不仅仅是货币领域，还有政治领域。"

索罗斯说，随着前苏联的解体，西方国家开始分崩离析了。"我们现在没有协调政策和稳定汇率的机制。"他对主要国家提出的实施货币目标区的想法不以为然。"所有的汇率机制都是有缺陷的，只能暂时发挥作用，接着就是崩溃。所以，我们要做的就是保持灵活性，不断地调整政策。"

简单而言，索罗斯想要的是权力。他已经尝到了权力的滋味，并且非常喜欢这样的经历。"权力让人陶醉，"他说，"我已经拥有了比我以前想象的更多的权力——即使这只是在硬通货极度短缺的地方使用硬通货的权力。"

但是这种权力，这种分配大量财富的权力对索罗斯来说还不够。他想要更多的权力。"我希望人们能够更多地倾听我的言谈。我有权被倾听，但是除了我自己通过基金会做的事情之外，在西方对前苏联的政策上，我的影响很小很小。"他曾经说："值得注意的是，白宫没有利用手中为数不多的资源之一，那就是我。"

在索罗斯的挚友拜伦·韦恩看来，很明显，这位投资者想呼吸一下白宫的醉人气息。"乔治可能想成为伯纳德·巴鲁克（Bernard Baruch）。伯纳德·巴鲁克是一个非常成功，而且非常精明的人。罗斯福总统都会跟他谈谈想法，倾听他的意见和建议。索罗斯希望克林顿也能和他谈论，并且倾听他的意见和建议。或者沃伦·克里斯托弗（Warren Christopher，美国前国务卿），斯特罗布·塔尔博特（Strobe Talbott，美国前常务副国务卿）都会倾听他的想法。

1994年9月27日发生了一件事情，这件事似乎总结了索罗斯64岁生日过后一个月所感到的挫败。那一天，匈牙利给索罗斯颁发了匈牙利共和国"中等十字勋章"，以感谢索罗斯为匈牙利的现代化建设做出的贡献。这是匈牙利第二高的奖章，最高奖章"大十字勋章"是授予政客们的，给索罗斯的奖章是给"普通人"的。

普通人！对于乔治·索罗斯这个小时候就相信自己像神的人来说，"普通人"不是他追求的目标。对于自己出生的国家对待他的这种方式，索罗斯是什么感觉呢？骄傲？当然。他在1947年逃离了这个国家，去寻找更美好的生活，并且他也找到了更美好的生活。他回馈了自己的故土。现在人们显示出了对他的尊重，但这不是他一直寻求的尊重。他不想自己被别人作为一个"普通人"来对待。

永远的颠覆者

"一个开放社会不可能是尽善尽美的，可能最让我烦恼的就是人们为了成功而崇拜成功，不尊重所谓的内在价值——过去称之为'公民道德'或者'对真理的追求'。"

"我挣了很多钱的这个事实就是市场不完美的证据。""现在，危机已经爆发，控制危机，大规模的救市可能必不可少。重建银行系统的资产负债表是正确之选。但是不是每家银行都值得拯救，美联储的专家，加上恰当的监管，可以做出正确的决策。"

——索罗斯

第九部分

The World's Most Influential Investor

SOROS

27 转向美国

SOROS
The World's Most Influential Investor

　　1995年对量子基金来说是个不错的年份,基金增长了39%。到了1996年,良好的业绩却没有延续下去,上半年,基金只增长了5.7%,到了1996年末,只比上半年的增长多了1.5%。尽管如此,索罗斯仍然骄傲地夸耀说,人们普遍认为,在投资基金中,拥有27年历史的量子基金保持了最出色的投资记录。

　　1996年,索罗斯决定将自己一半的收入(3.5亿美元)捐献给他的慈善事业。

　　1996年,乔治·索罗斯已经65岁了。他依然没有放慢自己的脚步,无论是他的投资还是他的慈善,而且他根本没有想过要放慢脚步。20世纪90年代的10年中,只要他的健康状况良好,他都和早年一样地努力工作。

　　索罗斯的好友拜伦·韦恩在2008年春总结了索罗斯的生活和工作状态。在他看来,索罗斯的工作总是沿着一个向上的轨道前进。"当我在20世纪60年代见到他时,他只是华尔街的一个分析师。但到了60年代末,他创立了自己的基金,20世纪70年代,他渴望成功,并且做到了。"

　　韦恩回忆说,到了20世纪80年代,索罗斯逐渐名声显赫。"他创立了开放社会研究所,他仍然在创造辉煌,但现在是作为兼职的慈善家在努力打拼。20世纪80年代,他业绩十分辉煌。"

向投资界展示他具有吸引公众注意的特别能力的关键点是,他在1992年狙击英镑中获得的暴利。韦恩补充说:"在赢了那场巨大的赌博之后,索罗斯成为金融界和慈善界的重要人物,他开始考虑成为影响世界事务的人物,他开始拓展自己的开放社会研究所。"

他在世界范围内建立了开放社会研究所。他的确没有指望自己退出之后,这些研究所还能继续运作下去。在他的心中,唯有他有能力维持这些研究所需要的资金支持。但到了21世纪初,索罗斯改变了他的想法,他开始考虑如何能够让自己的儿子管理生意,如何使得开放社会研究所不会僵化,可以及时调整以适应新的变化。

1988—2000年的12年间,索罗斯一直在思考,自己退出之后,曾并肩作战的斯坦利·德鲁肯米勒将会接管基金。但报纸上的报道暗示,德鲁肯米勒已经厌倦了索罗斯给基金、给自己以及给他本人带来的种种宣传。2000年,德鲁肯米勒离开索罗斯基金,索罗斯自己在基金中的作用也在减小。此时的他开始认真地考虑,自己去世之后,索罗斯帝国会发生什么事情。索罗斯让很多人来经营业务,作为挑选接班人的实验。

威廉·斯塔克(William Stack)曾是德盛环球投资公司(Dresdner RCM Global Investors)的首席投资官,他在索罗斯基金只待了一年。索罗斯在2002年初宣布,马克·施瓦茨(Mark Schwartz)将接替威廉·斯塔克。马克·施瓦茨曾是高盛亚洲区的前任主席。索罗斯计划在施瓦茨之后将业务交给其他人,但是他的两个儿子表示,他们想要参与到业务中。

2004年10月,施瓦茨接班刚两年,索罗斯就宣布,让自己的两个儿子罗伯特和乔纳森在基金管理业务中担任高级职位。看起来,索罗斯做出这一改变可能是想表示,他想要实施接班人计划了。

索罗斯基金的投资者收到一份备忘录,其中提到当时41岁的罗伯特·索罗斯将成为首席投资官,而34岁的乔纳森·索罗斯将和他的兄长

第 27 章
转向美国

一同担任索罗斯基金公司的副主席。那时,索罗斯基金管理着 128 亿美元的资产。

为了稳定基金,索罗斯必须考虑,有一天他可能要回来经营业务。"他变了。"拜伦·韦恩说:"他从赚大钱,扩大基础转变到保留基础,保留基金的购买力。他想要做的是价值 100 亿美元的业务。索罗斯想每年大约捐出基金资产价值的 5%,那差不多是 4.5 亿美元。他过去捐 3 亿~5 亿美元,现在他每年捐出 6 亿美元,我觉得没有人比他捐得多了。"

投资成为乔治·索罗斯生活中越来越不重要的一部分,他把更多的心思放在了推动慈善事业上。20 世纪 90 年代,索罗斯每年捐出一半的年收入。

20 世纪 90 年代,索罗斯对世界事务十分着迷,德鲁肯米勒似乎将基金打理得井井有条。用拜伦·韦恩的话说,因为有德鲁肯米勒作为候选人,可以在 20 世纪 90 年代中期或者此后的某个时候接管基金,所以索罗斯想象自己可以成为"全职的伯纳德·巴鲁克,我认为索罗斯不想成为国务卿,他想做国务卿的顾问"。

"他觉得自己还没达到目标。他有机会影响克林顿政府,但没有机会影响布什政府。他写的每一篇专栏文章,人们都会读。他对那些重要舆论制造者的影响比人们想象的要大得多。"

2008 年秋天,78 岁的索罗斯依旧在寻找能发挥更大影响的途径。

❖ ❖ ❖

1996 年 2 月,一场风暴正酣,美国最有才能的哲学家、政治科学家聚集在乔治·索罗斯在韦斯特切斯特郡的乡村寓所中。风暴带来的大风极为强劲,连窗户都剧烈地摇动起来。

这样的周末有很多,被称为"索罗斯的隐退",目的是帮助索罗斯考虑,如何捐出更多的财富。1994 年,索罗斯向自己的慈善事业捐赠了 3 亿美元,他想捐出更多。

索罗斯举起酒杯向客人们敬酒。索罗斯给他们提出了一项挑战:如果他将自己的慈善事业扩展到美国的话，他们会建议把焦点放在哪里？

在花费几十亿美元帮助世界其他地方之后，索罗斯现在非常担忧，美国自己的社会开放性正受到侵蚀。

看到美国没有抓住柏林墙倒塌和前苏联解体的机会，索罗斯感到很失望。索罗斯觉得，美国应该花大量资金来支持东欧和前苏联的民主力量。美国对南斯拉夫的种族屠杀的后知后觉又让索罗斯感到很愤怒。1993年，索罗斯人道主义基金会通过联合国向波斯尼亚和黑塞哥维那提供了5 000万美元的人道主义援助。

1994年，保守的共和党在国会选举中的胜利也让索罗斯恼怒不已，因为他觉得，通过排斥民主党人，美国人放弃了对贫穷的公民和移民的义务。结果，索罗斯越来越为美国担忧。他开始更多地关注美国，因为他感觉人们在美国享受的开放社会正岌岌可危。

索罗斯计划将自己的慈善努力集中于美国，因为美国的社会明显需要帮助。对于索罗斯来说，美国是创造全球开放社会的最佳场所，因为美国已经明显成为世界的主导力量。

索罗斯也确实将慈善的焦点放在了美国。1996年，索罗斯的开放社会研究所正式设立美国项目，致力于儿童的校外教育、法律公平、生育权和其他问题。

1996年，索罗斯的美国项目承诺3年捐赠1 200万美元，用于代数项目（Algebra Project）。该项目是发展内城和乡村地区数学教育的。同一年，索罗斯的"犯罪、社区和文化中心"也提供了140万美元给30个项目，帮助囚犯自我改造。

索罗斯认为，开放社会的主要敌人是一个新的、内部的威胁，索罗斯称之为"过度的个人主义"。

自从20世纪50年代起，索罗斯就居住在美国。索罗斯变得富有不仅仅是凭借自己的投资天赋，还因为美国给他提供了赚钱的自由。这一切索罗斯都清楚，他赞赏美国的自由和开放，还有创业精神，这些使美

第 27 章
转向美国

国人在全世界勇往直前。"在这一方面，美国和世界其他地方有着巨大的区别，"索罗斯在 2008 年 5 月的一则采访中说道，"而且，在美国，你还能发现巨大的多样性，内容极其丰富。"

当然，美国也有让索罗斯不喜欢的地方。

"一个开放社会不可能是尽善尽美的，可能最让我烦恼的就是人们为了成功而崇拜成功，不尊重所谓的内在价值——过去称之为'公民道德'或者'对真理的追求'。"

20 世纪 90 年代中期似乎是一个好时机，索罗斯可以将注意力集中在美国亟待改进的地方。索罗斯不同意对某些社会问题的官方处理策略，他希望根据自己的想法，重新处理。

因此，索罗斯开始在美国扩展他的慈善事业，首先是关注减少非法药物使用和无效的毒品政策带来的危害，改善美国的临终关怀处理方式。

1994 年，开放社会研究所在美国项目上的开支为 195 000 美元，捐给林德·史密斯中心（Lindesmith Center）（毒品相关的）和美国的死亡项目。

1998 年，研究所总的开支增长到 5.747 亿美元，其中美国项目占了 1.185 亿美元。2007 年，美国项目支出为 7 790 万美元。

1996 年 12 月以前，索罗斯对通过政治来改变美国表现出的兴趣很小。索罗斯自己没有卷入美国的政治中。他很少为候选人或主要政党捐钱。1996 年，索罗斯给出的最大政治捐赠就是捐了 10 万美元给民主党全国委员会。他也给三位参议员候选人捐了 5 000 美元，给 25 位国会候选人每人捐了 500 美元，大部分是民主党人，有少数自由的共和党人。和他的实力相比，这些捐款的数目太小了。

◆ ◆ ◆

索罗斯帮助美国社会的第一个问题就是毒品问题。他强烈地感觉到，美国处理问题的方式削弱了对毒品的打击。

索罗斯认为，宣告滥用毒品违法的弊大于利，阻碍了有效的治疗，把太多人送进监狱。索罗斯提议在美国毒品政策上进行根本的变革，这一想法遭到了华盛顿政客和媒体专栏作家的攻击。但是索罗斯没有被吓到，他期待有一天，美国的毒品控制政策能更好地反映一个开放社会的理想。

自1993年起，索罗斯为倡导改变美国毒品政策的基金会和团体捐赠了1 500万美元。由伊桑·纳德尔曼（Ethan A. Nadelman）成立于1994年的林德·史密斯中心，是乔治·索罗斯开放社会研究所的一个项目，旨在支持毒品政策改革的研究。该中心一直运作到2000年。

2000年，研究所为毒品政策花费了560万美元。2000年7月，林德·史密斯中心从研究所分离出去，与毒品政策基金会联合形成药物政策协会网络（Drug Policy Alliance Network）。

通过研究所的美国项目，索罗斯的开放社会研究所继续支持不同的毒品政策改革，2007年的预算为400万美元。

索罗斯说，和东欧慈善努力相比，他在美国的慈善事业的效果不太明显。"我感觉，在前社会主义国家，我做出的贡献更大，因为我的立场独特。"索罗斯在《慈善纪事报》（Chronicle of Philanthropy）1996年9月5日的那一期中说道："在美国，我的立场并不独特。我只是众多参与者中的一个。在东欧，我们是在开辟道路；在美国，我们是加入群体。"

索罗斯过分谦虚了。他的确是很多努力解决美国社会问题的参与者之一，但是，他捐了这么多钱，吸引了这么多关注，从这点上说，他又是独一无二的。

索罗斯捐了100多万美元给州表决提案，建议加利福尼亚和亚利桑那州实施更为宽松的毒品法律。这些提案希望扩展毒品在医疗上的使用。加利福尼亚州提议的法案是允许任何人种植和使用大麻，亚利桑那州提议的法案是允许医生为病情严重或者晚期病人开一种被禁止的毒品，包括大麻、迷幻剂和海洛因。两个提案都于1996年11月通过。索罗斯被认为是带领这些提案走向成功的人。

索罗斯越多地使用金钱的力量，反对他的声音也越大、越尖锐。保

第 27 章
转向美国

守的政府官员和毒品专家厌恶地大声叫嚷，说大麻在医疗上的使用是一个自大的社会实验，会导致大麻和其他毒品的合法化。但是这些批评都没有让索罗斯放慢脚步。1997 年 8 月，索罗斯的开放社会研究所宣布捐赠 110 万美元给旧金山潮汐基金会（Tides Foundation），为吸毒者提供清洁的注射器，阻止艾滋病的传播。

◆ ◆ ◆

2004 年，史蒂芬·斯坦纳（Stephen Steiner）与乔治·索罗斯在毒品使用问题上有了一次接触，这也是唯一的一次。2001 年，因为过量使用毒品，斯坦纳失去了年仅 19 岁的儿子两年以后，斯坦纳获悉索罗斯赞成并资助毒品政策自由化，这位失去亲人的父亲猛烈抨击索罗斯。"我觉得这简直骇人听闻。"斯坦纳告诉我："我跟索罗斯说，毒品合法化是不可取的，这样不会达到他的目的——减少犯罪。我责怪索罗斯和他的部下，他们不应该说如果毒品合法化，犯罪就会自然消失。"

斯坦纳说，即使能够减少犯罪，我们也已经看到了酒精合法化后带来的伤害。他继续说道："如果你看一下索罗斯对英镑、对法国内部交易的所作所为，你会认为，人们应该会排斥他，你会觉得永远不会有人去倾听他的想法。但是，这个人拥有太多的金钱。因为他的金钱和媒体的自由，他能够继续留在华尔街。这是一个邪恶的家伙。"

斯坦纳知道，和索罗斯的一些冲突在所难免。2004 年 10 月 29 日，索罗斯在华盛顿的国家新闻俱乐部（National Press Club）发表演讲，斯坦纳去听了。"我决定，我要站出来，公然指责索罗斯，努力引起媒体的注意。"

斯坦纳拿着自己儿子的照片走上了讲台。"我拿着麦克风，开始自我介绍，谴责索罗斯，'我的名字叫斯蒂芬·斯坦纳。我失去了年仅 19 岁的儿子。乔治·索罗斯关于毒品自由化的政策是错的。他是一个邪恶的人。'"

"他的保镖对待我有点粗暴。他们将我扔出了演讲厅。他们没有对我提出控告。我被攻击了，我的肩膀脱臼了，所以我会控告他们。我没有向他们吐唾沫（像一些人说的那样），也没有向他们扔馅饼。"媒体完全忽视了斯坦纳的努力。当时，那里有 15 台电视摄像机，但是没有一家电视台播放这次事件。

斯坦纳事件无疑让索罗斯感到，他和他的名声受到了很大的攻击。这些尖刻的话语，特别是批评他的毒品政策，开始给他造成负面影响。"我受到了一些围攻，"索罗斯告诉《时报》杂志："我过多地暴露在公众视线中，为太多的阵线战斗，这是一个错误。"

◆ ◆ ◆

索罗斯的第二个慈善追求——改变美国人对待临终者的方式再度引起争议。回想起父亲去世的经历，索罗斯发誓，他会尽自己的所能改善临终者的命运，在他们最后的日子里给他们一些慰藉和尊严。

1993 年，索罗斯召集了一组专家到他的韦斯特切斯特郡的乡村寓所中，鼓励他们设立美国的死亡项目。

出席这个周末会议的人中，包括凯瑟琳·福利（Kathleen M. Foley）医生，她是一位神经肿瘤医生，也是一位高级疼痛专家，自 1974 年一直在位于纽约的斯隆凯特琳癌症中心（Memorial Sloan - Kettering Cancer Center）工作。她一直在做临床研究和培训项目，主要关注对癌症患者的疼痛治疗和临终关怀。

索罗斯的助手要求福利加入其他的临终关怀专家，向索罗斯简要介绍她的专业领域，这时她完全不知道索罗斯是谁，但是她同意与索罗斯见面，她很乐意与任何愿意并能够给予帮助的人讨论她的专业。

在周末会议上，索罗斯回忆起 1968 年父亲去世的情景，他没能以一种恰当的方式和父亲说再见，这让他一直非常难过。他还提到了 1991 年母亲的去世。这次，令他宽慰的是，母亲是在家中舒适的环境中去世的，他一直都拉着她的手。

福利医生说，很多人都是在医院里去世的，没有得到恰当的临终照顾。

第 27 章
转向美国

他们不想在医院里离开人世，但是 70% 以上的晚期病人都是在医院中去世的，只有很少的人得到了安养院的关怀和照顾。"在我们的文化中，谈论死亡是一种禁忌，"福利医生在 2008 年接受我的一次采访中说道，"通过开展对死亡和临终关怀的讨论，我们为改善临终者的状况提供了机会。"

当这个周末结束的时候，索罗斯问专家们："好，现在你们打算怎么办？"这是典型的索罗斯式的问题。索罗斯倾向于让专家们决定如何继续，用他的经济力量来保证项目的启动，并支持下去。

这一组专家中没有人知道，设立一个项目需要多少钱。索罗斯催促这些专家尽快组织起来，以改善临终者的命运。他没有提到钱，但是他给人的感觉是，一旦这个项目组织起来，他们将会得到索罗斯的慷慨捐赠。

美国的死亡项目建立起来了。索罗斯承诺捐 1 500 万美元给这个项目。最终，他将在 9 年时间内捐出 4 900 万美元。

他在哥伦比亚大学宣布了这一项目，他选择凯瑟琳·福利来牵头该项目。此后，福利担任项目主管，直到 2008 年夏天。到那时，这个项目已经扩展到了 28 个国家。该项目也遭到了人们的批评，指责这个项目中包括了医助自杀和安乐死。然而，批评者们误解了，医助自杀和安乐死并不是项目的一部分。福利没有将这两个具有争议性的行为纳入项目，因为她担心，它们导致的争议会使项目偏离所追求的更高的目标。

乔治·索罗斯预言，在他去世后，他的基金会只能维持 10 年。他希望从基金会的日常监控中抽身出来。他在投资方面就是这么做的。索罗斯希望能建立一个组织，没有他，这个组织依旧能够运作下去。他觉得自己正在逐步实现这个目标。但他还没有准备完全放手基金会的总体战略规划。

◆ ◆ ◆

2001 年 9 月 11 日，美国遭到恐怖分子袭击。这个事件发生之后，索罗斯认为，美国人正在偏离建立一个最伟大的开放社会的目标。他发现，自己在放宽毒品政策和改善临终关怀两方面的努力之间有一定的联系。

"我感觉，当局在利用人们对毒品的恐惧，"索罗斯在 2008 年 5 月的一则采访中说道，"特别是父母害怕自己的孩子使用毒品，害怕他们成为毒品滥用的受害者。这使得布什政府采用了会产生相反效果的政策，导致问题变得更加严重。这两个项目可以与反恐战争联系到一起，因为政府都是在利用人们对于死亡的本能恐惧。这种本能的恐惧不是美国所特有的，但是，它是美国这种社会类型所特有的。"

* * *

与此同时，索罗斯的开放社会基金会扩展到很多国家。在有些地方，索罗斯受到人们的敬畏，在另一些地方，他则受到人们的鄙视。索罗斯向人们传达了政治多元化和媒体自由的信息，这让东欧和前苏联的很多人激动不已，但同时也激怒了这些国家的右翼分子。

塞尔维亚、克罗地亚、阿尔巴尼亚以及吉尔吉斯斯坦的专制领导人攻击索罗斯，控告索罗斯基金会保护间谍，违反货币法。索罗斯的职员们遭到人身侵犯，受到要被囚禁或经济制裁的威胁。攻击最严重的是在白俄罗斯，索罗斯被迫在1997年夏天中断了基金会的运作。白俄罗斯希望关闭索罗斯基金会——这个国家最大的独立非政府组织。索罗斯基金会被指控违反货币交易法，白俄罗斯据此罚款300万美元。

索罗斯的慈善帝国面临的压力不断增大，但索罗斯没有屈服。索罗斯的慈善帝国雇用了1300名员工，分布在24个国家。1997年，索罗斯在中亚地区设立了5个办事处，分别在蒙古、乌兹别克斯坦、塔吉克斯坦、亚美尼亚和阿塞拜疆。此外，索罗斯还在危地马拉设立了一个办事处，这也是他第一次在拉美地区设立办事处。2008年，开放社会研究所在亚洲拥有4个基金会。

* * *

这并不是说他要削弱在其他国家的慈善投入，恰恰相反，特别是在前苏联所包括的国家。1997年10月，索罗斯宣布，在接下来的3年内，对俄罗斯的捐赠将高达5亿美元，用于改善医疗、增加教育机会，帮助军人接受复员后的技能培训。

第27章
转向美国

索罗斯的捐赠使他有资格成为俄国领先的慈善家。他的捐赠超过了美国政府的捐赠，美国政府同期只给了俄国9 500万美元的外援。

索罗斯知道，捐这么多钱可能只是让他成为一个"大钱袋"，2008年他在我的采访中用了这个词。"有时，我感觉自己像一个巨大的消化道，从一头吸进钱，从另一头挤出去。"索罗斯在他发表于1998年的《全球资本主义危机：危机四伏的开放社会》（*The Crisis of Global Capitalism: Open Society Endangered*）一书的序言中如此写道："但实际上，这两头是由很多的想法连接起来的。"

1997年2月，索罗斯继续从投资基金中拿钱。量子基金这一旗舰基金的资产为49亿美元，索罗斯金融帝国的资产在150亿美元。根据《福布斯》杂志，索罗斯自己的资产达到25亿美元。

◆ ◆ ◆

索罗斯对俄罗斯产生了巨大的兴趣。1997年，索罗斯进入俄罗斯市场，总统鲍里斯·叶利钦身边的年轻改革派减少了索罗斯对这个国家的担忧。同年3月，索罗斯借给俄罗斯政府几亿美元，帮助其解决过期的养老金支付问题。那年夏天，俄罗斯负债累累，政府腐败，到了无力偿还的地步，索罗斯成为俄罗斯最大的个人投资者。

1997年8月末，索罗斯宣布他在俄罗斯的投资损失了20亿美元。但是对于挺进俄罗斯，他丝毫不后悔。他将这些努力看作是促使俄罗斯转变为开放社会的部分尝试。他知道，他没有成功，但是他已经努力了。但作为投资者，索罗斯非常遗憾。他在俄罗斯的经历表明：在投资者和慈善家的角色之间寻求平衡是多么的困难。

他在俄罗斯的最大一笔投资是为一家通信公司投资了10亿美元，索罗斯的合作伙伴是俄罗斯强大的"寡头"弗拉基米尔·波塔宁（Vladimir Potanin），年纪轻轻的波塔宁已是规模巨大的俄罗斯银行的主席了。

寡头在俄罗斯很有声望，他们寻找私有化中可以获利的机会，但用来控制大公司的策略却存在问题。索罗斯认为这是他投资俄罗斯的最佳时机,正如他所说,强盗资本主义①就要转变为合法的资本主义。

索罗斯后来将他与波塔宁合作的大投资描述为他的职业生涯中最糟糕的一次。除了对波塔宁的投资,索罗斯还持有俄罗斯的股票、债券和卢布。1998年夏天索罗斯试图资助俄罗斯,他的立场可能并非是中立的。

索罗斯联系了美国财政部长罗伯特·鲁宾(Robert E. Rubin)以及财政部资深官员戴维·利普顿(David E. Lipton)。索罗斯还给两个非常有影响力的人打了电话,他们是从前叶利钦政府的成员——叶戈尔·盖达尔(Yegor T. Gaidar)和安那托利·丘拜斯(Anatoli B. Chubais),以征询他们的意见,询问自己如何才能阻止俄罗斯发生经济崩溃。索罗斯奋力争取国际救援。

1998年8月13日,索罗斯在《金融时报》上发表了一封信,其中说道,俄罗斯金融市场的崩溃已经到了最后阶段。他呼吁应立即采取行动,包括贬值货币,建立货币委员会,该体制使得国家根据最富有的贸易伙伴的货币价值确定自己的货币价值。这个计划将夺取俄罗斯中央银行对货币政策的控制。

这封信在俄罗斯引起了一阵恐慌,这让人们对索罗斯的动机产生了怀疑。那一天稍晚的时候,索罗斯发表了一项声明,说明自己并没有卖空卢布。索罗斯后来又补充说,他没有在这场危机中交易任何俄罗斯的证券。

到了周末,俄罗斯步入了拖欠国内、外债务的境地。贬值似乎迫在眉睫。国际投资者纷纷开始逃离俄罗斯。全球金融恐慌接踵而至。

索罗斯否认私利在他的金融外交中发挥作用。他的确深入其中,但是他的建议对自己并没有好处,他补充说,他的建议或许可以解决危机。

自从1992年狙击英镑之后,索罗斯已经成为了一个神话式的人物。他让总统和总理们忐忑不安,担心索罗斯会狙击他们的货币,担心华尔

---

①指叶利钦时代在俄罗斯形成的、建立在寡头政治基础之上的资本主义。在这种制度下,极少数有权有势者盗用国家资源大发其财。——译者注

第 27 章
转向美国

街和金融城会紧随其后,导致严重的贬值和经济危机。

到了1998年,索罗斯陷入困境,根据媒体的报道,俄罗斯拖欠的债务让索罗斯损失了20亿美元。与索罗斯关系密切的同事表示,索罗斯的损失远没有那么多,只是在通讯公司的投资上损失了几亿美元。

几十亿美元的资产鼓励着索罗斯,他也确定自己拥有预测经济繁荣和衰退的天赋,乔治·索罗斯毫不畏惧地批评国际金融体制。1998年,索罗斯出版了《全球资本主义危机:危机四伏的开放社会》一书。在书中他警告人们,金融灾难即将来临。很多金融界的人认为索罗斯很扫兴,指责索罗斯,意图通过自己的书籍来阻止他人变得同他一样富有。问题是,事实证明索罗斯是正确的:2000年,互联网泡沫破灭引发了一场全球经济危机。

索罗斯厌倦了听别人指责他说,因为他赚了很多钱,所以当他开始指出概念性的东西时,就不应该认真对待他。事实正好相反,索罗斯对CNN说:"我挣了很多钱的这个事实就是市场不完美的证据。我意识到这点,并且充分利用它,这就是我如何发家致富的。"

◆ ◆ ◆

到了1997年,索罗斯的经济力量变得如此强大,人们将几乎任何一种有投机者参与的金融危机都归咎于索罗斯。最好的例子就是1997年夏天的亚洲金融危机。客观的观察者认为,下滑的亚洲货币应该归因于"内在的腐败"。但是仍有人责怪乔治·索罗斯造成这个地区的经济衰退。

1997年初,索罗斯利用基金的资金做空泰铢和马来西亚的货币林吉特。索罗斯打赌,这两种货币都会贬值。1997年7月,泰国贬值泰铢。这引发了马来西亚和其他地区的货币贬值,导致了经济下滑。

各国货币贬值的时候,索罗斯说,他的基金是这些货币积极的买家。他相信,这些货币已经见底了。但是,这些都没有让索罗斯免于马来西亚首相马哈蒂尔·穆罕默德(Mahathir Mohamed)的指责:"犹太人把巴勒斯坦人的一切都抢去了,但是在马来西亚,他们不能这样做,于是他们就让林吉特贬值。"几天后，索罗斯在华盛顿的一次演讲中做了回应，他批评马哈蒂尔和他的政策，表示首相执政不力，应该下台。

让这件事更加错综复杂的是，媒体大肆报道乔治·索罗斯可能损失了20亿美元，看起来索罗斯不可能从"引发"这场危机中获益。索罗斯和我说起这件事的时候，亚洲金融危机已经过去了11年了，对于自己在林吉特上损失了多少，他的记忆似乎很模糊。"我损失了一点，不过不是很多。"我问他："一点是多少？""我不清楚，"他回答说，"但是损失很小。"他说在印尼损失更多。索罗斯表示，他真的不知道自己从林吉特中获利或亏损了多少。"我们盈亏平衡，或者赚了一点，或者亏了一点。我害怕他们会控制资本市场，资金会被冻结，所以我清仓了。他们确实开始控制资本市场，所以这是撤出的好时机。"

◆ ◆ ◆

20世纪90年代初期以前，索罗斯基本上被媒体忽略了。后来，媒体开始试图在弄清索罗斯到底是谁，他如何赚了那么多钱，以及他生活和职业的方方面面。1997年11月5日，《晚间热线》（Nightline's）的主持人泰德·考佩尔（Ted Koppel）将索罗斯描述为"世界上最富有、最慷慨的人之一，也有人说是不计后果的慈善家之一"。当提到抨击索罗斯的话时，考佩尔只愿意用"有人说"。他不想把批评之词放在他的名下。

像考佩尔这样的记者们对索罗斯有着勉强的崇拜。凭借巨额的收益，索罗斯似乎独树一帜。考佩尔说道："索罗斯先生拥有这么多财富，并且事实证明，他也有能力挣更多的钱，将他的行为和抱负与其他有钱人进行比较是很困难的。索罗斯运用财富的范围使人们很容易将他与政府比较，他有时资助了，有时又威胁了政府。"

这个问题一直悬而未决：索罗斯是英雄还是恶棍？大多数人认为他是一个英雄。愤世嫉俗者提出，索罗斯慈善活动的目的在于动摇政府的地位，破坏政府的稳定，结果导致混乱，而他借机从中渔利。有人说，为了挣钱，索罗斯必须扰乱经济。吹毛求疵者主张，尽管索罗斯宣传开

第27章
转向美国

放社会的优点,他的资助往往是给民族分离主义者,比如波斯尼亚的穆斯林和马其顿人。索罗斯目睹着暴力接踵而至,而他一直利用他的投资造势,并从中渔利。

◆ ◆ ◆

斯特罗布·塔尔博特(Strobe Talbott)是克林顿总统在牛津大学时的室友,在1994—2001年,担任克林顿政府的副国务卿。20世纪80年代,他和索罗斯初次见面。他们对俄罗斯的未来都有着强烈的兴趣。后来,塔尔博特总是愿意和这位国际金融家见面,因为索罗斯通过金融力量做了很多事情。

塔尔博特崇拜索罗斯,因为他认为索罗斯对外交和金融世界都很了解,"索罗斯能够将智慧、行动主义,对形势的把握和金钱进行有效的组合。通过开放社会研究所,索罗斯投入到前苏联各个国家的钱比美国政府投入的还要多。这意味着索罗斯在当地拥有巨大的影响力。索罗斯的基金会是草根组织,很大程度上依赖于当地的人才。和我们(美国政府)与不同国家的交易相比,索罗斯雇用的地方人才更廉价,而且跟地方关系也更密切。"

索罗斯被准予参与美国政治,成为重要的参与者。塔尔博特说:"我带索罗斯与希拉里聊天,将他引荐给克林顿总统,与总统谈论俄罗斯经济,还将他介绍给美国财政部长劳伦斯·萨默斯。"

对塔尔博特来说,索罗斯是个国宝。"索罗斯的外交政策和美国政府的外交政策不完全相同,但是是相容的。和他合作就好像是和一位友好的、同盟的独立团体合作,我们试着在对前社会主义国家,对德国、法国和英国的态度上与乔治·索罗斯保持一致。"

28

SOROS
The World's Most
Influential
Investor

金融灾难，初涉政治

到千禧之交，乔治·索罗斯的投资纪录实在令人叹为观止。

从1969年创立基金开始，直到2000年，索罗斯基金的平均年回报率是惊人的32%。如果有人在1969年在索罗斯的量子基金投资1 000美元，那么到了2000年，这位投资者可以赚400万美元。累积年回报率为32%。

20世纪60年代到90年代，只有沃伦·巴菲特能与索罗斯的投资联盟竞争。他们的投资策略是截然不同的：巴菲特似乎更实际，他住在离华尔街很远的地方（奥马哈，内布拉斯加州）。他是一个保守的投资者，购买超级稳定的公司的股票，其中包括可口可乐、迪士尼、美国广播公司和《华盛顿邮报》，并且永远持有这些公司的股票。相反，乔治·索罗斯是一个短期投机者，在金融市场上的走向上，下惊人的高额赌注。如果他认为自己的直觉是正确的，他会投更多的钱。索罗斯是一个冒险家。

索罗斯长期的业绩是杰出的。但是在千禧之交，索罗斯却遭受了挫折，20世纪的最后几年，索罗斯遭受重创，2000年春，纳斯达克崩盘，索罗斯的损失已达30亿美元。

1999年，索罗斯打赌因特网股票会下跌，并且下了大注。他的猜测是对的，但是早了一年。媒体报道表示，索罗斯在2000年损失了7亿美元，也是在这一年，斯坦利·德鲁肯米勒离开索罗斯的对冲基金。索罗斯的同事说，索罗斯只在因特网股票上损失了几千万美元，而不是7亿美元。

也就在那时，索罗斯宣布，他计划将量子基金从高风险的投机基金转变为保守的企业。作家艾伦·多伊奇曼（Alan Deutschman）说，这就像美国棒球巨星贝比·鲁斯（Alan Deutschman）发誓，他将只尝试一垒安打。

索罗斯的很多基金都下滑了30%，他承担不起利用大量的信贷杠杆和现金来独立行动。1998年8月，索罗斯的业绩处于巅峰时刻，价值达到220亿美元，到索罗斯将基金管理公司进行重组时，基金的价值已经下降到144亿美元。

索罗斯对基金管理公司策略的改变对他的200名交易者、分析师和基金经理有着深远的影响。为世界上最有威望的对冲基金工作而获利颇丰后，突然间，他们中的大部分人发现自己没有了工作。索罗斯说，他不再渴望30%的年回报率了。同时，索罗斯发现要找到稳定的大赌注也越来越困难，他想要确保他的基金能够生存下来，不仅仅是在他的有生之年。

索罗斯备受瞩目的两位基金经理开始处理他们自己的基金。斯坦利·德鲁肯米勒从1988—2000年，一直负责索罗斯的旗舰基金——量子基金。现在，他也回到了自己在20世纪80年代创立的杜魁斯资金管理公司。公司搬到了曼哈顿，管理的资产达30亿美元。根据媒体报道，德鲁肯米勒离开索罗斯的原因是，他厌倦了老板不断吸引媒体的关注。

一个时代过去了。很多帮助索罗斯建立财富的人，现在从幕后走到了台前。他们是最优秀的基金经理，在华尔街，这样的经理人供不应求。

◆ ◆ ◆

尽管索罗斯遭遇了金融挫折，他还是很有自信地分析了世界经济的

第 28 章
金融灾难，初涉政治

状态。2000 年 12 月 7 日，索罗斯出版了他的第四本著作《开放社会，改革全球资本主义》（Open Society, Reforming Global Capitalism）。他之前预言世界经济不会安然度过 1997 年的亚洲货币危机，事实证明，他错了。他承认了自己的错误，《开放社会》一书中，同样写到了他的错误。在这本新书里，索罗斯传达了这样的信息：如果下一次全球金融危机很快来袭，那么美国会发现，自己太脆弱了，难以帮助世界其他地区抵制衰退。

在他的书中，乔治·索罗斯常常对美国的经济前景做出悲观的预测。关注索罗斯的人对此怀疑，他们在想，是不是因为"前景暗淡"的书总是比乐观的预测卖得好，索罗斯试图从书上获利？但是对于一个拥有如此骄人金融记录的人，想不听从他的话，还是挺难的。

2001 年 1 月 22 日，索罗斯在接受美国国家公共广播电台的采访时，他已经退出了对冲基金的日常运作达 12 年之久。索罗斯在采访中解释说，他并不后悔当初放弃对冲基金的管理："我已经 70 岁了，在过去的 12 年里，我基本上没有运作我的公司。因为要运作一个对冲基金，你需要百分百地投入进去，不能东奔西跑、做慈善事业，试图拯救世界。你要么待在对冲基金，要么做其他事情，所以我做了抉择。"

记者胡安·威廉姆斯（Juan Williams）开玩笑地问索罗斯，高风险的华尔街赌博是否使他对真正的赌博有了兴趣。索罗斯的答案是否定的。威廉姆斯追问原因。索罗斯说："因为我更喜欢在我对概率有较好把握的地方下注。"

即使从华尔街隐退之后，索罗斯依然对世界有很大的影响。

到 2001 年，索罗斯已经投入了 28 亿美元到他的基金会中。他的资产价值仍然有 50 亿美元。索罗斯计划将来逐渐捐出他其余的财富。

◆ ◆ ◆

2001 年发生的一件事帮助索罗斯明确，接下来的几年他要把钱捐在哪里，如何捐。对于几百万美国人来说，这一事件具有重大的影响，对乔治·索罗斯也是如此。在此之前，索罗斯在美国社会的许多问题上投入了大量资金，但没有一个焦点或目标。

2001年9月11日，恐怖分子劫持美国民航客机，撞击纽约世贸中心和华盛顿五角大楼，坠毁在宾夕法尼亚州尚克斯维尔镇，共计有2 819人遇难。

"9·11"事件使得索罗斯将焦点放在乔治·布什总统身上，相比之下，索罗斯对发动这起袭击的基地组织或者窝藏恐怖分子的阿富汗塔利班的关注更少。

索罗斯想尽全力在即将到来的2004年总统竞选中将布什选下台。虽然两人素未谋面，但索罗斯就是不喜欢这个总统。他在将"9·11"事件应归咎于谁的问题上犹豫不决，是布什及国防部长唐纳德·拉姆斯菲尔德，还是副总统迪克·切尼？

2001年9月11日，索罗斯身处北京，他看着电视里世贸双塔轰然倒塌，被极大地震动了，他对恐怖分子的残忍所感到的惊骇绝不亚于任何其他美国人。

在接下来的日子里，索罗斯听着布什和他的助手发表声明，这让他想起纳粹统治下的德国。对于索罗斯来说，这听起来像是同样的宣传，表明危险正逐步扩大，大家要团结起来。这让索罗斯想起丑陋的戈培尔（Joseph Goebbels，纳粹德国时期的宣传部长）的演说，让德国人民与纳粹分子站到一起。这是乔治·索罗斯第一次将美国政治领导人的行为比成纳粹的行径，这样的对比对大多数美国人来说是个禁忌，他们被深深地激怒了。索罗斯鄙视布什总统对"9·11"事件做出的回应，认为这个总统在快速地侵蚀美国的传统价值。

对索罗斯来说，"9·11"事件应该使美国政府有勇气保护美国的自由和开放社会。相反，布什镇压异议，将批评者们定为不爱国，监禁那些声称自己是恐怖分子的人，剥夺了他们享有的美国公民权利。

第28章
金融灾难，初涉政治

对于乔治·索罗斯来说，有一个关键的时刻让他最终决定反对布什，这个时刻就是"9·11"事件发生9天后，布什在国会两院联席会议上发表的讲话："我们将追究那些向恐怖主义提供帮助和安全避难所的国家。每个地区的每个国家现在都要做出抉择。你们不是站在我们这一边，就是站在恐怖主义分子那一边。从今以后，任何继续庇护或支持恐怖主义的国家都将被美国视为敌对政权。"这是索罗斯厌恶的那种专制主义者的论调。

接着，布什政府又采取了一个方案，让索罗斯极为震惊：2001年10月26日，布什签署美国爱国者法案（Patriot Act）。该法案扩大了美国执法机构的权力，以打击恐怖主义活动，他们可以监控电话、邮件、医疗、财务和其他记录。

索罗斯无法将布什从他的脑海中抹去。2002年6月1日，布什在西点军校毕业典礼上，对989名毕业生发表讲话，确立新的"布什主义"，对任何被怀疑有恐怖主义威胁的国家，美国将会采取军事行动。"布什主义"使布什和政府有了更广泛的权力，可以对其他国家采取军事行动，这些国家曾经是美国试图结盟的国家。

在索罗斯看来，这些行动表明华盛顿在实施一种新形式的军事主义。这让他想起古罗马，它曾经也是伟大的民主国家，后来变成了一个帝国。凯撒越过卢比肯河（Rubicon），入侵其他国家，如今的美国可能在另一条卢比肯河边。

索罗斯认为，恐怖分子就像门口的野蛮人（在华尔街，通常用这个词来形容不怀好意的收购者），他们可能成为永久的威胁，不会消失。如果美国总是依靠军队来保护自己，对总司令的批评会削弱军队的力量，这样美国的开放社会无疑会走向终结。用武力来传播民主是不对的，而索罗斯发现，这正是美国在做的事情。只有当地方力量迫切想要建立民主的时候，民主才能真正的建立。

"9·11"事件过后的一段时间,索罗斯在西方媒体眼中始终是一个值得敬畏的、并且基本上是正面的人物。2002年3月14日的英国《独立报》总结了索罗斯的人生,基调是赞扬的,标题是:"乔治·索罗斯,一个打垮英格兰银行的人。他的成名之举就是在黑色星期三大赚了一笔,但乔治·索罗斯热切渴望捐出他的几十亿美元。"

媒体深深地崇拜索罗斯,索罗斯拥有让世界领袖认真对待他、倾听他的能力。实际上,通过自己的外交政策,索罗斯成了最引人注目的普通公民。其他超级富有的慈善家,那些华尔街巨子,如泰德·特纳和比尔·盖茨,也做了类似的事情,但是没有一个像乔治·索罗斯那样事必躬亲。索罗斯知道,他是幸运的,当大多数慈善家处于被动位置,不知道如何实现自己的慈善抱负时,索罗斯知道如何明智地捐钱,以及捐在何处。

2002年,索罗斯被判犯有在法国进行内幕交易的罪行。所有美国主流金融媒体大肆报道了这个消息,包括平面、电视和广播媒体。900多篇文章蜂拥报道。索罗斯安然挺过了这些宣传攻击,很可能是因为美国审查这个案例的人断定,索罗斯并没有真的做什么错事。与索罗斯关系最密切的人说,如果索罗斯做了类似迈克尔·米尔肯(Michael Milken)和伊凡·博斯基(Ivan Boschi)那样声名狼藉的内幕交易,他的事业就毁了。

对于索罗斯来说,这个案子就像被蜜蜂蛰了一下,不会是结束职业生涯的重大打击。索罗斯一开始就知道,如果他被宣告有罪,法院不可能判他入狱。他也知道,到2002年下半年,他的基金事业已经基本成为过去,所以在这个节骨眼上,内幕交易罪对他职业的影响比以前要小得多。

第28章
金融灾难，初涉政治

这个事件的起源是乔治·索罗斯于1988年购买了法国兴业银行和其他3家法国公司的股票，这些公司都是在此不久前私有化的。

一位中间人找到索罗斯并告诉他，有一位法国商人想要联合一些投资者来购买私有公司的股份。索罗斯让自己的顾问调查一下。索罗斯和他的顾问都没有被要求签署保密协定。很快，顾问向索罗斯建议说，这个商人提出的想法不合理。索罗斯接受了这个建议，拒绝了法国商人。

过了一段时间，到了1988年秋，索罗斯为量子基金购买了法国兴业银行和其他私有公司的股份。

索罗斯受到指控，说他知道这位商人带领的一些投资者在买入兴业银行的股票，这会引起股票价格的上涨。法国当局说，索罗斯对这位商人计划要做的事情知情，这构成了内幕消息。

2008年6月27日，在我对索罗斯的法国律师罗恩·索弗（Ron Soffer）的一次采访中，针对这一指控，索弗说："这样的指控让人非常震惊。索罗斯是在纽约交易的。他下令购买4家私有公司的股票，其中有一家是兴业银行。没有人指控他违反了美国法律，大部分的股票是在伦敦交易市场上买入的，索罗斯没有违反英国法律。只有很少一部分是在法国购买的。倘若索罗斯的交易员是在伦敦完成所有的购买，那么他不会有任何的问题。再者，按照法国当时的法律条例、法院和大多数学者对法律的解释，索罗斯的行为并没有违法。"

与此同时，那些投资者也在几个月的时间里购买了法国兴业银行的股票，法国公众在媒体的暗示之下纷纷购买了大量股票。该银行的股票在1988年夏天和秋天持续上涨。弗朗索瓦·密特朗（François Mitterrand）再度当选法国总统之后，法国金融媒体报道了新政府鼓励前一届政府私有化的公司的股东结构的变化。这些报道使得人们争先恐后地购买这些股票。所以，索罗斯让他的交易员购买这些公司的股票时，他做的事情和很多法国公民做的事情并无区别。

此后不久，索罗斯卖掉了持有的股份，获利200万美元。索罗斯交易一年后，公诉人揭露，他们发现法国兴业银行的股票交易中有异常。这个案件的调查花费了几年的时间。1993年，他们将索罗斯进行司法调查，离正式控诉只有一步。这个案件拖了好几年，因为法国的检察人员很难从其他国家的司法机关获得金融信息，特别是从瑞士和卢森堡。他们还要求获得其他被调查人员的信息，索罗斯完全配合调查，自动提供所有与交易相关的信息和文件。

这个案件成为20世纪90年代法国最大的金融丑闻之一。十几个人被调查了其中包括很多知名人物。因为拖延太久，迟迟不上庭，索罗斯的律师试图否决这个案子，但没有成功。

当法国当局调查索罗斯的时候，职能相当于美国证券交易委员会的法国交易所运作委员会（Commission des Opérations de Bourse，COB）得出结论，索罗斯和其他人并没有触犯法律。但是他们的结论没有法律效力，所以法国司法机关对索罗斯提起了正式起诉。

2008年6月，索罗斯在斯特拉斯堡的欧洲法院提出上诉。在索弗看来，关键的事实是法国交易所运作委员会的结论，即索罗斯没有触犯法律，也没有违背任何道德准则。而且，最重要的是，法国交易所运作委员会认为，关于内幕消息的法律规定本身并不清晰。索弗辩护道，那么在这种情况下，为什么索罗斯，一个在纽约交易的美国人应该比法国交易所运作委员会更了解法国法律呢？

索罗斯没有被指控从法国兴业银行获得任何内部消息，他所掌握的消息是和第三方的意图相关的。他没有被要求签署保密协定，也没有被告知这个信息是秘密的。索罗斯否决了这个计划，原因在于他觉得不合理。确实，事实表明，这个计划以失败而告终。

我问索弗，为什么索罗斯能从这个案件中全身而退，保住他诚实和正直的名声？"因为美国人知道，这个定罪是对1988年法国法律的曲解，

第 28 章
金融灾难，初涉政治

正如法国交易所运作委员会的观点一样。"

"为索罗斯请求最低量刑的时候，甚至连检察官也觉得这个案件有哪里不对。有一位检察官说，如果他在法律的允许下，可以对索罗斯减少罚款的话，他会要求法院象征性地罚款，比如 1 欧元。"

"我觉得，这位检察官意识到了索罗斯案件存在的不公正，检察机关试图通过司法解释，扩大内幕交易法的应用范围。在法国交易所运作委员会的要求之下，法国内幕交易法案随后进行了调整和澄清。"

"索罗斯坐在纽约的办公室中，他不可能想到法国内幕交易法比美国内幕交易法的应用范围更加广泛，也不可能想到 1988 年之前，法国监管机关、立法机关，以及很多法国学者和法官解释这些法律的方式是完全错误的。因此，真诚善良的人在索罗斯的行为中找不到任何道德恶劣的地方。"

2002 年 11 月，索罗斯出席，他告诉在座各位："我一生都在做投资，我想，我知道什么是内幕交易，什么不是。"索罗斯声称，他购买了几家法国银行的股票，希望新的管理和所有制会提升绩效。当他认识到这不可能的时候，他就卖掉了这些股票。

2002 年 12 月 20 日，为了 13 年前的股票交易，索罗斯被判犯有内幕交易罪，并被罚款 220 万美元，相当于他从股票交易中获得的利润。

索罗斯没有到法国的法庭上去听法院的判决。他在纽约发表了一项声明，表示"他极为惊讶，非常失望，必要时会向最高法院上诉"。他说："我绝对没有法国兴业银行相关的内幕消息。对我的指控是没有事实根据的，也没有法律依据。"

尽管很多人受到调查，但只有索罗斯一人被定罪。在宣告他的判决时，其他两人被宣布无罪，一位是法国财政部高级官员，另一位是黎巴嫩商人。这一定罪并没有给索罗斯造成负面的影响。他仍然是华尔街精明的投资者。

当我问索罗斯，为什么他的声誉没有受到内幕交易案的影响时，索罗斯不同意我的提法，索罗斯认为这个案件在美国引起了很大的关注："我的敌人最大限度地利用了这个案件。"这个案件虽然受到很多的关注，但是索罗斯仍能继续交易，媒体上会继续出现有关他的正面报道。

索罗斯称这个定罪是"审判不公"。索罗斯说，他的法国律师告诉他，已经结案了，当时也确实结案了，但是 14 年后，又被重新调查。索罗斯说："其实，根本没有什么案件。就是他们想拿走我在这桩交易上赚取的利润。"

◆ ◆ ◆

与此同时，布什政府也即将做出决定，基于萨达姆·侯赛因与基地组织的联盟，美国准备进攻伊拉克。布什认为，伊拉克拥有大规模杀伤性武器，可以发动生化战争，甚至是核战争。布什开始相信，萨达姆·侯赛因对美国构成了直接的威胁。

2003 年 3 月，美国对伊拉克的进攻在开始时是成功的，美军占领了巴格达，萨达姆躲避起来。同年 11 月，萨达姆被美军抓获，并最终由新的伊拉克政府处决。

面对新的反叛威胁，担心胜利可能会变为失败，布什选择了让美军留在伊拉克，参与国家建设，成本高达几十亿美元。

◆ ◆ ◆

与此同时，索罗斯为帮助俄国转变为开放社会而进行的长期的、起起伏伏的斗争也接近尾声。

2003 年 6 月，索罗斯宣布他正在大幅消减对俄罗斯的慈善捐助。索罗斯在一个新闻发布会上说，"我在俄国的慈善活动没有干涉这个国家的主权。俄罗斯处在崩溃边缘，我想帮助俄罗斯的知识分子渡过难关。"他强调自己会减少投资，从一年 2 500 万美元减少到 1 500 万美元。同时，他不会完全关闭基金会在俄罗斯的运作。他留下了 15 个项目，尽管从那

第 28 章
金融灾难，初涉政治

时开始，开放社会研究所需要自力更生，自己吸引资金。

2003 年 11 月，俄国当局强迫开放社会研究所的工作人员离开他们的办公室，他们再也不可能继续工作了。

索罗斯批评俄罗斯对石油巨头尤科斯（Yukos-Mikhail Khodorkovsky）的监禁，并称之为"迫害"。索罗斯进一步发出警告，俄国可能正进入国家资本主义阶段，资本所有人会意识到，他们依赖于国家。这些评论可能让俄罗斯政府做出这样的决定——让索罗斯的日子尽可能地不舒服。

- - -

对于乔治·索罗斯来说，美国将自己的意志强加于世界其他地区的想法是完全错误的，索罗斯准备进入一个全新的领域——试图让总统下台。

幸运的是，索罗斯不需要通过捐钱给民主党来促使总统下台。旨在禁止政党以外的团体直接向候选人捐款的选举法改革，留下了很多漏洞，外部力量可以间接地捐钱支持总统竞选运动。

索罗斯最终卷入政治。他参与民主党的同盟，包括工会工人、环保运动、女性团体，为建立非营利政治组织网络提供机会。到了 2004 年底总统竞选时，索罗斯已经投入了 2 700 万美元给左派，用于推翻乔治·布什。

- - -

索罗斯保持着耐心剖析的一贯策略，他决定寻找一个最佳政治顾问。

2003 年春天，民主党资深官员罗伯特·斯坦恩（Robert Stein）和新民主党网络（New Democratic Network）主席西蒙·罗森伯格（Simon Rosenberg）希望通过私人途径，增强民族党的力量。他们希望乔治·索罗斯能加入。

斯坦恩和罗森伯格整理了一个 30 分钟的幻灯片介绍，提供了一系列易于理解的图标，一步步地展示了在过去的 30 年里，保守主义者是如何成功地建立起价值3亿美元的"信息机构",来宣传他们的主张的。他们希望观众不再认为政治只是一场接一场的选举,而是长期的努力,需要重要人物的投入。民主党的投票人数量逐渐减少,20世纪50年代,他们在选民中的比重是50%,后来就只有34%。共和党投票人的数量一直都很稳定。必须要阻止民主党投票人的不断减少。

对斯坦恩和罗森伯格来说,政治党派全能的时代走向终结,新政治应运而生,要让人们在政治中进行长期投资,正如他们在商业领域所做的投资一样。

新型政治要吸引到私营部门中具有野心的人,比如乔治·索罗斯。目标是让他们参与冒险。而索罗斯似乎准备好冒险了。乔治·索罗斯开始涉足政治。

华尔街的背景使得他在民主党捐款人中与众不同。一直以来,自由事业通常是由好莱坞的模范和纽约律师支持的,华尔街的金融家为了维持现状,一般倾向于选举共和党。

如果索罗斯仅仅是因为想加入其他自由主义者的行业而涉足美国政治,那的确令人惊讶。在这之前,索罗斯总是将自己描述为一个孤独的人,和其他所有人保持着距离,同时也是独立的、不安分的、古怪的人。

索罗斯让他的政治主管迈克尔·瓦尚找出一些政治顾问,给他提出建议,将钱投入到一个重要的项目中,让布什无法再度当选。

瓦尚联系了马克·施泰茨(Mark Steitz),让他准备这样一个项目。施泰茨于1993年创办了TSD通讯公司(TSD Communications),负责2004年雅典奥运会投标组委会以及哈特佛金融服务集团(Hartford Financial Services Group)等的战略通信。在此之前,他在罗纳德·布朗(Ronald H. Brown)主席领导下的民主党全国委员会担任通讯部主任。

施泰茨对方方面面都做了研究,从投票表决到过去竞选运动的财务记录。后来,他回忆说,他被告知要像他为投资委员会准备介绍那样,

第 28 章
金融灾难，初涉政治

来对待这个事情。

◆ ◆ ◆

施泰茨对索罗斯还不是很了解，只知道索罗斯在东欧和南非做了大量的工作，还知道索罗斯支持开放社会这个概念。

瓦尚还让另外一个政治顾问汤姆·诺维克（Tom Novick）整理了一份类似的项目。诺维克曾是俄勒冈州的立法人员，在关注西方国家问题的小组中担任执行主任。他和非营利组织、基金会和慈善家都有过合作，为他们提供政治评估和策略。

当诺维克和施泰茨得知了彼此的工作之后，他们决定进行合作。2003 年 7 月 19 日，索罗斯将他们两人和政治左派的智者召集到南安普敦的寓所中开会。这次会议是索罗斯踏入美国政坛的重要里程碑。

出席会议的还有民主党行动主义分子埃伦·马尔科姆（Ellen R. Malcolm）、史蒂夫·罗森德尔（Steve Rosenthal）和卡尔·波普。马尔科姆是 IBM 创始人的继承人，长期从事政治筹款工作。1984 年，她创立了"艾米莉的名单"（Emily's List），并且将其转变为最成功的政治行动团体之一。

该组织最初的目标是选举崇尚自由的民主党女性候选人。随着时间的推移，该组织已发展了 100 000 成员，募集了 2.4 亿美元的资金，选举了 69 位民主党女性成员进入两院。2003 年 8 月，马尔科姆和罗森德尔创立了 ACT 组织（American Coming Togerther，ACT）。后来，埃伦·马尔科姆成为 ACT 组织的主席。埃伦·马尔科姆是美国最有影响力的女性之一。

史蒂夫·罗森德尔是新劳工运动的先驱，1993—1995 年，罗森德尔担任美国劳工部助理副部长，对工会问题提出建议。在那之后，他在美国劳工联盟及产业工会联合会（AFL-CIO）担任了 7 年的政治主任。

卡尔·波普是美国最有影响力的环保组织塞拉俱乐部（Sierra Club）

的负责人，他帮助建立 ACT。波普回忆说："2003 年 7 月 19 日，我离开会议的时候，乔治已经暂时表示会提供大量资金。"

在索罗斯寓所橙红色的客厅里，索罗斯让施泰茨和罗森德尔介绍他们的项目，索罗斯提了两个问题：布什能否被击败？如果可以，如何才能击败他？

施泰茨问索罗斯，他的预算是多少，索罗斯跟他说，这个问题问得不对。正确的问题应该是：需要多少预算？索罗斯告诉顾问说，不要受到约束。"你们的约束应该是改变美国政治需要多少钱。"

两个顾问表示，2004 年大选的情况将非常可能是：选民两极分化，只有 10% 可能投票的选民仍然摇摆不定。布什远比一般人想象的要经得起打击。但是，要击败他，需要采取一个新的切入点。

索罗斯很喜欢他听到的这些内容。他不断地问："我能期望什么？有什么风险？"施泰茨后来说："这是一个投资者的角度。"

大家达成了一致，草根政治运动是关键。民主党捐赠人需要建立现场操作，与投票人建立起一对一的联系。

施泰茨和诺维克决定将建立大规模的选举人现场操作当作重点，为了符合联邦选举法，这种现场操作必须是独立于民主党之外的。

索罗斯几次打断了他们的介绍。他对现场运动是如何运作这样的实际问题很感兴趣。因为索罗斯在前苏联也采用了同样的策略，施泰茨和诺维克的草根策略对索罗斯很有吸引力，他想知道政治行动主义是如何实施的。

"你怎么进行草根政治运动？"索罗斯想知道。"你如何招人？如何管理数据？如何随着时间的推移不断追踪？"他身子往前倾，继续问道："你的意思是你挨家挨户进行吗？"索罗斯对这些细节感到十分好奇。

标准的电视政治宣传广告的战略战术对索罗斯来说没有吸引力。施泰茨认为，这是因为广告是煽情的，但没有给人清晰的论点。

第 28 章
金融灾难，初涉政治

这个项目估计至少花费 7 500 万美元，索罗斯全神贯注地听着。

在会议结束时，马尔科姆和罗森德尔希望索罗斯支持他们建立的 ACT 组织。最终，他们的目标是扩大民主党人数。施泰茨和诺维克希望索罗斯通过支持 ACT 来开始他的政治努力。

索罗斯一向习惯在深思熟虑后再做决定，这一点他们也很清楚。但这次让他们感到惊讶的是，索罗斯思索了很短的时间之后就明确表示，他愿意加入进来。他充满热情，同时严肃认真。他具有政治家的情感，拥有商人的头脑。当索罗斯意识到，他的政治顾问很认真地认为可以击败布什的时候，索罗斯就毅然决定放手一搏——没有片刻的犹豫，没有丝毫的妥协。

从索罗斯的谈话中，政治顾问们逐渐意识到，索罗斯将参与政治看作是对反身性理论的一个测试。索罗斯参与政治这个事实将影响其他的投资者转向政治，就好像他在华尔街投资影响其他投资者一样，将他们卷入其中。

索罗斯坚持让小组成员计划大事情，但他们过去没有这样的习惯，可能是缺乏资金的缘故。"这个人对于'规模'的理解和大多数政界中的人不同，"马克·施泰茨注意到，"我们都习惯于从小处着手，从小的、部分的做起。而索罗斯说，你想要做这件事，那就去考虑如何能做成。"

在 7 月 19 日的会议上，索罗斯被要求提供资金，仅仅用于支持 17 个重要的州中的 6~7 个重要的州的现场操作。对此，他感到很困惑。因为在投资中，当他觉得自己的判断正确时，他通常会投入很多钱。为什么在政治运动中不这样做呢？

如果政治运动只包括不到一半值得争取的州，那为什么还要进行这样的活动呢？索罗斯希望为所有这 17 个州提供资金："我不想建半截子桥。我想要做一切必需的事情，来影响事情的结果。"那为什么他没有写一张 7 500 万美元的支票呢？索罗斯那天解释说，他觉得 1 000 万美元暂时足够了。此外，索罗斯希望他和彼得·刘易斯（Peter Lewis）的捐赠可以为他人树立榜样。

索罗斯那天捐赠了 10 000 000 美元，来推动建立 ACT 组织、媒体基金和 2004 年总统大选中负责广告宣传的民主党 527 委员会。

70 岁的彼得·刘易斯（Peter lewis）是俄亥俄州克利夫兰的汽车保险商前进公司（Progressive Corporation）的首席执行长，在得知索罗斯承诺捐赠 1 000 万美元之后，他也在那一天承诺捐赠 1 000 万美元。

刘易斯大部分的时间是乘坐他的 250 英尺①长的游艇"独行侠"在地中海巡游，船上装有现代通讯设备，帮助他监控美国的政治发展。刘易斯是大麻合法化运动的主要支持者，曾参与亚利桑那州和加利福尼亚州的大麻合法化运动。他喜欢待在暗处，拒绝一切访问。

乔治·索罗斯的政治运动在美国政界是史无前例的。以前从来没有人捐过这么多钱，而且是捐给一项事业，而不是给一个候选人。捐赠竞选资金当然不是新鲜事，但是不通过政治党派，而是通过一系列非政府组织的渠道捐赠，还是独一无二的。

索罗斯喜欢开辟新天地。在东欧和前苏联的时候，他就这么做过。如今在美国，他仍然要这样做。

马克·施泰茨和汤姆·诺维克这两个政治顾问是活动的负责人，他们认为 ACT 组织是索罗斯开始政治事业的一个很好的起点。

根据 2002 年 3 月 27 日通过的麦开因—范戈尔德竞选财务法（McCain-Feingold Campaign Finance Law）的规定，政治捐赠人不能再直接地将钱无限制地捐赠给民主党，但他们的钱可以流向同盟的"独立"团体，即 527 组织。

此外，ACT 组织有几千名志愿者，还有 2 000 名全职工作人员，他们将确定和动员可能的民主党选民。

---

① 250 英尺 = 76.2 米。——译者注

第28章
金融灾难，初涉政治

问题是 ACT 还不是一个团体，而只是一个想法。"我们开过一次会，有一个暂时的委员会，没有钱。"卡尔·波普回忆说。最终，ACT 于 2004 年成为规模最大的 527。

波普发现索罗斯是个"非常聪明的家伙"，他会问一大堆问题。"所以，当你跟他见面的时候，你会被榨干，他就像一个抽水机一样，使劲地抽干你的水分。" 波普注意到，索罗斯喜欢相信自己的直觉，而不是他人的介绍。

◆ ◆ ◆

下一步就是 2003 年 10 月与韦斯·波伊德（Wes Boyd）的见面。波伊德是一家叫"继续前进"（MoveOn.org）网站的负责人。该网站是两个硅谷创业者琼·布莱兹（Joan Blades）和波伊德于 1998 年创立的，网站目前已经拥有 3 200 000 名成员。

波伊德和索罗斯从来没有见过面。波伊德原本以为他们只是见个面打个招呼，但是他惊喜地发现索罗斯开门见山，直入主题，说他将为"继续前进"网站的选民基金提供 250 万美元的资金。波伊德承认，自己对此毫无准备。

索罗斯明确表示他支持 17 个州的策略，而不是 6 或 7 个州。鉴于过去的政策需要大量的广告宣传，所以他们决定放弃在摇摆不定的选民中寻找投票者。他们认为将焦点放在不经常投票的民主党人身上，效果会更好。大家也达成另外一个共识，加强与志同道合的非营利组织的合作。不同的团体行动一致，这样可以避免潜在的民主党选民之间的冲突。

◆ ◆ ◆

提到犹太人的时候，乔治·索罗斯从来没在公开场合说过他们爱听的话。在过去这些年中，他似乎对如何处理自己的犹太教归属感到很矛盾。索罗斯已经明确表示，他希望避免被过度认同于他的宗教，以及以色列。

尽管索罗斯有着犹太根源，但他并没有捐钱给犹太事业，直到60多岁的时候，到了1997年，索罗斯才从开放社会研究所的拉扎勒斯基金会（Emma Lazarus Fund）中捐了130万美元给犹太联合会理事会。1997年下半年，索罗斯又向另一个犹太组织捐了同样数目的款项，该组织是反贫穷的犹太公正基金（Jewish Fund for Justice）。

20世纪90年代，索罗斯曾访问过以色列，他也同意在21世纪初，至少与一个重要的犹太团体谈一谈。

2003年11月5日，索罗斯在纽约的犹太资助人网络（Jewish Funders Network）的会议上讲话，大多数与会人员急切地希望知道，索罗斯是否最终准备更加系统地捐助犹太项目，包括以色列项目。索罗斯的一个助手指出，这对于索罗斯来说是个罕见的场合：他几乎没有对任何一个犹太教团体、基督教团体、伊斯兰教，抑或佛教团体讲过话。

犹太资助人网络举办活动那天，索罗斯和以色列议会成员约西·北林（Yossi Beilin）的早餐会议之后，索罗斯表示，他可能向中东捐一些钱。索罗斯激动地谈论支持以色列的阿拉伯人，并且承诺支持所谓的"日内瓦协议"（Geneva Accord）。

该协议是北林与巴勒斯坦谈判官员提出的非官方和平计划，在华盛顿和欧洲的首都之间流传，很快在日内瓦举行签字仪式。该协议预想巴以双方维持1967年第三次中东战争爆发前的边界，对耶路撒冷实行分治。但是对于巴勒斯坦难民要求回归以色列的问题上，协议的规定很模糊。

索罗斯的评论没有涉及他是否可能向犹太事业捐更多的钱。索罗斯谴责时任以色列总理沙龙和美国总统布什导致了反犹太主义。索罗斯的评论引发了强烈的争议，犹太领导人声称索罗斯的评论增加了反犹分子的力量。

索罗斯解释说，他之所以没有捐很多钱给犹太或以色列相关的事业，是因为犹太人传统上只顾自己，所以索罗斯认为，他最好将钱捐到别处。

第 28 章
金融灾难，初涉政治

第一个回应索罗斯的是他的朋友以及同样身为慈善家的迈克尔·斯坦哈特。迈克尔·斯坦哈特为索罗斯安排对犹太资助人网络发表的讲话，索罗斯做出所谓的反犹太评论之后，斯坦哈特立刻跑上演讲台打断索罗斯："乔治·索罗斯并没有认为犹太人应受到更多的憎恨。"

斯坦哈特接着将演讲台交还给索罗斯，索罗斯问是否有记者在场。当他知道有记者在场的时候，他便不再做出进一步评论了。

❖ ❖ ❖

到了2003年11月，将乔治·布什推下台成为乔治·索罗斯关注的焦点。他在每一则访问，每一篇演讲，以及他写的书中都明确表示了这点。这对索罗斯来说是生死攸关的大事。

索罗斯开始为一个新的自由智囊团"美国进步中心"提供资金，该中心的负责人是前总统比尔·克林顿的幕僚约翰·波德斯塔（John Podesta），目标就是反对华盛顿的新保守主义机构日益增长的影响。

❖ ❖ ❖

共和党人和他们的拥护者严厉地批评索罗斯支持 ACT 组织，"继续前进"网站以及美国进步中心的计划。

《华尔街日报》突然对这个有钱有势的人的政治影响感到很恼火。《华盛顿时报》的一位作者抱怨，索罗斯这个出生在匈牙利的人，居然自认为是美国政界的一个重要参与者。共和党的领导人很生气，他们指责索罗斯利用一种没有管制的、幕后的软钱[①]团体来为自己所用。索罗斯的犹太教根源也遭到强烈攻击：索罗斯是夏洛克的后代，毕生都在试

[①] 硬钱/软钱（Hard money / Soft money）这两个名词用来区分受与不受联邦竞选财务法律约束的竞选资金。硬钱是指由个体或团体直接向竞选联邦职务的候选人提供捐助。此项捐助受法律约束。软钱是指不受法律规定约束的捐助，只可被用于市民活动，如动员选民登记、政党建设活动、行政管理费用以及用于支持州和地方候选人。根据法律，"软钱"捐助不可以用来直接支持竞选联邦职务的候选人。——译者注

图将亨利·福特（Henry Ford）的"国际犹太人"从故事转化为现实。

事情变得越来越肮脏了。

- - -

2003年12月，索罗斯出版了《美国霸权主义的泡沫：纠正美国权力的滥用》（*The Bubble of American Supremacy: Correcting the Misuse of American Power*）一书。在该书中，索罗斯解释了为什么自己如此讨厌布什政府。这本书实质上是一次论辩，索罗斯半开玩笑地将其称之为"索罗斯主义"。

在该书中，索罗斯认为，美国的笨拙正极大地伤害着自己。"美国在世界占有的主导地位是被扭曲的现实，"索罗斯写道，"美国利用自己的地位将自己的价值和利益强加于世界各地，以为这样美国会更好。这种设想其实是错误的。正是因为不滥用权力才使美国获得了目前的地位。"

索罗斯在书中警告说，美国爬到全球超级强权的地位的努力最终会以失败而告终，不但如此，这也会给美国和世界带来极大的动荡。索罗斯说，布什一伙人无情地利用"9·11"恐怖分子的袭击为自己的政治利益服务，他们误导了全世界，以为伊拉克造成了威胁。"我将说服美国公众在即将到来的总统大选中反对布什总统，这是我的首要目标，"索罗斯写道，"我们被欺骗了。"

那么，美国霸权主义的泡沫是什么呢？对于索罗斯来说，泡沫指的是美国当前的外交政策和军事地位，以及股票泡沫。索罗斯指出，泡沫不是凭空出现的，是由误解产生的偏见形成的。没有另一个超级强权的制约，美国就产生了优势和超级强权的泡沫。

29 瞄准小布什

乔治·索罗斯知道他面临的敌人是谁。

这不是共和党与民主党之间的对抗,这不是党派性质的纷争。如果非得确定它的性质的话,那就是个人之间的事情。索罗斯同样可以作为一个共和党人来反对民主党人。

对于自己究竟站在那一边,索罗斯自己也模糊不清。因为从某种意义上说,他根本不是一个民主党人。根据他关系密切的人的说法,索罗斯是纳尔逊·洛克菲勒(Nelson Rockefeller)式的共和党人,换句话说,索罗斯表面效忠共和党,但本质上具有保守的政治思想,索罗斯实际上是自由派,或者如他自己说的,一个进步者。

索罗斯的政治对手将他描述为一个"极左的疯子",他们很喜欢用这个词。但如果把"极左"的意思往小了说,就是煽动事情的渴望;往大了说,就是革命的渴望,那么乔治·索罗斯并不是极端左翼分子。索罗斯想完成的政治事业,他都是想通过现存政治体制来实现。

索罗斯的敌人试图扭曲索罗斯的形象,其实是重新定义索罗斯的形象，以至于索罗斯和他的同事们都难以认出这个"形象"，坦白地说，索罗斯和他的同事们对这个"形象"很讨厌。索罗斯站到左翼政治的一边，这是不争的事实。但说他是一个热切的自由派，正如极右派所描述的那样，那么就遗漏了索罗斯的重要一面。

索罗斯的确将他的钱散播给各种各样的进步团体，但是他不管理任何一个团体，也不控制任何一个团体。在这些进步团体中，索罗斯并没有扮演运作的角色。根据索罗斯最亲密的助手的说法，索罗斯没有给其中任何一个团体发号施令。

在索罗斯试图推翻乔治·布什之前，他几乎不向政客或政治事业捐款。索罗斯捐助过某些候选人，但他没有效忠于政客或政党的意思。索罗斯没有设立一个政治部。迈克尔·瓦尚在公司中有很多头衔，担当了索罗斯副官的职能。瓦尚是索罗斯运作的政治主管，但是他的头衔是传播主管。说白了，瓦尚就是索罗斯的政治部。

的确，索罗斯就像政界的新信徒，他没有智囊团为他提供政治建议。索罗斯总说，他大部分的政治信息来自报纸。民主党人会发给他政治调查，但他不看。

索罗斯不会参加在波士顿召开的2004年民主党全国代表大会，也不会参加前一天晚上的大型筹款活动，尽管民主党总统候选人参议员约翰·克里都计划出席。索罗斯自己也承认，他并不是华盛顿政界的圈内人。索罗斯对政治的无知使得他将保守的专栏作家大卫·布鲁克斯（David Brooks）误以为是当时反保守的行动主义分子大卫·布洛克。

索罗斯基金会的任何一个人都不允许参与索罗斯的政治努力。所以，索罗斯只依赖于迈克尔·瓦尚，有一段时间，索罗斯依靠两位外部政治顾问马克·施泰茨和汤姆·诺维克，仅此而已。基本上索罗斯是从零开始，进行了短暂的政治活动。

2004年3月，一群富有的民主党人聚集在硅谷的一家酒店，听取民

第29章
瞄准小布什

主党策略师罗伯特·斯坦恩的一个报告。华盛顿和纽约也在进行类似的集会，索罗斯和俄亥俄州保险业巨头彼得·刘易斯参加了，索罗斯的一个儿子和刘易斯的儿子也加入其中。在东海岸，参与者将自己称为"凤凰团体"，寓意凤凰涅槃。

在场的每个人都希望美国参议员约翰·克里能够赢得11月的总统大选，但他们关注的事情要远远超过2004年总统大选。罗伯特·斯坦恩发起的计划是让每座城市的投资者都参与进来，也许在2005年初召开一次会议，建立一种风险资本渠道，将钱注入新的政治运动中，从现存的民主党机构中独立出来。他们私下里提到这次投资的数目在1亿美元。

不管索罗斯是否会成功地结束布什的总统任期，他都会从这些高调的政治活动中从容引退，或者至少是在11月大选过后变得更加低调。对索罗斯来说，他对布什的抗争似乎是一次十分独特的经历。

索罗斯利用2003年这一年来弄清楚这样一个问题，如何才能以最佳的方式使用自己庞大的资源将布什推下台。很快就是采取行动的时候了，索罗斯想找到一个负责人来启动这个项目。

共和党人在伊拉克采取单边行动，所以索罗斯站到进步派的一边，而不是民主党。他喜欢"继续前进"网站的理念。

在索罗斯的政治斗争中，他有时会自己筹款。他会打电话跟朋友说："我要捐1 000万美元，你捐多少？"对此，他并不感到丢脸。很少有人知道他在打这些电话。然而，索罗斯知道这些电话对达到自己的目的很有必要。

2008年5月，在与我的交谈中，索罗斯解释为什么如此敌视乔治·布什："我看到布什政府背离了开放社会的准则。我在俄罗斯和前苏联支持这些准则，同样我要在自己的国家支持它们，而且作为这个国家的公民，我有更多的权利和义务来这么做。"

我问索罗斯，既然他那么渴望推翻布什，为什么不花更多的时间和精力来支持参议员约翰·克里。索罗斯的回答是:"这归结到我的救世主的幻想。我想让世界变得更加美好。我觉得,尽管我花了很多钱在慈善事业上,但是如果能够将布什赶出白宫,这会是我为世界,特别是为美国的福利能做出的最大贡献。"

"我真的这样认为。不仅如此,我现在仍然相信,这和我在俄罗斯的努力是相似的。我在俄罗斯没有成功,但是我觉得物有所值,因为我在做正确的事情。"

要做正确的事情,索罗斯就必须了解美国政治的细节。他很享受这次经历吗?

"我并没有像了解市场那样了解政治情景。我不认为自己是个政治专家。"索罗斯觉得,他能够把钱交给比他更了解政治的专家,所以索罗斯将工作委托给他们。"我没有像很多捐赠人那样亲自完成一些工作。"毕竟,索罗斯已经74岁高龄了。

索罗斯告诉我,反恐战争尤其触怒了他:"这对我来说是一种恶意的欺骗政策,它利用了美国公众对死亡感到的强烈的本能恐惧。将人们的恐惧用作政治目的,是我真正反对的东西。"他曾在演讲中提到过这点。

我问索罗斯,是否有某个时候或者布什做的某件事情或说得某句话促使他开始反对布什。

"是的,"索罗斯回答道,"就是他的声明'你要么支持我,要么反对我;否则你就是支持恐怖分子。'布什宣布打击恐怖主义的方式让我决定参与进来。"

索罗斯为2004年总统竞选运动捐助了27 000 000美元,这是总统竞选运动中个人捐赠最多的一次。对索罗斯的对手来说,这个数字似乎惊人的巨大,索罗斯被指责说他将财富倾注到总统竞选中。但这与事实相去甚远,与他的总收益相比,索罗斯捐赠的钱只是很小的数目。索罗斯为2004年竞选运动捐助的400 000 000美元仅仅占他在2004年所有捐赠的5%。

第29章
瞄准小布什

毫无疑问，索罗斯投入美国政界改变了他长期存在的形象——旧世界的慈善家，一个后来成为美国公民的匈牙利难民，一个令人难以置信的富有的国际投资者，通过他的私人基金会捐出几亿美元的资产，试图在世界不同的地方建立民主。

索罗斯的捐赠使得民主党利益集团长期的领导人第一次携手合作。他们曾经彼此独立，但现在形成了联盟。

索罗斯的贡献在于帮助这些左翼团体协调信息和策略，在此之前，它们没有足够的资金或组织。它们不再需要为资金而互相竞争了。现在，他们拥有共同的敌人乔治·布什，有一个天使投资者索罗斯，索罗斯和他们一样对这位总统抱有强烈的不满。这些团体曾凭借自己的能力变得强大。但是现在，由于索罗斯的贡献，他们能够超越他们成员的狭隘利益，能够站得更高、看得更远。

对于极右派来说，索罗斯是这些极左派的"穷凶极恶的"政治运动背后的操纵者。他们没有意识到，索罗斯的作用是有限的。他们只是需要把焦点放在某个人身上，于是他们选择了索罗斯。很自然的，索罗斯成了他们的眼中钉。

索罗斯频繁地遭到指责，而且是强烈的指责。他们说，是索罗斯创立了"继续前进"网站，而实际上这个团体自1998年就已存在了。他们说，索罗斯将成百上千万美元投入民主党政治竞选中，好像给这么多钱就是一种犯罪，好像在美国政界，首开先河进行大额捐赠的人不是共和党人，而是索罗斯。

索罗斯对"继续前进"网站的参与成了2004年总统竞选中的争议之一，并且争议在竞选后仍在持续。政治右派制造了一个假象，好像索罗斯是一个极左的捣乱者，试图利用自己的财富来损害传统的美国价值。他们虚构了一个故事，说索罗斯是很多极左527组织的幕后操纵者，其中包括"继续前进"网站。

2008年6月，我请韦斯·波伊德（Wes Boyd）澄清乔治·索罗斯在"继续前进"网站中的角色。我给波伊德发电子邮件说："现在有两种观点，一个是索罗斯的同事坚持认为，索罗斯没有管理过'继续前进'网站，他没有运作网站，也没有给予过建议。另一方面，政治右派当然说索罗斯在管理'继续前进'网站，并且让该团队制作备受争议的广告，就像2007年9月戴维·彼得雷乌斯（David Petraeus）的那则广告。"

在波伊德给我的回复中，他写道："索罗斯的同事是正确的。事实只有一个，乔治·索罗斯没有在这个团队中发挥过运作、管理或顾问作用，从来都没有。"

"索罗斯于2004年捐赠了250万美元给'继续前进'网站的选民基金，这是与小额捐赠相匹配的，小额捐赠者每捐2美元，索罗斯就捐1美元。这些款项在几个月后被花掉了，大部分用于媒体。索罗斯没有以任何方式指导媒体的项目，也没有指导任何项目。"

"那些人都是胡扯。捐赠都是公开的，这也是最初设立527组织的目的——为了增加透明度。"

"因为这些信息是公开的，所以我们只能假定，持另一种观点的人在制造假象。在右派和布什政府内部存在着一种模式，即重复谎言来制造虚假的事实。新闻业应该终结这些危险的惯例，并以此作为自己的奋斗目标。"

极右派诬蔑索罗斯，说他将乔治·布什和阿道夫·希特勒（adolf hitler）相提并论。索罗斯生气地回应："我没有称布什是纳粹分子，我也不会这样说，因为我知道他们的区别，美国是一个民主的、开放的社会。但我的确认为在美国存在着一个误导公众的保守的机构。"

- - -

美国政界有一股新的独立力量在逐渐形成，这实际上是由乔治·索罗斯和彼得·刘易斯领导的。

第 29 章
瞄准小布什

截止到 11 月，民主党的捐赠人可能已经捐了 1.5 亿美元给很多外部团体，包括 ACT、媒体基金和"继续前进"网站。

这些捐赠人并不忠实于任何候选人，他们想在大选后仍然完好无损，以便在政党的未来发挥巨大的影响。这似乎是个好时机，一些重要的民主党的传统组织正在失去影响力，比如工会。

与此同时，在总统竞选的预备阶段，新一代的自由派在各自会面。他们通过一个秘密的关系网络认识彼此，正是这种秘密的背景产生了一种萌芽中的左翼阴谋氛围。这些政治人员的确想围攻民主党。他们不再相信政党会推行选举政治。政党仅仅是一个巨大的垄断者，以老套的方式来做生意。他们想从一个新的方向出发，更具有创业精神、更加长远、更加有效并且更加系统化。

对这些年轻的支持者来说，政治上的投资比市场上的投资更加重要。政治上的回报似乎比生意上的回报具有更深远、更重大的影响。他们努力从保守主义者手中夺回国家的议事日程。

在保守主义者看来，索罗斯似乎在试图买下民主党。这很荒谬！因为 2 700 万美元只是运作现代总统竞选的一小部分钱，更别说控制一个政党了。这些钱是索罗斯个人的钱，不是基金会的资金。根据《机构投资者》杂志的估计，索罗斯仅在 2003 年一年就赚了 7.5 亿美元。因此，这些钱对他来说就是零钱。但这已经足以动摇美国的政治了。

作为国际投资者的索罗斯，个人资产价值估计在 70 亿美元，他的基金会每年大约捐出 4.5 亿美元。换句话说，如果乔治·索罗斯真的想要买下民主党的话，他的捐赠额可能会远远高于上述数字。

◆ ◆ ◆

对索罗斯来说，对抗乔治·布什的运动在 2004 年夏天正式拉开了帷幕。2004 年 7 月，华盛顿召开了一个进步大会，索罗斯在会上谈到，相比"9·11 事件"，反恐战争造成了更多无辜的受害者。共和党全国委员会主席埃德·吉莱斯皮（Ed Gillespie）认为这篇讲话令人无法容忍。而在整个总统竞选期间，事情都是这样，共和党人被迫回应索罗斯的一则访谈或一篇讲话。索罗斯拥有了一个新身份，成为民主党大部分行动的发言人。

迈克尔·萨维奇（Michael Savage）主持一个最受欢迎的脱口秀节目，名叫《野蛮国度》（*Savage Nation*），他对索罗斯的评语更加刻薄："以我之见，索罗斯不仅是用钱来购买真理的商人，还是一个欺诈的、暗箭伤人的、叛国的混蛋。"

索罗斯试图让人感觉他没有为此恼火，毕竟在索罗斯施加影响的其他国家，他也遭到过类似的诽谤。然而，索罗斯很惊讶，在美国，人们居然使用同样的伎俩。

◆ ◆ ◆

8月6日，民主党全国代表大会后的一星期，富有的民主党亿万富翁和相关人员在科罗拉多州落基山的阿斯本研究所举行秘密集会。参与者都是民主党人，他们发誓保密。参与者们制定了一个花名册，其中几乎没有与过去的民主党有关的人员。

5位亿万富翁与十几个自由派领导人进行了长时间的谈话，共同讨论美国进步政治的未来。这些亿万富翁在社交上关系并不是特别密切，对于政治或策略，他们也不是完全一致。但是，他们拥有一个共同的目标：使用他们巨大的财富，在2004年总统选举中打败乔治·布什。

保密是为了避免给人感觉这是富人利用财富控制美国选举的一个阴谋。与会人员知道，那将会激怒很多人。

秘密集会是2002年麦开因—范戈尔德竞选财务法出台所带来的意料之外的结果。过去，富有的捐赠人为政党捐"软钱"，再由政党决定如何花费这些资金。但改革后的法案禁止这种捐赠，这迫使捐赠人不得不想出新的方法，以期影响政治进程。

第 29 章
瞄准小布什

会议的组织者是彼得·刘易斯。与会人员有来自亚利桑那州的 70 多岁的约翰·斯伯林（John Sperling），他在 1976 年创立了美国凤凰城大学（University of Phoenix）。斯伯林是最近出版的《大分裂：乡郊美国 VS 城市美国》（*The Great Divide: Retro vs. Metro America*）的合著者。该书指出，2004 年总统竞选是居住在南部，大平原、落基山以及阿巴拉契亚地区的人们，与支持"现代经济"、"适度宗教"以及"卓越的教育和科学"等具有超前思维的大都市人之间的竞赛。

年过七旬的加利福尼亚夫妇赫伯·桑德勒（Herb Sandler）和玛丽昂·桑德勒（Marion Sandler）来到艾斯本，希望回报他们的国家。桑德勒夫妇是一家抵押贷款房贷机构金色西方金融公司（Golden West Financial Corporation）的创始人，极为富有，桑德勒夫妇致力于保留累进所得税和遗产税。

在这个核心成员的会议上，最富有的就是乔治·索罗斯，他的出席也是最让人惊讶的。过去，索罗斯没有作为政治捐赠人高调地出场过。很少有人知道，索罗斯在他一个人的改革运动中为打败布什付出了多少努力。

让在场的一些策划师感到沮丧的是，亿万富翁们花很多了时间来哀叹共和党的强大势力。参加会议的哈罗德·伊科斯（Harold Ickes）感到很挫败，伊科斯曾是克林顿时期的副幕僚总长，他想让大家回顾一下自由主义取得的成就，从公民权利到女权主义运动。他表示，还有很多事情要做。

斯柏林提出一个项目，建议统一沃尔玛的工人，建立工会。然而，索罗斯对工会没有兴趣。他想继续将焦点放在主要的目标上——赶走布什。他警告团队，不要用左翼的煽动言论来反对右翼的宣传。

索罗斯不想用一种极端主义者的运动替代另一种。

在过去的20年里，索罗斯一直处于世界上最富有的人的行列。2004年10月，《福布斯》将索罗斯列为美国第24名最富有的人，据估计，索罗斯的财富有72亿美元，2004年的秋天，索罗斯的财富成为他被攻击的把柄。

索罗斯受到的攻击越多，他就越具有党派性。共和党人想说明他们不仅仅是一群富人，于是，他们制作了反索罗斯的冗长档案，提供给任何愿意不透露消息来源的记者。对索罗斯的攻击愈演愈烈。《华尔街日报》的一篇社论笔调极尽尖刻，称索罗斯为"民主党新的沃巴克斯老爹（Daddy Warbucks）"①。

福克斯新闻频道优秀的脱口秀节目主持人比尔·奥莱利（Bill O'Reilly）的几次节目都是谈论索罗斯的，称他是个"俗气的人""一个极左的激进的无政府主义者"。

在福克斯的一次访谈中，前众议院发言人共和党人纽特·金里奇（Newt Gingrich）错误地指责索罗斯想为目前的竞选投入7 500万美元，几乎是实际捐赠的3倍。长期以来，一直被认为很超然的索罗斯也被这些攻击刺激到了。

索罗斯的批评者说，索罗斯是不知羞耻、虚伪的政治投机者。

◆ ◆ ◆

到了夏末，民主党总统候选人约翰·克里（John Kerry）已经被逼到十分窘迫的境地，濒临失败。布什竞选团队和支持布什的527组织，特别是"快艇老兵讲真相"组织（Swift Boat Veterans for Truth）不断地攻击克里，影响非常恶劣。民意测验结果对克里很不利。共和党全国代表大会在纽约闭幕的时候，布什已经遥遥领先了。

---

①连载漫画《小孤女安妮》里的亿万富翁。漫画中人物沃巴克斯老爹因受不了罗斯福再连任总统的前景，跳楼自杀了。罗斯福死后，作者又让老爹复活，因为"气候变了"，一个有家产、有教养的人又可能自由呼吸了。——译者注

第29章
瞄准小布什

在这个阶段,索罗斯认为他已有的捐赠以及承诺的捐赠还不够。于是他加大了筹码。索罗斯计划启动个人的竞选运动。

为了迎接布什的挑战,索罗斯增加了新角色。迄今为止,索罗斯大部分时间是在幕后,保持低调,尽可能地回避媒体,对自己庞大财富的具体细节尽量保密。但是索罗斯意识到,为了更好地反对布什,他必须走到台前,必须出现在公共场合,必须成为政治领导人,就如共和党极右派已经描绘的那样。

尽管索罗斯很反感政治广告,但他仍然额外投资了300万美元,拍了占两页篇幅的广告,该广告刊登在36个民众支持倾向尚不明确的州的报纸上。与此同时,索罗斯在十几个这样的州进行演讲。在这些广告中,索罗斯说,进攻伊拉克是反恐战争的危险偏离,布什政府发动战争的方式使美国人民的处境更不安全。

索罗斯仍然讨厌用他的钱来做这种政治广告。提到这些反布什的广告,索罗斯承认他很讨厌参与这样的行动。他一直都很反感,现在参与了进来,他就更加反感了。索罗斯只想赶走布什。一旦成功,索罗斯就不再干涉政治,越快越好。

尽管索罗斯对政治广告很反感,但他还是因为投入了这么多钱而被人们攻击,这时,索罗斯仍为自己的行为辩护,坚持认为在一个开放社会中,他有权利花掉自己的钱,以便向他人传播自己的观点。"我所有的活动都严格地遵循竞选法,"2004年秋天的一次电话会议中,索罗斯回应《密尔瓦基日报》(*Milwaukee Journal Sentinel*)的一位记者提问时如是说,"我的确不想收买白宫,我只是提出自己对目前正在发生的事情的理解。"

起初,索罗斯计划对自己的个人政治议程保持沉默,直到大选过后。但到了2004年夏末,为了发动自己的政治竞选运动,索罗斯放弃了这一策略,他希望自己能成为重要新闻,被大肆宣传。索罗斯特地雇了一个宣传专家，帮助他开展跨 12 个城市，耗资 300 万美元的巡回演讲，这被人们视作是对约翰·克里的当头一棒。索罗斯建了一个博客，他承诺会在上面回答陌生人的问题。

索罗斯和和彼得·刘易斯一起为表面上独立的团体捐了大笔的钱，比如 ACT 和青年投票联盟（Young Voter Alliance）。到 2004 年 10 月，索罗斯已经成为美国历史上为竞选捐款最多的人之一。据估计，索罗斯为打败布什投入了 2 700 万美元。同月，索罗斯得到了更多的报道。

例如，2004 年 10 月 18 日，《纽约客》上刊登了简·迈耶的一篇冗长的文章："乔治·索罗斯的巨款能确保打败布什总统吗？"在他的这篇文章中，索罗斯表示，约翰·克里在伊拉克问题上的说明还不够充分，索罗斯需要明确，美国在什么样的条件下会离开，又会留下什么。

索罗斯将布什贬为一个无知的笨蛋。"布什是个有名无实的领袖，他是险恶群体勉强可以接受的门面。"索罗斯补充说，"切尼（美国副总统）是分支头目。为什么这么多人支持这个总统？因为在不确定的时代，人们想要逃到安全的地方。他们寻找一个父亲式的人物，这个人物采取的行动能够让人信服。"索罗斯说道，"布什的确让人信服，他实际上声称自己和上帝有联系。"

因为致力于赶走乔治·布什，索罗斯得到了很多关注。媒体认为他是美国政治的一股新的力量。《新闻周刊》在 2004 年 10 月 24 日那期给索罗斯做了一篇重要的报道，标题为"富人的十字军东征：乔治·索罗斯投入千万打败乔治·布什"，索罗斯的批评者说，这对民主是有害的。索罗斯则说，布什对民主更有害。

这篇文章叙述了索罗斯通过个人的努力来推翻布什。确切地说，索罗斯并不是一个人的努力，但媒体的报道让人感觉是这样。

《新闻周刊》注意到，以前索罗斯例行公事地与中央银行的领导和总理保持着密切联系，谈论国家政务，但现在索罗斯正在匹兹堡大学给

第 29 章
瞄准小布什

法学院的学生和教授演讲。接着他和匹兹堡大学的教授共进午饭,然后,他又赶着去和《匹兹堡邮报》的编辑见面。稍后,他又与《阿克伦灯塔报》(the Akron Beacon Journal)、《代顿每日新闻》(Dayton Daily News)以及《西达拉皮兹报》(Cedar Rapids Gazette)的记者召开了一个电话会议。

当共和党人和右翼分子攻击索罗斯的时候,民主党人声称他们做的事情和共和党人差不多。"几乎在不知情的情况下,凭借他的几亿美元,他的热情和名声,乔治·索罗斯成为一个运动的领导者。"《新闻周刊》写道。

索罗斯在全国巡回演讲,发表一个又一个政治声明,他看起来越来越像一个政客,越来越不像一个富有的慈善家了。对索罗斯来说,这只是为了不再让布什当选。但对于较温和的民主党人来说,索罗斯分散了竞选的注意力,有些人警告了索罗斯。有些人希望索罗斯停止武断地发表声明。

民主党对待索罗斯的态度,就像他们对待共和党人最大的资助者理查德·梅隆·斯凯夫(Richard Mellon Scaife)一样。索罗斯同他的一大区别在于,斯凯夫一直避世隐居,很神秘,但索罗斯已经不再神秘。斯凯夫进行私下运作,他从来没有写过一篇文章,或在公开场合发表过讲话。

尽管索罗斯引起了共和党人的争议和憎恨,但索罗斯给总统竞选的捐助远远少于其他捐赠人给共和党的捐款之和。自 20 世纪 70 年代,富有的保守主义支持者捐了 25 亿~30 亿美元,想使美国变得右倾一些。2002 年,保守主义信息机构的预算高达 4 亿美元。相比而言,索罗斯在竞选中的捐款只是很少的一点。

理查德·梅隆·斯凯夫支持的《新闻快报》的封面上标题为"乔治·索罗斯的政变",还有理查德·波(Richard Poe)撰写的一篇文章,他猛烈地攻击索罗斯。波解释说,他的主要观点就是索罗斯利用他的慈善来赢得全球性的影响。波说,索罗斯想要的是"相对廉价地获得对民主党的控制，让他自己的总统上台，而他在幕后告诉这个总统做什么"。

被问及有些人将他与斯凯夫作比较的时候，索罗斯回答说："我希望我更加开放，更加具有公德心。但是我也意识到，我的所作所为引起了人们的惊讶和不满，其中不仅仅是右翼分子，还包括普通民众。"

◆ ◆ ◆

显而易见，索罗斯很难接受布什的胜利。他认为这会给世界带来伤害，给美国带来伤害，给他个人也带来伤害。

那个夏天，索罗斯很多时候是在汉普顿的家中度过的。用《纽约客》的话来说，"索罗斯家的客人千差万别，很有名的客人包括摇滚明星波诺，联合国前秘书长科菲·安南。在夏日的周末，他们泡在游泳池里，在休息室里厅玩象棋，周边是装有软垫的柳条椅子和立体派绘画作品。"

索罗斯的政治活动引起了人们的热情，甚至是憎恨。在受到人身威胁之后，索罗斯雇了一个武装警卫。敌对者的所作所为令索罗斯很不高兴，因为他们将索罗斯说成是一个魔鬼，抑或是希伯来传说中有生命的假人。互联网上开始出现了对索罗斯的恶意诋毁，有时是反犹太教的中伤。有一篇叫"撒旦住在乔治·索罗斯身体里"的文章将索罗斯比作夏洛克，声称"犹太人通过代理人来统治世界"。

有些攻击来自政界要人。2004年8月，美国众议院院长丹尼斯·哈斯特（Dennis Hastert）在福克斯新闻频道上含沙射影地说道，索罗斯受到"毒品集团"的资助，但哈斯特没有提供证据。当被要求解释他的指控时，哈斯特火上浇油地说道："事实是我们不知道他的钱从哪里来的。"索罗斯和非法毒品交易有关系的指控迅速在哈萨克斯坦传播开来，在那里，索罗斯的开放社会研究所一直致力于打击腐败。

索罗斯觉得很好笑。哈斯特对他的指控让他想起了前苏联对他的指控。他在前苏联投入了10亿美元，让无数的公民和文化机构受益，在成为前苏联人民的英雄之后，前苏联指控索罗斯是个特务。索罗斯真的认

第29章
瞄准小布什

为，像共和党全国委员会和福克斯新闻频道这样的组织诋毁他，目的是想避免讨论他的思想。更可能的是，这些组织攻击他是因为索罗斯现在是一个公众人物，正好撞到他们的枪口上。索罗斯的敌人认为他是极左的象征，但索罗斯根本不认为自己是一个左翼分子。

尽管如此，保守的作家兼行动主义者克利夫·金凯德（Cliff Kinkaid）依然认为，如果索罗斯不是极左派的领导者，他也是极左派的成员。在他看来，索罗斯似乎想破坏美国社会，想破坏美国的传统价值观。索罗斯似乎倾向于开放边界、支持堕胎、支持同性恋的权利以及危险药物的合法化。"几乎在我们面对的每个重要问题上，索罗斯都采取极左的立场。"

"索罗斯之所以能够产生影响，是因为他拥有庞大的财政资源。很多人持有与索罗斯同样的立场，但拥有大量财富供其支配的人却不多，他们无法依照自己的想法重新改造美国社会。今天，索罗斯控制了很多自由的左派组织。"

索罗斯冷淡地对待这些右翼攻击，他以前也遭受过这样的攻击。"他认为这不是个人的事情，"拜伦·韦恩说，"对索罗斯的攻击其实一直都伴随着他，过去，他已经受过很多批评了。当他狙击英镑时，有些英国人认为，他是在损害英格兰利益的前提下牟取暴利。东欧的右翼分子认为，他在煽动革命。"

索罗斯的发言人迈克尔·瓦尚对这些指控做出回应，特别是关于索罗斯计划接管民主党的指控。瓦尚说："认为索罗斯在试图接管民主党的说法，完全是胡说八道。他的动机非常明显，他认为约翰·克里会是比乔治·布什更好的总统。他没有试图在民主党中建立权力基地或者试图接管它。"瓦尚坚持认为，为了公开、积极地参与美国的政治，索罗斯付出了巨大的代价。索罗斯已不再年轻，他承认，他有着强烈的政治兴趣。

谈到约翰·克里时，索罗斯总是小心谨慎，他总是与民主党总统候选人保持一定的距离。索罗斯的行动受到限制：他资助的独立政治团体不能合法地与候选人协调活动。然而，2001年12月初，当克里准备一个重要的外交政策声明时，索罗斯仍骄傲地说，他曾帮助这位总统候选人准备了这个声明。

但在竞选期间，索罗斯说，只有克里更适合当总统。他对霍华德·迪安（Howard Dean）和韦斯利·克拉克（Wesley Clark）也表示同样的支持。对于索罗斯来说，他们都要比乔治·布什好。

不仅仅是索罗斯捐款的数目具有重大的意义，更重要的是索罗斯为他人创造了一种政治模式。在2004年之前，民主党的捐赠人一直遵循政党机构的模式，给政党及其候选人写支票，然后由他们决定钱要怎么花。

但是，索罗斯通过经济支持，建立独立的组织。而且，他宣布赶走乔治·布什是他个人的使命，这增加了他政治努力的戏剧性。索罗斯转告其他富有的自由主义者，他们不必顺从某个党派。索罗斯开辟了进步政治的全新冒险活动。

自由主义的民主党人对索罗斯在2004年总统竞选中扮演的角色很恼火。尽管在对待乔治·布什的问题上他们看法一致，但他们发现很难喜欢上索罗斯。他捐的钱太多了，多到让人害怕。当索罗斯投入2 700万美元到选举中时，这似乎表明，非常富有的人拥有决定选举结果的特权。

如果约翰·克里当选美国总统，毫无疑问，索罗斯将会享有特别的地位。他并不想得到政府任命，但是如果能担任克里的非正式顾问，他会非常高兴。一直以来，索罗斯都试图在美国的政治上施加影响。索罗斯希望，如果克里成为总统，人们会更好地倾听他的想法。

索罗斯被认为是唯一拥有外交政策的平民，索罗斯名副其实。他和外交事务委员会荣誉会长雷斯利·盖尔布（Leslie H. Gelb）一起制定出让美国从伊拉克撤兵的计划。该计划呼吁美国举办伊拉克问题峰会。索

第 29 章
瞄准小布什

罗斯和盖尔布认为,伊拉克将按照种族划分出自治区,由一个统一的联邦政府负责分配石油收益。

◆ ◆ ◆

选举之夜终于到来了。

拜伦·韦恩赶到索罗斯位于曼哈顿第五大道的公寓。此时,这里有一种竞选总部的感觉,在场的大部分是年轻人,以及"继续前进"网站的人。

刚开始的结果看起来对克里非常有利,索罗斯开始也感觉良好。或许他能实现一个奇迹。房间里的人们兴奋地低声交谈。

但是,到了晚上 10 点钟,结果开始转向对布什有利。半小时后,布什胜券在握。

韦恩坐在索罗斯的旁边,他想了解索罗斯对布什的胜利有何反应。

韦恩后来回忆说:"索罗斯意识到,布什会赢,克里输了,他的努力将付诸东流。我们开始谈论其他事情。这就像一只股票业绩变差,你卖掉它,继续买入下一只。我记得非常清楚,索罗斯似乎未受影响,这让我很惊讶。对索罗斯而言,选举之夜的确让他极度失望。他为这项事业承受了无数沉重的打击,到头来却竹篮打水一场空。"

◆ ◆ ◆

选举结束了。

乔治·布什再度当选美国总统。表面上,索罗斯遭受了他最为严重的失败之一,但他自己并不这么看。他已经尽力了,正如他在前苏联的努力一样。即使结果不如他所愿,但至少他尽力了。

唯一的问题是,索罗斯是否会继续他高调的政治活动,是否会使极右的灼人攻击愈演愈烈。

30

79 岁高龄的追梦人

21 世纪初，尽管赚了几十亿美元的财富，尽管赢得了人们的掌声和关注，乔治·索罗斯依然担心自己没有被人们正确地理解和欣赏。但华尔街最有影响力的人的确对索罗斯敬畏有加。他们知道，索罗斯为他们的投资做出了巨大的贡献。

"索罗斯开阔了我们的思维，让我们从宏观角度思考经济理论，他让我们了解了地缘政治对美国经济的影响，让我们成为了全球主义者。"最有影响力的人之一拜伦·韦恩如是说。韦恩是摩根斯坦利添惠的首席国内投资策划师，也是索罗斯 30 多年的好朋友。

2004 年总统竞选之后，乔治·索罗斯显得很失望，但不怨恨。固然，乔治·布什以压倒性的优势再度当选，索罗斯艰苦的努力和慷慨的捐赠都付诸东流，这对他无疑是一次沉重的打击，但索罗斯力图保持哲学家的特点：达观、沉着、理性。

索罗斯不喜欢损失，特别是巨大的损失，而布什的胜利就相当于索罗斯建了一个大的投资仓位，结果却一败涂地。"索罗斯一向以大仓位著称，"政治顾问汤姆·诺维克说道，"在我看来，2004 年竞选就是一个大仓位。索罗斯对虚荣的东西没有兴趣，他只对'赢'感兴趣。"

但好消息是，在涉足一个自己一无所知的领域之后，在被极右派诋毁为单边政治的典型代表之后，在被迫成为公众人物之后，索罗斯依然可以骄傲地抬起头。索罗斯已经战败，但他努力过，也赢得了追随者，如果他愿意，他可以在将来利用自己的所得，继续他的政治努力。

2004年大选之后，索罗斯可能想退出美国的政治舞台。他发现美国政治让人厌恶：竞选不是关于思想，而是关于谁能够积累最多的资金；政治广告带有欺骗性；政客似乎都是骗人的，带有很大的操纵性，不管他们隶属于哪个政党。

索罗斯一直认为他对布什的抗争仅此一次，他不希望与美国政客继续搅在一起。但他发现，随着自己的影响力的扩大，公众比以前更需要他。报纸、电视采访和演讲的邀约不断，出版社都迫切地希望索罗斯写更多的书，更重要的是，很多人将索罗斯视政治左派事实上的领袖，这个"头衔"使索罗斯有义务继续活跃在政界。

索罗斯厌恶美国政治的政党性质。他发现，政治经常被"我们反对他们"这样的短语框住，要提出符合是非曲直、能站得住脚的观点非常困难。

他鄙视在美国政治中人们带有的情绪，而这已经成为美国政治的特征了。在索罗斯看来，他所做的就是为民主党的组织提供政治捐赠。但是美国右翼却带着强烈的情绪回应索罗斯的活动，将他描述为一个极端主义者，一个背叛美国和美国价值观的人。索罗斯认为，他自己只是一个匈牙利裔的主流美国人，他同样迫切地希望保留住美国的价值观。

到了他这个年纪，到了他职业生涯的这个阶段，索罗斯表现得镇定自若："我并不担心。我已经老了！我没有多少可以失去的。一直以来的成功已经是奢侈了，已经是一种回报，现在我也可以冒失去这些成功的风险了。"

有些人认为索罗斯如此张扬地进入美国政界是一大错误，但索罗斯

第30章
79 岁高龄的追梦人

却不以为然:"我认为,这是完全正确的事情。"2005 年 5 月 9 日,索罗斯告诉美国国家公共广播说,"我觉得我提出了重要的问题,而我将继续唤起人们对这些问题的关注。"这表明,索罗斯不会完全退出美国政界。

索罗斯承认,没有一个人仅仅因为自己很富有,就能像他那样在政治上发挥这么大的影响。这是索罗斯持一种观点,但在实践中却以相反的方式行事的又一实例。另一个重要的实例是:索罗斯支持对金融市场的监管,但他同时能从金融市场上浑水摸鱼,从中获益,他并不认为这两者之间有矛盾。

索罗斯是应该继续引起公众注意,担当领导者的角色,甚至公开支持候选人,还是应该回到一直都最适合他的低调的作风?索罗斯自己也不确定。他曾明确地知道自己应该反对布什,而且这是他最应该做的事情。但现在,总统已经再度当选,美国应如何再开始价值观的探求,索罗斯对此还不是很清楚。

◆ ◆ ◆

索罗斯有一个选择,即建立长期的政治基础结构。例如,罗伯特·斯坦恩当时在做的事情就是创造富有的捐赠人的永久性组织,他们能彼此交流想法,提供支持,吸引普通成员站到他们这边。

2005 年 1 月,斯坦恩和这些捐赠人建立了一个名叫"民主联盟"的投资者俱乐部。索罗斯是 102 个合伙人之一。索罗斯安排他的政治主管迈克尔·瓦尚在民主联盟理事会中担任理事。索罗斯很少在民主联盟会议上发言,似乎他仍然在试着了解美国政治的本质。在第一次会议的一个早晨,索罗斯和斯坦恩共进早餐。索罗斯告诉斯坦恩:"你在做一些非常重要的事情。我很少能在一大群人中感到如此自在。这是一个很有意思的团队。"

◆ ◆ ◆

并不是每个捐赠人都像索罗斯这样坚定不移。2004年，索罗斯激励过很多人，然而在布什胜利后，这些人的理想都破灭了。他们通过对2006年选举的准备活动袖手旁观来表达出他们的失望，2006年两院选举中民主党全胜。塞拉俱乐部的卡尔·波普说，与其他人的做法相反，乔治·索罗斯并没有离开，他表示"我暂时不会做任何事情"。

索罗斯总是觉得自己有新东西要说，而最好的呈献方式就是出书。相比以往任何时候，现在的索罗斯拥有了更多的追随者。很多人知道索罗斯是什么样的人物，他们想知道他对美国国内外经济趋势有何看法。2006年，索罗斯出版了《不完美的时代：反恐战争的后果》（The Age of Fallibility: The Consequences of the War on Terror），在书中，索罗斯提出了自己对美国外交政策的看法。

索罗斯还想提供一个概念框架，帮助人们理解历史，特别是理解人们对现实不可避免的偏见和误解是如何塑造现实事件的。索罗斯注意到，美国的建国之父们相信，权力的划分足以保护美国的民主，不会因政府任何一个部门的错误而受到伤害。但索罗斯表示："他们没有完全意识到，我们不可能完全了解世界，我们自己对现实的认知实际上会改变现实。200年过去了，我们发现，当涉及人时，真相可能会被人为地操纵。"

索罗斯认为，美国公众似乎不是很担心真相。但是要使得政治行之有效，公民必须关注真相，必须知道操纵真相有很大的风险，可能带来可怕的后果。"这一届政府非常善于操纵真相，这会带来灾难性的后果，比如入侵伊拉克，尽管捏造了事实，它还是失败了。"索罗斯担心，布什政府处于"混乱"之中，他们会停止在世界范围内推行开放社会。

◆ ◆ ◆

当2006年国会选举如期进行的时候，索罗斯仍然感到两年以前他曾有的一些情绪，但是现在没有那么紧迫了。索罗斯认为，国会应该被民主党控制，所以他捐赠支持民主党的事业，但没有以前强烈。

第 30 章
79 岁高龄的追梦人

"继续前进"网站得到了充分的发展,募集了几千万美元的资金。不管索罗斯如何努力,他始终不能摆脱右翼敌人的指控,他们控告索罗斯在管理着"继续前进"网站。

政治右翼觉得"继续前进"网站让人反感的主要原因可能是,在 2004 年大选过后,出现了一份被认为是该组织领导人发表的声明,该声明坚持说,民主党现在是他们的了,他们已经买下了这个政党,现在拥有了这个政党。

2007 年 9 月,《纽约时报》上刊登了"继续前进"网站的一则广告,谴责美军驻伊拉克的司令戴维·彼得雷乌斯将军在伊拉克问题上误导了美国人民。右翼分子想当然地认为是索罗斯在幕后操纵。广告上配有彼得雷乌斯的照片,标题为"是将军彼得雷乌斯还是将军背叛了我们(彼得雷乌斯英文原名 Petraeus 和"背叛我们"的英文"Betray us"谐音)"。"继续前进"网站政治行动小组控告彼得雷乌斯在伊拉克的进展问题上"替白宫造假",称他是"一个一直与事实作战的军人"。

美国的政治右派对索罗斯发动了猛烈的攻击。

推进网站(DrawingClose.org)的创始人玛丽·约翰(Marie John)写道:"美钞先生又在赞助'继续前进'网站反彼得雷乌斯的广告。"

在有关索罗斯的争议中,最让他的同事感到愤怒的是,将这位投资者与"继续前进"网站的运动联系起来。索罗斯的同事试图让索罗斯与这家网站脱离关系,这也是让他与极左保持一定距离的一种方式。索罗斯的同事竭力强调,自从 2004 年之后,索罗斯就再没捐钱给"继续前进"网站了。在这家网站中,他既没有运作,也没有决策权,更不是这家网站的创始人,索罗斯的发言人迈克尔·瓦尚说。但是"继续前进"网站做的任何事情,都被归咎于索罗斯。

2008 年 5 月我见到索罗斯的时候,巴拉克·奥巴马和希拉里·克林顿正陷入僵局,为谁将被提名为 2008 年 11 月总统大选的民主党总统候选人而相持不下。因为总统任期不能超过两届,乔治·布什将于 2009 年

1月卸下总统职务，这次选举对索罗斯有何不同呢？

当被问及在接下来的6个月中，他计划在政治上发挥怎样的积极作用时，索罗斯表示，他认为右翼宣传机构是对开放社会的威胁，也是对真相的操纵。因此，他支持民主党人2005年建立的相对较新的政治基础结构，即政治顾问罗伯特·斯坦恩建立的民主联盟。但索罗斯似乎已经看到了斯坦恩所做事情的困难："该组织重新确立了某种平衡，但这是一个变幻莫测、充满危险的领域，当你抵制右翼宣传的时候，而另一边的民主党也在进行同样的宣传。这就是政治的一部分，所以我倾向于退出政党的政治活动。"

索罗斯真的会退出吗？"不！"索罗斯语气坚决，"我不能退出，因为我已经参与进来了。我认为，我们要和布什政府断开联系，这意味着我们必须建立一个民主党政府。即使奥巴马给我留下了深刻的印象，即使我认为他是一个具有特殊才能的人，也是一个很有前途的人，但我已经看到我将对他的一些政策提出批评。"索罗斯不愿意推测他可能会批评哪些政策。

"我完全支持奥巴马。我对他抱有很大希望。但我也意识到，他无法实现我们对他寄予的所有期望，因为我们将他看作救世主。我对奥巴马的批评不会是充满敌意的批评。如果说有人能够将这个国家引导到正确的方向，那个人就是奥巴马。"

◆ ◆ ◆

不可否认，对于乔治·索罗斯来说，美国政治越来越不是他关注的焦点了，尽管评论者将"政治行动主义者"列为索罗斯的一个职业。索罗斯在考虑回到他的投资，回到他的慈善基金会，特别是回到他的写书生涯。毕竟，2004年的他已经年近75岁了。

2005年春天，索罗斯回到了他的慈善基金会，带着新的闯劲。他确信，他的基金会会变得更加重要。那一年，索罗斯在慈善上投入了3.69亿美元。

第30章
79岁高龄的追梦人

索罗斯坚信，世界非常需要道德。索罗斯希望，他的基金会网络能通过推动开放社会，从而促进世界的道德。

早年，索罗斯怀疑过他的基金会在他死后是否还能维持。毕竟，基金会完全依赖于索罗斯的慷慨捐赠，而且看起来他的继承人不会挣到索罗斯那么多钱。索罗斯开始制订计划，希望在他去世之后，基金会仍然能够继续独立运作下去。索罗斯想将他大部分的钱以某种方式留给基金会，可以在很长一段时间内为基金会提供支持，使其继续运转。

◆ ◆ ◆

现在，索罗斯与新闻媒体的接触比过去更加频繁了。索罗斯的一个助手有点害怕他的老板有时表现出的公开："与媒体打交道时，他最大的缺点在于他的坦白、诚实和公开。"但这位助手同时也承认，有些人认为索罗斯的开放正是他的魅力之一。

20世纪80年代，索罗斯的新闻政策就是没有任何新闻。他没有发言人，他自己或者是他的组织都不会发布新闻稿。正如那时索罗斯的同事艾伦·拉斐尔所说："我们想悄悄地来，悄悄地走。"

每一周，迈克尔·瓦尚的办公室都会收到十几个采访索罗斯的请求。2004年之后，索罗斯早年坚持的低调和神秘色彩都荡然无存。"索罗斯感觉，他有义务将自己所说的话公开，保持透明度，"瓦尚说："这对他是有利的。"但索罗斯和瓦尚仍然谨慎地评估每一个采访请求，考虑采访对他的形象和名声的影响。

每隔几年，《名利场》都会请求采访索罗斯。瓦尚反对这类采访，他说："这不合适。"索罗斯喜欢这家杂志，但是他总是拒绝他们的采访请求。

每2年，《花花公子》也会请求采访索罗斯，瓦尚同样反对他们的采访："虽然我不是个大惊小怪的人，但我认为这不合适。"《花花公子》所有的采访请求都被拒绝了。

但是，当《纽约时报》请求采访的时候，索罗斯总是给予肯定的答复。

如果《华尔街日报》一位认真的经济评论员想要找索罗斯谈话，瓦尚也会推荐，索罗斯赞同他的推荐。

电视纪录片让索罗斯感到恐惧。他被纪录片制作人描绘索罗斯的方式激怒了。

索罗斯和瓦尚追求的新闻和公关政策强调的是索罗斯的思想，而不是他的个性。对索罗斯来说，写作和推销他的书就是强调他的思想。在21世纪初，索罗斯比以前更卖力地推销自己的书。

对瓦尚来说，最佳的新闻策略就是让索罗斯大声说出来，让公众去判断，索罗斯的动机并不是模糊的或是邪恶的，而且索罗斯真的是从内心深处在乎公众利益。

但索罗斯还是害怕会过度曝光。瓦尚说："索罗斯不想成为媒体上令人讨厌的人物，在方方面面、时时刻刻都喋喋不休。索罗斯就像一件商品，他在市场上出现得越少，他就越有价值。"

◆ ◆ ◆

21世纪初，索罗斯更加频繁地著书立说。他大部分的宣传都围绕他的书进行。索罗斯亲笔写第一遍草稿，然后让秘书打字。他自己不打字，有时，他会口述，再让秘书打印出来。

◆ ◆ ◆

1998年，兰登书屋打算出版索罗斯的《全球资本主义危机：危机四伏的开放社会》一书。随着这一年渐渐地过去，索罗斯询问兰登书屋，这本书何时出版。回答是"4月"。索罗斯说："太长了"。兰登书屋把出版时间提前到了1月。

但对索罗斯来说，时间还是太长了。于是他联系了公共事务出版社的创始人兼主编彼得·奥斯诺斯（Peter Osnos）。2008年，彼得·奥斯诺斯仍然担任索罗斯的编辑。他已负责出版了6本索罗斯的书。当年6月，他对索罗斯最近一本书《金融市场新范式：2008年信贷危机及其意

第30章
79岁高龄的追梦人

义》(*The New paradigm for Financial Markets: The Credit Crisis of 2008 and What It Means*)的销量很满意。几个星期前,该书登上了《纽约时报》畅销书排行榜,排在第15位,这是索罗斯的书首次出现在该排行榜上。在伦敦的《星期日时报》的畅销书排行榜上,该书排在第5位。

2007年夏天,索罗斯强烈地感觉到,自己应针对美国经济的状态写一本书。在索罗斯看来,那年夏天的确让人非常惊讶,不仅仅是房地产泡沫破裂,连维持了1/4个世纪的"信用拉动经济"也走向了终结。

◆ ◆ ◆

身为索罗斯的出版商和编辑,彼得·奥斯诺斯注意到索罗斯很喜欢写作,而且不找人代写。"我们不会告诉索罗斯写什么,"奥斯诺斯说道,"但是我们帮他阐明他的思想。我觉得向他提出挑战,让他把书变得更好,这种感觉很舒服。"

2007年12月,奥斯诺斯将《金融市场新范式》一书的第一稿还给索罗斯,告诉这位著名的作者,这本书还要再下功夫,索罗斯答应了。索罗斯回忆道:"奥斯诺斯说服了我,这么做是对的,因为第一稿是旧调重弹,没有很多新内容。"

奥斯诺斯建议索罗斯将这本书变成一篇文章,索罗斯照做了。这篇文章与2008年2月在瑞士达沃斯召开的世界经济论坛同时出现。当这篇文章发表并且得到赞扬之后,索罗斯相信,他有新东西要说。这激励他更新、出版了这本书。

2008年3月27日,索罗斯将《金融市场新范式》的书稿交给奥斯诺斯。10天后,奥斯诺斯发布了网络版,5月,这本书面市。

◆ ◆ ◆

《金融市场新范式》包含了索罗斯对信贷危机的定论。索罗斯将这次危机称为自20世纪30年代以来最严重的一次,这也标志着持续了25年之久的"以美元为全球储备货币的信贷扩张时代"的终结。

索罗斯表示，现在必须恢复大萧条之后实施的一些监管措施，这些监管在大萧条后的几十年里逐渐销蚀掉了。索罗斯坚持认为，信贷杠杆和信用必须受到控制。管制机构对经济的管理是为了更传统的目标，即充分就业和价格稳定，因此他们必须开始控制泡沫。

索罗斯认为，一种新的经济和新的世界经济秩序在逐渐形成。如果美国放任有缺陷的市场反复无常，那么美国在全球的影响力将逐步减弱。如果美元不再作为首选储备货币，那么美国所拥有的就只有军事霸权主义了，而军事霸权主义也被美国对伊拉克的入侵削弱了。

索罗斯暗示，每个人在处理新的政治秩序这个问题上都要谦卑，要有灵活性，绝不能独断。在索罗斯看来，在过去的25年中，长期的反身性过程导致了超级泡沫的形成。超级泡沫的主要特征就是信贷扩张和普遍的误解，即市场应该放任自流。

在这本新书中，索罗斯提出，美国房地产市场的崩溃标志着这不是普通的盛衰泡沫，当前的危机暗示持续了60年的超级繁荣时期的结束，现在正在崩溃。

这不像过去发生的金融危机，过去的金融危机只影响金融系统的一个或几个组成部分，抑或影响几个公司。这次危机将整个系统带到崩溃的边缘。

美国的房地产泡沫发生在2000年技术泡沫破裂和"9·11"事件之后，导致美联储降低联邦基金利率至1%。房地产泡沫慢慢开始形成，持续了几年。2007年春天，次贷问题迫使新世纪金融公司（New Century Financial Corporation）申请破产，房地产价格下滑，很明显，金融危机已经到来。

索罗斯主张，持续了60年的超级繁荣被个人和机构的稳定信贷扩张的推波助澜。更大的信贷扩张使当局介入，提高市场的流动性，刺激经济。这造就了激励系统，鼓励信贷扩张。评论家质疑索罗斯在新书中的论断，他们注意到，索罗斯过去的预言并不总是与现实相符。

第30章
79岁高龄的追梦人

《华尔街日报》在2008年6月23日采访索罗斯的时候，记者问了索罗斯这样一个问题：如果房地产危机是大萧条以来最严重的金融危机，那为何股市只下跌了18%？索罗斯的回答是："房价将会更加快速地下降，而且下降的幅度比人们目前预期的要大。我认为今年年底走出衰退是不可能的。"

"我能想象出很多非常宏大的情景。其中之一就是长期的世界范围内的衰退。我想不会是20世纪30年代大萧条的重演，大概类似于日本的10年经济停滞。"

"当局挽救了我们，这强化了我们的信念，认为市场在自我调整。每一次挽救经济，我们都需要找到一个新的动力，新的信用来源，以及允许信贷扩张的新工具。当人们已经在膨胀的房价上有效地借贷100%，很难想象人们还能做什么。"

"在这些时候，我曾经喊过'狼来了'。我第一次发出警报是在《金融炼金术》一书中，接着是在《全球资本主义危机：危机四伏的开放社会》中，现在是在这本书中。这是三本预测灾难的书。当小孩第三次叫"狼来了"时，狼真的来了。如果这次我们能轻松度过，不陷入衰退，那么这个超级泡沫的事实会受到严重影响，我将再一次喊'狼来了'。如果很不幸，我们陷入衰退，那么这并不是反身性的证明，反之亦然。"

- - -

彼得·奥斯诺斯问索罗斯，他想这本书何时出版。索罗斯回答说，一星期之内，这样可以赶上世界银行的会议，索罗斯要在会议上发言。奥斯诺斯觉得可行。"他周五把书稿给我，我们周末编辑，拿到印刷厂，这样国际货币基金组织就可能如期拿到这本书了。"1998年12月2日，这本书全面出版。

索罗斯没有收到公共事务出版社的预付款，但他收到了版税。"他不想要预付款，"奥斯诺斯说道，"这对他来说不代表任何意义。"索罗斯从公共事务出版社那里挣了超过100万美元的版税，如果算上新书的版税，这个数字可能达到 150 万美元。

21 世纪的第一个十年缓缓流逝，索罗斯的写作水平更好了，他现在也更愿意接受编辑的批评意见了。用奥斯诺斯的话说，索罗斯的第一本书《金融炼金术》"晦涩难懂。他现在能更好地解释反身性理论了。当索罗斯告诉你要注意金融市场的时候，你就会不由自主地去注意他写的东西。在写作过程中，他很辛苦，但他能正确对待写作过程。索罗斯的金融记录让人惊叹。人们说他是一个优秀的交易者，但不是一个优秀的哲学家。你看到的是一个运转的头脑，而且是非常特别的头脑。"

在为这本书的出版做准备的时候，索罗斯通常会求助于他的挚友拜伦·韦恩，请他做自己的私人编辑。韦恩是华尔街的高级投资者，根据韦恩的说法，当索罗斯不习惯出版商为他指定的编辑的时候，索罗斯便会去找他。

唯一的问题在于，索罗斯很晚才把手稿给韦恩，这样这位私人编辑没有多少时间来认真编辑。韦恩可能会在周三收到这本书的手稿，下周一就要给索罗斯他对这本书的评论。韦恩所能做的就是对这本书的组织方面给索罗斯提供建议。索罗斯总是耐心地听着，即使两人知道截稿日期就要到了，索罗斯无法进行相关的修改。

在读了这么多年索罗斯的书后，拜伦·韦恩的结论是，这些书大部分是关于反身性理论的。索罗斯的书都有一个共同的动机，即索罗斯应该作为哲学家被人们记住，就像卡尔·波普、伯特兰·罗素，或是约翰·梅纳德·凯恩斯。

韦恩说："索罗斯真的希望成为一位认真的哲学家，而不是一个有钱人。因为他认为哲学家能带给世界更长久的影响。他认为他的反身性理论没有得到足够的关注，没有被认真对待。索罗斯想成为一个具有影响力的人，想用哲学的术语来解释他的成功。"

在我们的交谈中，索罗斯解释说，他想让反身性理论"被人们更加认真地对待，更加认真地讨论，这样我才能发展我的思想，因为你需要

第30章
79岁高龄的追梦人

一个关键的过程，你需要让其他人参与进来，以便提高你自己的理解。"

他口中提到的"认真"是什么意思？

索罗斯注意到，伯特兰·罗素提出解决说谎悖论的方案，哲学家们认真对待了这个方案。索罗斯说，米尔顿·弗里德曼（Milton Friedman）提出货币主义的理论，即能通过控制货币供给来控制信用条件。这也被中央银行家非常认真地对待。"我想让哲学家和中央银行家也认真地对待我。"索罗斯说。

为什么反身性理论没有被认真对待？索罗斯表示，可能是因为没有新意，有人说他没有提出什么新的东西，仅仅是把明显的事情添加一点细节。有些人发现他的理论太复杂了，或者太简单了。索罗斯承认，这两者都可能是真的，这使他严重地怀疑自己是否说了新东西或是有效的东西。鉴于哲学家已经在这个主题上讨论了很长时间，关于这个主题能说的任何事情都可能被人说过了。

◆ ◆ ◆

2008年，索罗斯已经拥有足够的洞察力来考虑他最崇拜的和最不崇拜的人是谁。索罗斯将安德烈·萨哈罗夫（Andrei Sakharov）和约翰·梅纳德·凯恩斯列为他最崇拜的两个人："这两个人都是我的榜样，每个人都有他自己的方式。"

被问及最不崇拜的人是谁，索罗斯迅速地回答"美国副总统迪克·切尼的排名要高于布什。他比布什更强大，有更多的智慧和意志力。"

索罗斯也提到别列佐夫斯基（Boris Berezovsky），俄罗斯的寡头。索罗斯在俄罗斯投资时曾与之对抗。索罗斯说，别列佐夫斯基是他能想象到的最邪恶的人。

在俄罗斯电话公司拍卖时，别列佐夫斯基是索罗斯的主要对手。索罗斯赢得了拍卖，别列佐夫斯基的同盟失败。别列佐夫斯基是个亿万富翁，媒体大亨，也是20世纪90年代叶利钦内部圈子的成员。批评家们将他称为俄罗斯"强盗资本主义"的缩影。他是在20世纪90年代通过将奔驰汽车进口到俄罗斯发家致富的，后来成为俄罗斯西伯利亚石油公司（Sibneft）的所有者。1999年，普京掌权之后，别列佐夫斯基逃到了英国。

◆ ◆ ◆

2008年春天，索罗斯描述了自己在闲暇时做什么。他不看电视，也不上网，他说没有时间做这些事情。但是索罗斯强调，他了解并赞赏互联网。他很骄傲地说，是他将互联网引入俄罗斯的。

索罗斯在读严肃的东西，读得较多的是哲学著作，比如关于财富起源的书，什么是复杂性理论等。同时，他一直在看本·拉登家族的传记，这本书非常好，传记可能是我的最爱。他每周依然会打几次网球，而且据说，他打得很好。

◆ ◆ ◆

索罗斯一直渴望人们能够注意到他的哲学，最终他如愿以偿，他对此很满意。他觉得，记者和其他人将他的哲学视作有钱人的自我放纵。

到了2008年，其他人也开始意识到这点。"这是一个很难克服的障碍，因为有太多有钱人因为自己富有就自以为很聪明。"

索罗斯从来没有声称自己在书里有新的想法，或是他被编辑强迫提出创新的想法。"在某种程度上，我还在重写我的第一本书。这都是对同一种想法的阐释。"谈起让彼得·奥斯诺斯做编辑之前的日子，索罗斯说："我的书没有被编辑过，所以书中没有那种强加的东西。"对于那些有侵入性的编辑，索罗斯很快就会放弃与他们的合作。

有一段时间，在写书的时候，索罗斯感觉自己的哲学没有得到足够的反馈。"当人们批评我的时候，我的确在认真地听。让自己的书流传开来，这让我获益匪浅。比如，我把一本写全球化的书发给了100多人，听取他们的评论，实际上我用到了他们的意见，并且在我的书中对他们表示了感谢。"

关于他的概念框架和他独自研究出来的哲学，索罗斯迫切地想得到

第30章
79岁高龄的追梦人

重要的互动。到2008年,索罗斯才感觉到,他将得到重要的回应。这就是他为什么对《金融市场新范式》如此激动。他很享受写书并得到回应的过程。从这些互动中,索罗斯感觉到,人们在跟他沟通,采用他们以前没有过的方式在理解他。毫无疑问,财富和声望给他提供了一个平台。

过去,索罗斯承认,自己善于赚钱。但是他也承认,他很幸运成为投资者而不是企业家。"我非常幸运能进入股市,。我认为,如果让我做首席执行官,我可能做得不会这么好。我并不善于管理自己的公司,因为企业家的工作不能给我很大的推动力。"

索罗斯回忆说,起初他不太愿意出去单干,但是20世纪60年代,他不满足于自己只拿34%的利润,而不是他后来经营基金的100%。作为投资者,他很快乐:"因为这可以避免管理企业的责任和复杂因素。基本上,作为基金经理,我扮演着批评家的角色。我认为自己就是一个批评家,而不是一个企业家。作为企业家可能要涉及很多道德问题,而作为投资者你可以避免这些道德问题。如果你是企业家,你想发展,就必须要狠下心来,而我做不到那么狠心。"

◆ ◆ ◆

关于投资上的损失给他带来的影响,索罗斯很少表达自己的想法。

索罗斯对任何一次投资的感受都是他秘密世界的一部分。对他来说,讨论他如何投资,以及他的思想状态都是禁忌。但是在2008年,索罗斯表示,失败让他感觉非常糟糕,但他没有进一步再说什么。

外人根本不知道索罗斯在某项投资上究竟赚了或亏了多少,因为他的同事都对媒体保持沉默。有时,媒体报出索罗斯赚的和损失的具体数目,但索罗斯对这类数字都嗤之以鼻。

索罗斯说,他最为严重的损失是在俄罗斯电话公司上的投资,损失"可能超过10亿美元。这是一笔非常糟糕的投资"。

索罗斯曾在是否参与俄罗斯电话公司的拍卖问题上苦苦挣扎,因为他知道俄罗斯的腐败，他想保持清白。但是他觉得，比起慈善来，俄罗斯更需要外资。

索罗斯投了20亿美元，他相信只要俄罗斯实现了资本主义过渡，投资就会有回报，可这并没有发生。

◆ ◆ ◆

索罗斯的助手几乎从来没有公开说过索罗斯的得与失。仅有一次，在20世纪90年代，索罗斯的得力助手斯坦利·德鲁肯米勒承认，索罗斯因为1994年2月对日元错误的投资而损失了6亿美元。

损失使人们产生质疑，这位投资者能否继续过去的辉煌。索罗斯对自己说："或许我能力不如以前了。"

索罗斯说，这让人很受伤，"为了赚钱，你必须能够承受一定的压力。随着年龄的增长，我对损失的承受能力在减弱。我现在比过去逃跑得更快。因此，我也在质疑自己，是否还拥有赚钱所必需的那种忍耐力。一般来说，我总是能把基金的损失控制在20%以内，只有一次例外，当时我面临中年危机。那是仅有的一次，我损失了26%。"

当金融市场对索罗斯很有利，当监管无疑会打击索罗斯的经济来源时，为什么索罗斯不断呼吁对金融市场的监管呢？对索罗斯这样的人来说，赞成市场监管似乎有悖于他们的直觉。

在我们的交谈中，索罗斯给出了一个他认为有道理的答案，但对其他人来说，这个答案可能听起来不近人情。

"我将市场参与者和有责任心的公民这两个角色分开。"

"作为市场参与者，我的目标是赚钱，我遵守游戏规则。我并不关心公共利益。我的投资并不是为了改善或是掠夺社会。"他笑着说。

"但作为一个有责任心的公民，我关注系统如何能更有效地运作，正是因为市场对我非常有利，所以我想让它继续运转下去。我不想看到市场崩溃。而市场是不完美的，需要改善。"

第 30 章
79 岁高龄的追梦人

"所以,我关心市场的改善。我知道,我并不倡导更多的监管,我只倡导更好的监管。但我确实认为,市场需要监管。没有监管,市场将走向崩溃。"

◆ ◆ ◆

2007 年 3 月 8 日的《福布斯》宣布,乔治·索罗斯身价达 85 亿美元,在亿万富翁排行榜上排在第 80 位。

2008 年夏初,索罗斯的两个儿子在索罗斯管理基金公司中扮演着积极的角色。尽管索罗斯从没有公开谈论过接班,但很显然,在索罗斯退出之后,他的儿子最有机会接管基金。

罗伯特似乎并不完全信奉父亲的金融理论。他声称,父亲不是基于像反身性这样宏大的理论来做交易的,而是基于他的背疼。他从来没有父亲那样对市场的热情。"当你是一个亿万富翁的儿子时,你就不会像一个匈牙利移民那样饥渴了。"罗伯特在 2008 年的一期《纽约时报》上这样说道。即便是这样,索罗斯基金在罗伯特的管理下仍然运作得很好。2007 年,基金增长了 10%。

◆ ◆ ◆

索罗斯的同事将他的生活方式描述为"适度的"。捐出这么多钱使索罗斯免受生活奢侈的指责。但是,索罗斯还是拥有 4 套房子,还有司机。每所房产都有存在的正当理由,而且索罗斯有时自己开车。的确,他会在南安普敦的寓所中举办盛大的派对,但在旅途中,他似乎也能很享受一家路边的比萨店。他只有在必要的时候才包机。索罗斯没有飞机,他当然买得起飞机。当人们建议他搬到康涅狄格州,这样可以避税,索罗斯极力反对,他说不会让税来决定自己生活的地方。

◆ ◆ ◆

21 世纪初期,索罗斯将对冲基金的管理交给其他人,他决定将时间投入慈善基金会、哲学中，再稍微投入点到政治中。他并没有兴趣再赚10亿美元，他更关心的是如何保持慈善基金会的发展。

市场形势很严峻，索罗斯有些困惑，他从2008年1月到2008年5月末的计划一直是"卖空美国和欧洲股票，美国10年期政府债券，以及美元，做多中国、印度和墨西哥湾沿岸各州的股票和非美国货币"。

◆ ◆ ◆

索罗斯担心房地产危机对他的生意造成影响，他感觉自己该回到日常投资中了。索罗斯相信，如果美国人很快将面临金融危机，那么他是负责基金的最佳人选。于是，那年夏天，索罗斯回到他的办公室，成为首席交易员。

为什么他要回来？索罗斯预见到即将发生一些事情，他认为，他比其他人能更好地了解这一点。"这会是一个历史性的时刻，"索罗斯对此有着十分知性的着迷，"这是我一生中最大的金融危机。"索罗斯希望能够保护他的财富。

那个夏天索罗斯在他位于安南普顿的家中与20位重要的金融家共进午餐。气氛很沮丧，但是这比不上索罗斯的心情沮丧，因为他预见到经济的衰退。

引人注目的是，索罗斯在2007年最后一刻的策略带来了21%的回报，大约是40亿美元。

2008年，索罗斯是世界上捐赠最多的人之一。那时索罗斯已经通过他的基金会捐款超过50亿美元。索罗斯哀叹，他只是以对冲基金经理，或是一个慈善家而闻名。索罗斯发现很难让学术界承认他对经济学有些见地。

◆ ◆ ◆

2008年春天，乔治·索罗斯矛盾重重。这也使他看起来非常有魅力，让人困惑，又如此出色。他已经78岁了，在过去的9个月中，一直参与对冲基金的交易。

当被问及他职业生涯中最让他满意的一刻时，索罗斯说，从来没有

第 30 章
79 岁高龄的追梦人

这样的时刻，有的只是起起伏伏："因为我参与很多事情，没有一件事是异常突出的。我在赚钱上很成功，在捐钱上也很成功。从两者中，我都获得了很大的满足感。"

索罗斯在过去曾说过，捐钱比赚钱给他带来更多的快乐。但是索罗斯不会低估赚钱带来的满足感："例如，在基金中起更积极的作用，这使我可以写一本书。我从中获得了很多智力的满足感。"

◆ ◆ ◆

乔治·索罗斯。

这个打垮英格兰银行的人。

这个狙击英镑的人。

这个世界上最伟大的投资者。

这个推动市场的人。

面对这些描述，我们该作何反应？很多人对索罗斯充满了敬畏，这也是自然的。利用他的智慧和他的分析天赋，索罗斯击败了所有的同行。

但是，有一些人表示怀疑和不信任，怎么有人能够通过看看公司的报告，和其他投资者谈话，看看报纸，做些猜测就可以积累这么多财富？

索罗斯如何做到的？索罗斯如何赚到了这么多财富？

人们很容易就迅速地想到这个问题，因为这似乎是不可想象的，有人竟然能不用像我们那样磕磕绊绊、辛苦劳作而赚这么多钱。其实，对于乔治·索罗斯来说，积累这么多财富也不是一件容易的事情，在早年更是如此。因此，其他人没有理由不信任他，没有理由怀疑他。

不管有意无意，索罗斯让我们对他产生了疑心，他总在说，挣钱比花钱更容易，索罗斯对投资保密，他的书对其投资秘诀只有愚钝的解释，声明他提出了可以解释金融市场的理论，接着表示这不是真正的理论，因为它不是在任何情况下都行之有效。

有时，索罗斯似乎让我们瞥见他内在的金融灵魂，这样我们就会被安抚下来，放过他。有时，他好像真心希望别人了解他成功的原因。因为不管乔治·索罗斯多么神秘和晦涩，他总以某种方式让公众知道他是如何思考的，如何工作的，让公众惊异于他取得的成功。看着索罗斯的表现，人们试图将疑心放在一边。人们希望相信，索罗斯不是侥幸成功，他可以被效仿，他们也能够成为赚钱机器。

◆ ◆ ◆

2008年9月，当我结束这本书的时候，华尔街爆发了金融危机，这让索罗斯看起来像先知。次贷使价值迅速缩水，联邦政府觉得有义务提供7 000亿美元来救市，帮助华尔街的主要金融机构。索罗斯在2008年9月24日的《金融时报》上的一篇文章中写道："现在，危机已经爆发，要控制危机，大规模的救市可能必不可少。重建银行系统的资产负债表是正确之选。但是不是每家银行都值得拯救，美联储的专家，加上恰当的监管，可以做出正确的决策。对于那些不愿意承担过去犯下错误的后果的管理层，可以剥夺他们获得美联储信贷的资格来惩罚他们。提供政府基金也能鼓励私有部门参与到银行的资本调整中，结束金融危机。"

我问索罗斯的发言人迈克尔·瓦尚，索罗斯在华尔街危机中经营业绩如何。

瓦尚于2008年9月17日回答说："我们今年将持平。没有大的收益或损失，乔治·索罗斯努力在财富缩水的时代保留自己的资本。"

乔治·索罗斯在过去也经常预言世界经济的衰退，但是什么也没有发生。这一次，索罗斯预言房地产危机会持续一段时间，2008年9月的华尔街低迷也证实了这点。2008年秋天，78岁高龄的索罗斯仍然在金融世界中保持强劲势头。尽管他不欢迎华尔街危机，但这的确为他提供了机会，可以测试他的投资技巧，并且提醒人们：他很早就曾预言，华尔街将会遭遇困难时期。

译者后记

SOROS
The World's Most
Influential
Investor

索罗斯是我们这个时代的传奇，而且是没有任何虚构与夸张的传奇，这本书原原本本地记录了这个当代世界金融史上不可逾越的传奇。

毫不夸张地说，在翻译此书的过程中，我始终被激动、崇拜和赞叹的情绪萦绕着，可以这么说，我是以百米冲刺的速度译完这本记录了金融巨鳄大半生的巨著，因为它吸引着我不断往前走，我的好奇心驱使着我紧紧跟随着这个金融史上的传奇巨头奔向广阔的前方。在翻译完《索罗斯传》的最后一页时，我莫名其妙地产生一些"失落"感——怎么这么快就译完了？这种情绪对我来说，还是第一次。所以说，从这个意义上说，这本书具有两个方面的价值：有用性和可读性；也可以说是专业性和趣味性。因此，在我个人看来，《索罗斯传》是一本关于伟大之人的伟大著作，它原汁原味，却又意境深远；它充满乐趣，却又发人深省。

对于一个富可敌国的人，读者可能最为关注的有两个问题：他如何能够挣到那么多钱？同时他如何去花费这些巨额财富？这本书在回答了这两个问题的同时，回答了更多有意思的问题，比如哲学和金融之间的关系，比如什么才是人生中最有意义的事情。作为对冲基金之父的索罗斯，声名显赫，他一手制造了1997年的亚洲金融危机，1992年他狙击英镑，靠一己之力打垮了英格兰银行，他的量子基金以滚雪球的方式不断增长，甚至他的举手投足，一句微不足道的话都可以改变华尔街的投资方向。但同时，索罗斯是一个纯粹的人，他在金融领域大把大把挣钱的同时，把剩下的精力和大把大把的钱用到慈善事业中。索罗斯会快乐地说："捐钱比赚钱给他带来更多的快乐。"

2008年，索罗斯再次成功地预言了席卷世界的金融危机，这一年，他78岁。时间到了2015年6月15日，也就是这本书再版的前夕，在这个让亿万中国股民牢记的日子，一场出乎所有人意料的、空前的股灾袭击了中国股市，短短三个星期，中国股市从最高点一路下挫，跌幅逾30%，大批个股被腰斩，万千股民在短暂时间里，失去了自己大半生积累的宝贵财富。伴随股市暴跌，国际金融大鳄做空中国股市等"阴谋论"，铺天盖地地出现在了互联网上，而85岁高龄的索罗斯一度被传悄然现身香港，被许多人认为是此次中国股市梦魇式下跌的"幕后黑手"。事实真相到底如何，我们不得而知，但从这件事上，我们可以看到，这就是伟大的索罗斯，即使已经是85岁的高龄，仍然用自己特有的方式，续写着世界金融大鳄的传奇！

值此书再版之际，请允许我感谢父母和家人，感谢他们多年的用心培养，让我这个生于中国农家的孩子，能够有幸与这个时代最伟大的金融人物——索罗斯相遇。感谢我的先生王兴菜，他毕业于北大中文系，百忙之中，抽出时间对全书的文字进行了细致、全面的润色，使得译著在力求准确的同时，读起来更为生动顺畅。此外，我要向不吝惜宝贵时间，向我慷慨提供帮助的师友表示感谢，他们是北京大学教育基金会的邓娅老师、许净老师，北大外国语学院英语系的潘旭、杨白雪、石萌、张庆霞、林敬贤、于丽丽等朋友，衷心感谢你们在用心阅读译稿，结合自己丰富的专业知识，提出了许多真知灼见，极大地促成了这本译著的完成。

陶娟

Robert Slater

Soros:The World's Most International Investor

ISBN: 978-0-07-160844-2

Copyright © 2009 by Robert Slater.

All Rights reserved. No part of this publication may be reproduced or transmitted in any form or by any means, electronic or mechanical, including without limitation photocopying, recording, taping, or any database, information or retrieval system, without the prior written permission of the publisher.

This authorized Chinese translation edition is jointly published by McGraw-Hill Education and China Renmin University Press .This edition is authorized for sale in the People's Republic of China only, excluding Hong Kong, Macao SAR and Taiwan.

Copyright © 2015 by McGraw-Hill Education and China Renmin University Press.

版权所有。未经出版人事先书面许可，对本出版物的任何部分不得以任何方式或途径复制或传播，包括但不限于复印、录制、录音、或通过任何数据库、信息或可检索的系统。

本授权中文简体字翻译版由麦格劳－希尔（亚洲）教育出版公司和中国人民大学出版社合作出版。此版本经授权仅限在中华人民共和国境内（不包括香港特别行政区、澳门特别行政区和台湾地区）销售。

版权 ©2015 由麦格劳－希尔（亚洲）教育出版公司与中国人民大学出版社所有。

本书封面贴有麦格劳－希尔公司防伪标签，无标签者不得销售。

版权所有，侵权必究

图书在版编目（CIP）数据

索罗斯传：白金珍藏版／（美）斯莱特(Slater,R.) 著；陶娟译 . -- 北京：中国人民大学出版社，2015.8
 ISBN 978-7-300-21669-0

Ⅰ.①索… Ⅱ.①斯…②陶… Ⅲ.①索罗斯，G. — 传记 Ⅳ.① K837.125.34

中国版本图书馆 CIP 数据核字 (2015) 第 163259 号

索罗斯传：白金珍藏版
［美］罗伯特·斯莱特 著
陶娟 译
Suo Luosi Zhuan: Baijin Zhencangban

出版发行	中国人民大学出版社		
社　　址	北京中关村大街 31 号	邮政编码	100080
电　　话	010-62511242（总编室）	010-62511770（质管部）	
	010-82501766（邮购部）	010-62514148（门市部）	
	010-62515195（发行公司）	010-62515275（盗版举报）	
网　　址	http://www.crup.com.cn		
	http://www.ttrnet.com（人大教研网）		
经　　销	新华书店		
印　　刷	北京联兴盛业印刷股份有限公司		
规　　格	160 mm×235 mm 16 开本	版　次	2015 年 8 月第 1 版
印　　张	21.25 插页 2	印　次	2021 年 1 月第 15 次印刷
字　　数	254 000	定　价	75.00 元

版权所有　　侵权必究　　印装差错　　负责调换